国家社会科学基金项目

"农产品价格基本稳定的长效机制构建及调控模式创新研究"

（项目编号：13XJY025，鉴定等级：优秀）

国家社会科学基金项目研究成果

重庆市人民政府发展研究中心 丛书资助
重庆社会科学院

农产品价格基本稳定的长效机制构建及调控模式创新研究

廖杉杉 著

中国社会科学出版社

图书在版编目(CIP)数据

农产品价格基本稳定的长效机制构建及调控模式创新研究/廖杉杉著.
—北京:中国社会科学出版社,2016.10
ISBN 978 – 7 – 5161 – 8913 – 9

Ⅰ.①农…　Ⅱ.①廖…　Ⅲ.①农产品价格—物价调控—研究—中国
Ⅳ.①F323.7

中国版本图书馆 CIP 数据核字(2016)第 221743 号

出 版 人	赵剑英	
责任编辑	周晓慧	
责任校对	无　介	
责任印制	戴　宽	

出　　版	中国社会科学出版社	
社　　址	北京鼓楼西大街甲 158 号	
邮　　编	100720	
网　　址	http://www.csspw.cn	
发 行 部	010 – 84083685	
门 市 部	010 – 84029450	
经　　销	新华书店及其他书店	

印　　刷	北京明恒达印务有限公司	
装　　订	廊坊市广阳区广增装订厂	
版　　次	2016 年 10 月第 1 版	
印　　次	2016 年 10 月第 1 次印刷	

开　　本	710 × 1000	1/16
印　　张	16.25	
插　　页	2	
字　　数	253 千字	
定　　价	59.00 元	

凡购买中国社会科学出版社图书,如有质量问题请与本社营销中心联系调换
电话:010 – 84083683

目　　录

内容提要 ……………………………………………………… （1）

第一章　绪论 ………………………………………………… （1）

第一节　研究的背景及问题 ………………………………… （1）

一　研究的背景 …………………………………………… （1）

二　研究的问题 …………………………………………… （4）

三　研究的意义 …………………………………………… （8）

第二节　研究的思路及方法 ………………………………… （8）

一　研究的思路 …………………………………………… （9）

二　研究的方法 …………………………………………… （9）

第三节　研究的内容及框架 ………………………………… （10）

一　研究的内容 …………………………………………… （11）

二　研究的框架 …………………………………………… （11）

第四节　研究的特色及创新 ………………………………… （12）

第二章　农产品价格基本稳定的理论框架 ………………… （14）

第一节　农产品价格基本稳定的概念界定 ………………… （14）

一　农产品价格基本稳定的概念 ………………………… （15）

二　农产品价格基本稳定的效应 ………………………… （16）

第二节　农产品价格基本稳定的测度 ……………………… （19）

一　价格稳定的测度指标 ………………………………… （19）

二　农产品价格变动的测度指标 ………………………… （20）

三　农产品价格基本稳定的测度指标 …………………… （21）

第三节　农产品价格波动的国内外文献综述 …………………（22）

　　一　农产品价格波动发展趋势的国内外研究进展 …………（22）

　　二　农产品价格波动影响因素的国内外研究进展 …………（24）

　　三　农产品价格波动影响效应的国内外研究进展 …………（27）

　　四　农产品价格波动调控对策的国内外研究进展 …………（28）

　　五　国内外文献综述 …………………………………………（30）

第四节　农产品价格波动调控的国际经验 …………………………（30）

　　一　美国调控农产品价格的具体做法 ………………………（30）

　　二　欧盟调控农产品价格的具体做法 ………………………（32）

　　三　日本调控农产品价格的具体做法 ………………………（34）

　　四　国外农产品价格调控的经验及启示 ……………………（35）

第三章　农产品价格波动的历史与现实考察 …………………（39）

第一节　中国古代农产品价格的波动情况 …………………………（39）

　　一　秦汉时期农产品价格的波动情况及特点 ………………（40）

　　二　魏晋南北朝时期农产品价格的波动情况及特点 ………（44）

　　三　唐代农产品价格的波动情况及特点 ……………………（50）

　　四　宋代农产品价格的波动情况及特点 ……………………（56）

　　五　元代农产品价格的波动情况及特点 ……………………（63）

　　六　明朝农产品价格的波动情况 ……………………………（66）

　　七　鸦片战争前清朝农产品价格的波动情况 ………………（70）

第二节　中国近代农产品价格的波动情况 …………………………（72）

　　一　鸦片战争后清朝农产品价格波动情况 …………………（72）

　　二　中华民国时期农产品价格波动情况 ……………………（73）

第三节　中国现代农产品价格波动情况 ……………………………（77）

　　一　改革开放以前中国农产品价格波动情况 ………………（77）

　　二　改革开放以来中国农产品价格波动情况 ………………（80）

第四节　中国农产品价格波动的特点及启示 ………………………（82）

第四章　农产品价格波动的影响因素分析 …………………………（85）

第一节　定性分析视角下农产品价格波动的影响因素 …………（85）

一　系统自组织理论简介 …………………………………… (86)

二　农产品供求的自组织机制 ……………………………… (88)

三　农产品价格波动的形成机理：基于自组织机制扩展的
具体分析 ……………………………………………… (90)

第二节　定量分析视角下农产品价格波动的原因 ………… (92)

一　种植业产品价格波动的影响因素分析 ………………… (93)

二　畜牧业产品价格波动的影响因素分析 ……………… (101)

三　林业产品价格波动的影响因素分析 ………………… (108)

四　渔业产品价格波动的影响因素分析 ………………… (114)

第五章　农产品价格波动的影响效应分析 ……………………… (122)

第一节　农产品价格波动对农民收入增长的影响 ……… (122)

一　农产品价格波动影响农民收入增长的理论分析 …… (123)

二　农产品价格波动影响农民收入增长的实证分析 …… (125)

第二节　农产品价格波动对城镇居民消费的影响 ……… (135)

一　农产品价格波动影响城镇居民消费的理论分析 …… (136)

二　农产品价格波动影响城镇居民消费的实证分析 …… (138)

第三节　农产品价格波动对农村产业结构调整的影响 … (146)

一　农产品价格波动影响农村产业结构调整的理论分析 …(147)

二　农产品价格波动影响农村产业结构调整的实证分析 …(149)

第六章　农产品价格基本稳定的长效机制构建 ……………… (160)

第一节　农产品价格基本稳定的预期目标机制构建 …… (160)

一　农产品价格基本稳定预期目标机制的概念内涵 …… (161)

二　构建农产品价格基本稳定预期目标机制的原则 …… (162)

三　构建农产品价格基本稳定预期目标机制的路径 …… (164)

第二节　农产品价格基本稳定的监测预警机制构建 …… (166)

一　农产品价格基本稳定监测预警机制的概念内涵 …… (166)

二　构建农产品价格基本稳定监测预警机制的原则 …… (168)

三　构建农产品价格基本稳定监测预警机制的路径 …… (170)

第三节　农产品价格畸形波动的应急处理机制构建 …… (172)

一 农产品价格畸形波动应急处理机制的概念内涵 ………（172）

二 构建农产品价格畸形波动应急处理机制的原则 ………（174）

三 构建农产品价格畸形波动应急处理机制的路径 ………（175）

第四节 农产品价格基本稳定的信息引导机制构建 …………（177）

一 农产品价格基本稳定信息引导机制的概念内涵 ………（177）

二 构建农产品价格基本稳定信息引导机制的原则 ………（179）

三 构建农产品价格基本稳定信息引导机制的路径 ………（181）

第五节 农产品价格基本稳定的行政约束机制构建 …………（182）

一 农产品价格基本稳定行政约束机制的概念内涵 ………（183）

二 构建农产品价格基本稳定行政约束机制的原则 ………（184）

三 构建农产品价格基本稳定行政约束机制的路径 ………（186）

第六节 农产品价格基本稳定的经济调节机制构建 …………（187）

一 农产品价格基本稳定经济调节机制的概念内涵 ………（188）

二 构建农产品价格基本稳定经济调节机制的原则 ………（189）

三 构建农产品价格基本稳定经济调节机制的路径 ………（191）

第七节 农产品价格基本稳定的社会约束与自律机制构建 …（192）

一 农产品价格基本稳定的社会约束与自律机制概念
内涵 ………………………………………………………（193）

二 构建农产品价格基本稳定的社会约束与自律机制
原则 ………………………………………………………（194）

三 构建农产品价格基本稳定的社会约束与自律机制
路径 ………………………………………………………（196）

第七章 农产品价格基本稳定的调控模式创新 ………………（198）

第一节 农产品价格基本稳定的稳定生产模式 ………………（198）

一 农产品价格基本稳定的稳定生产模式概念内涵 ………（199）

二 农产品价格基本稳定的稳定生产模式基本要求 ………（199）

三 农产品价格基本稳定的稳定生产模式具体路径 ………（201）

第二节 农产品价格基本稳定的快速流通模式 ………………（203）

一 农产品价格基本稳定的快速流通模式概念内涵 ………（203）

二 农产品价格基本稳定的快速流通模式基本要求 ………（204）

三 农产品价格基本稳定的快速流通模式具体路径 ……… （205）

第三节 农产品价格基本稳定的有效销售模式 ……………… （206）

一 农产品价格基本稳定的有效销售模式概念内涵 ……… （207）

二 农产品价格基本稳定的有效销售模式基本要求 ……… （207）

三 农产品价格基本稳定的有效销售模式的具体路径 …… （209）

第四节 农产品价格基本稳定的激励补偿模式 ……………… （211）

一 农产品价格基本稳定的激励补偿模式概念内涵 ……… （211）

二 农产品价格基本稳定的激励补偿模式基本要求 ……… （212）

三 农产品价格基本稳定的激励补偿模式具体路径 ……… （213）

第五节 农产品价格基本稳定的法律保障模式 ……………… （215）

一 农产品价格基本稳定的法律保障模式概念内涵 ……… （215）

二 农产品价格基本稳定的法律保障模式基本要求 ……… （216）

三 农产品价格基本稳定的法律保障模式具体路径 ……… （217）

第八章 研究结论、政策运用与研究展望 ………………… （219）

第一节 研究结论 ……………………………………… （219）

第二节 政策运用 ……………………………………… （222）

第三节 研究展望 ……………………………………… （227）

参考文献 …………………………………………………… （229）

内容提要

一 本书的重要观点

本书的重要观点，主要表现在以下三个方面：

第一，国以民为本，民以食为天，农业是国民经济的命脉，农产品价格基本稳定是保障社会安定、人民生活正常的重要前提，对经济社会发展至关重要。

第二，农产品价格基本稳定并不等于农产品价格一成不变，而是应该在考虑到农产品自身特殊性的前提下，充分发挥政府和市场的相互作用，确保农产品价格水平的变化与经济社会发展水平相适应，避免农产品价格的大幅波动。

第三，要确保农产品价格的基本稳定，保障农产品稳定均衡供给，不仅需要构建农产品价格基本稳定的长效机制，而且需要从国家粮食安全的层面出发创新农产品价格基本稳定的调控模式。

二 本书的主要结论

本书的主要结论，主要体现在以下五个方面：

第一，农产品价格波动的历史与现实考察。中国农产品价格波动具有以下几个方面的特点：（1）农产品价格波动具有季节性和区域性特点。无论是古代、近代，还是现代，农产品价格波动的季节性与区域性特征明显。在风调雨顺的年份，农产品供应充足，农产品价格波动往往并不明显；而在歉收年份，特别是在青黄不接的季节，农产品特别是诸如大米、小麦等粮食价格就会受到影响，越是歉收年份，粮食等主要农产品价格波动越大。同时，尽管中国"南粮北运""北粮南运""内粮外运（粮食出口）""外粮内运（粮食进口）"早就形成气候，但是，农产品价格波动的区域性问题依然存在，农产品价格的波动并没有因为农产品在区际间的互通有无而得到彻底解决。（2）农产品价格波动不仅会受到国内因素的影响，还会受到国外因素的影响。从国内因素来看，自然灾害、币制改革、人为因素（如投机倒把）的影响均会导致农产品价格的大幅度波动，特别是中国作为典型的多自然灾害国家，自然灾害的发生会直接导致农产品供求失衡，进而会影响农产品价格的大幅度波动。此外，国外因素的影响也会直接冲击国内农产品市场。（3）农产品价格改革的最终取向是市场化改革，同时，政府宏观调控对农产品价格调控来说仍然是极其重要的。从古代、近代到现代农产品价格改革来看，农产品价格的形成不能完全由政府来制定，应该遵循市场经济的规律，由市场供求来决定。只有在市场经济条件下，充分发挥市场供求机制的作用，让市场决定农产品的价格，农产品的价格才能够最终体现农产品自身的价值。充分考虑到农产品自身的特性，农产品的价格离不开政府的宏观调整。

第二，农产品价格波动的原因分析。本课题定性分析表明，农产品供求系统的变革是自组织和他组织共同作用的结果，农产品价格的波动是多方面因素共同作用造成的。若以自组织理论的特点为起点，结合农产品供求系统的自组织机制，可以认为，农产品价格波动是农产品供求系统发挥作用的结果，当然，作为他组织的政府在此过程中也扮演着十分重要的角色。具体来说，信息服务的滞后、生产成本的上涨、运输成本的上涨、自然灾害的频发以及政府服务的滞后都会导致农产品价格的变动。以种植业产品、畜牧业产品、林业产品和渔业产品为例的实证研究进一步表明：农产品价格波动是一项复杂的系统工程，当期农产品价格波动不仅会受到前一期农产品价格的影响，还会受到农产品产—供—销相关环节多方面因素的影响。

第三，农产品价格波动的影响效应分析。农产品价格波动会直接影响农民收入增长、城乡居民消费和农村产业结构调整。从农民收入增长的角度来看，农产品价格波动与农民收入增长显著负相关；同时，农村固定资产投资与农民收入增长显著负相关，而农民收入增长的滞后项与农民收入增长、农村金融发展水平、农村产业结构状况、农村人力资本水平、财政支农支出水平以及城镇化水平显著正相关。从城乡居民消费的角度来看，农产品价格波动与城镇居民消费显著负相关；同时，城镇居民消费滞后项、区域经济发展水平、区域金融发展水平以及城乡人口负担比例与城镇居民消费正相关，而城乡居民人均医疗支出、城乡居民人均教育支出与城镇居民消费负相关。从农村产业结构调整的角度来看，农产品价格波动与农村产业结构调整负相关。同时，农村产业结构调整滞后项、农村金融发展水平、农村固定资产投资、农村人力资本水平、财政支农支出水平以及区域对外开放水平与农村产业结构调整正相关。

第四，农产品价格基本稳定的调控机制构建。要确保农产品价格的基本稳定，就需要构建相应的预期目标机制、监测预警机制、应急处理机制、信息引导机制、行政约束机制、经济调节机制、社会监督与自律机制等。在构建每一种机制的过程中，需要弄清楚每一种机制的概念内涵、构建原则以及相应的具体路径。要构建农产品价格基本稳定的预期目标机制，就需要构建农产品价格历史的追溯机制、农产品产销信息的共享机制和农产品价格增长的联动机制。要构建农产品价格基本稳定的监测预警机制，就需要构建农产品价格信息的有效收集机制、农产品价格信息的综合分析机制和农产品价格信息的及时反馈机制。要构建农产品价格基本稳定的应急处理机制，就需要构建农产品价格畸形波动的多方协作联动机制、农产品价格畸形波动的价格违法查处机制和农产品价格畸形波动的群众价格维权机制。要构建农产品价格基本稳定的信息引导机制，就需要构建农产品价格定时发布机制、农产品价格多方发布机制和农产品价格成本收益发布机制。要构建农产品价格基本稳定的行政约束机制，就需要构建重要农产品和服务价格成本调查机制、健全的农产品价格行为行政告诫机制、重要农产品和服务价格行政约谈机制。要构建农产品价格基本稳定的经济调节机制，就需要构建农产品价格波动补贴联动机制、农产品价格调节基金使用机制和农产品价格应急资金调节使用机制。要构建农产品价格基本稳定的社会监督与自律机制，就需要构建农产品价格社会监督机制、农产品价格行业自律机制和农产品经营者诚信评价机制。

第五，农产品价格基本稳定的调控模式创新。要确保农产品价格的基本稳定，就需要创新农产品价格基本稳定的调控模式。具体来说，就是要坚持农产品价格基本稳定的稳定生产模式、快速流通模式、有效销售模式、奖励补偿模式和法律保障模式。对每一种模式而言，都需要弄清楚其相应的概念内涵、基本要求以及相应的具体路径。对稳定生产模式而言，其具体路径表现为：大力培育新型农业经营主体，夯实农产品稳定生产的组织基础；大力推广现代农业科学技术，夯实农产品稳定生产的科技基础。对快速流通模式而言，其具体路径表现为：支持农村农产品加工业的发展；支持农村物流业的快速发展。对有效销售模式而言，其具体路径表现为：积极尝试新型农超对接合作模式；积极探索新型城乡物流配送方式；探索高附加值农产品的外销模式。对奖励补偿模式而言，其具体路径表现为：创新激励补偿的评选办法；创新激励补偿的具体方式。对法律保障模式而言，其具体路径表现为：创新农业执法机构的管理模式；提高农业执法人员的综合素质；创新农业执法的多元监督机制。

三　本书的对策建议

本书的对策建议，主要表现在以下五个方面：

第一，强化农产品产—供—销一体化过程中的信息服务建设，夯实农产品价格基本稳定的基础。（1）在农产品生产环节，需要高度重视对农产品生产者的信息引导，减少直至杜绝农产品生产者完全依赖市场上农产品价格的涨幅来盲目组织农产品生产情况的发生。对个体农户而言，可以尝试依托现有的农村居民委员会的力量，强化农产品生产信息的传播，科学引导个体农户在生产什么、生产多少以及生产什么品质的农产品方面作出科学决策。对种养殖专业大户而言，可以依托对口帮扶种养殖业大户的各级各类政府机构，强化农产品产销信息的及时传播，引导种养殖业专业大户有条不紊地组织安排农产品生产。对家庭农场、农民专业合作社和农业龙头企业而言，可以在强化传统新闻媒体传播功能的同时，积极发挥新型媒体的作用，及时准确地将相关信息传播出来，让家庭农场、农民专业合作社和农业龙头企业科学有效地组织农产品生产，确保市场上农产品的有效、均衡、稳定供给，切实保证市场上农产品价格的基本稳定。（2）在农产品的运输环节，需要高度重视农产品产销精准信息的发布，引导农产品在全国范围内的合理流通。从中国农产品价格大幅度畸形波动的实际情况来看，绝大多数时候都是部分地区农产品滞销，而其他地区农产品供不应求，农产品价格在无形中就会不断暴涨。很显然，精准的农产品产销信息的发布，可以有效引导农产品的合理流通，对平抑农产品的价格大幅度畸形波动具有重要意义。一方面，需要高度重视对农产品物流运输公司的信息传递，引导相关公司积极投身到农产品运输过程中。比如，哪些地区农产品产量多，运输存在困难，需要外地农产品物流运输公司的介入，对这些信息应该及时公开；在必要的时候，政府为引导农产品在全国范围内的合理流通，抑制农产品价格的大幅度畸形波动，还需要及时公布对参与农产品运输物流公司的相关优惠政策。另一方面，需要建立有关农产品产销具体情况信息的发布，支持、鼓励和引导符合条件的物流企业投身农产品运输行业中。在农产品运输的过程中，既需要大型的农产品物流公司，也离不开中小型农产品物流公司。通过及时、准确地发布农产品产销信息，有助于吸引农产品中小物流公司介入农产品物流运输，可以为市场上农产品价格的基本稳定夯实基础。（3）在农产品的销售环节，要准确、有效地发布农产品的产销情况信息与具体价格信息，科学引导城镇居民合理消费。恐慌情绪是直接加速农产品价格急剧上涨的重要原因，因此，为避免市场上恐慌情绪的产生，确保农产品价格的基本稳定，政府及其主管部门需要引导城乡居民合理消费，要通过准确、有效地发布农产品产销信息和具体价格信息，消除城乡居民对农产品短缺的恐慌，确保市场上农产品价格的基本稳定。

第二，正确面对农产品生产过程中生产成本快速上涨问题，为农产品价格的基本稳定创造条件。无论是对种植业产品、畜牧业产品，还是对林业产品、渔业产品来说，农产品生产成本的快速上涨是无可辩驳的现实问题。要卓有成效地保证农产品价格的基本稳定，就需要准确面对这些现实问题：（1）要加大对农业生产资料企业的定价调控力度，从源头上抑制农产品价格的大幅度畸形波动。在市场经济条件下，农业生产资料的价格必然会随着经济社会的发展进步而不断上涨，但是，为了从源头上调控农产品价格的大幅度畸形波动，需要对农业生产资料企业的定价进行调控。一方面，对生产农药、化肥、农膜等基础农业生产资料的企业，政府及其主管部门需要从财政补贴、税收优惠和信贷方面对其进行支持；同时，对其定价行为，政府及其主管部门要进行适当的调控，避免因为定价过高而导致农产品生产者生产成本的高涨，从而直接影响市场上农产品的价格。另一方面，政府及其主管部门要高度重视农业生产资料企业的科技创新，通过科技创新来不断提高农业生产资料的品质，降低农业生产资料的价格，为市场上农产品价格的基本稳定夯实基础。比如，对于农膜生产企业来说，通过农业科技创新，可以在稳步提高农膜品质的同时，降低农膜的市场价格，这对于从事大棚种植的农产品生产者来说无疑具有显著的积极意义。（2）加大对农产品产—供—销一体化各利益主体的财政补贴力度，减轻农产品消费者在消费时的实际压力。在市场经济条件下，农产品产—供—销一体化过程中各相关的利益主体都有相应的利益诉求，要减轻农产品消费者在消费时的实际压力，需要加大对农产品产—供—销一体化各利益主体的财政补贴力度。比如，可以全面推广种粮直补政策，将其推广到其他农产品生产方面，实实在在地加大对农产品生产者的补贴力度；可以对从事农产品运输的企业和个人加大财政补贴力度，为平抑市场上农产品价格的大幅度畸形波动创造条件；可以对从事农产品销售的个人和企业提供财政补贴，尽可能地减低农产品的市场价格，避免市场上农产品价格的大幅度畸形波动。从国外来看，美国等发达国家整体经济实力强，人均 GDP 远远超过中国，人均可支配收入也远远超过中国，但是，与广大人民生活密切相关的农产品的价格并不高，相当部分农产品价格与中国相差无几，这并不是说国外生产农产品的成本就低，实际上，农产品产—供—销一体化过程中政府财政补贴较多，政府的财政补贴直接降低了农产品的市场价格，确保了市场上农产品价格的基本稳定。

第三，科学认识农产品运输过程中成本不断上涨问题，为农产品价格的基本稳定提供保障。（1）科学引导农村农产品物流运输企业的规范发展，健全农产品流通的物流服务网络体系，竭力降低农产品运输成本。从总体上看，农村农产品物流运输企业数量少，质量普遍不高，甚至在很多时候难以满足实际需要。要强化农产品的运输流通，就需要规范农村农产品物流企业的发展，支持、鼓励和引导各级各类农民专业合作社介入农产品运输行业。换句话来说，通过规模化的发展，提高农村物流企业的发展水平，降低农产品运输的成本。与此同时，要进一步健全农产品流通的物流服务网络体系，破解农产品流通的"最后一公里问题"，在农产品快速有效流通过程中，直接规避哄抬物价、囤积居奇现象的发生，确保市场上农产品价格的基本稳定。（2）强化交通基础设施的科学规划力度，加大对农村特别是农产品产地基础设施建设的投入，卓有成效地降低农产品运输成本。在农村交通基础设施建设过程中，需要科学规划，凡是连接农产品产地的交通路线都应该优先投入，确保农产品在生产出来后能够及时被运出销售；同时，对农产品的仓储基地建设也需要高度重视，要保证仓储基地建设能够满足需要，要确保仓储基地与周边主干道路能够有效连通。在交通基础设施规划过程中，要严格杜绝规划建设面子工程，优先考虑、优先规划、优先投入与农产品产地、仓储基地紧密相连的道路交通基础设施建设。在有条件的地区，可以在相应的区域范围内，规划建设大中型农产品仓储基地，科学有效地引导农产品的流通；同时，尽可能降低农产品运输成本，确保市场上农产品价格的基本稳定。

第四，准确预测农产品生产过程中自然灾害频发问题，为农产品价格的基本稳定提供支撑。（1）强化政府及其主管部门在农业自然灾害方面的预测能力，减轻自然灾害的发生对农产品价格的冲击。对自然灾害虽然不能够完全准确地加以预测，但是，通过对以往自然气候条件的分析和对当前自然气候条件变化的监测，仍然可以对自然灾害进行一定程度的预测。比如，持续的大旱可能会直接导致农作物的减产甚至绝收，当大旱天气刚刚开始时，政府及其主管部门就要做好相应的预测，初步研判大旱可能持续的时间；在必要的时候，政府及其主管部门需要根据旱情的发展，制定挽救农业生产损失的相应方案，如可以改种其他的农产品等。（2）强化农村基础设施建设（如水利基础设施建设）的水平，增强农产品生产者抵御自然灾害的实际能力。在改革开放以前，农村水利基础设施建设整体水平较高，且每一年相关的水利基础设施建设都会得到相应的修葺，农村水利基础设施建设在制约农产品生产方面的作用并不明显，或者说，农村水利基础设施建设在保障农产品生产方面的成效是显著的。改革开放以后，特别是近些年来，随着城镇化进程的加快，大量农村青壮年劳动力离开农村，涌入城市，这在加快城市经济社会快速发展的同时，也直接导致了农村人口的锐减，以水利基础设施建设为代表的农村基础设施建设在很大程度上直接受到影响，这对农产品的生产影响巨大；从某种意义上说，这对农产品价格的冲击也很明显，必须高度重视农村水利基础设施建设。一方面，从政府的角度来看，需要加大对农村水利设施建设的投入力度。与其他的市政工程建设不同，对农村水利设施建设的投入短期内难以看到实际成效，但从长远来看，对农村水利设施建设的投入直接关系着国家粮食等农产品的战略安全，需要国家在 GDP 增长的过程中，按照一定的增长比例来定期对农村水利基础设施建设进行投入，确保农村水利基础设施建设能够满足实际需要。另一方面，从社会的角度来看，各级各类种养殖专业大户、家庭农场、农民专业合作社和农业龙头企业自身应该高度重视农村水利基础设施建设。在农村人口大量流入城镇的背景下，依靠过去的方式，无法完成对农村水利基础设施建设的投入。因此，基于自身受益的角度考虑，相应的农产品生产主体应该自觉加大投入，增强农产品生产基地抵御自然灾害的能力。

第五，稳步提升政府及其主管部门的服务水平，为农产品价格的基本稳定创造条件。前文的分析已经表明，农产品价格的基本稳定与政府及其主管部门的服务水平密切相关。要确保农产品价格的基本稳定，必须稳步提升政府及其主管部门的服务水平。具体来说：（1）强化对农产品价格的监测，科学合理地引导农产品的生产。前文的分析已经表明，虽然在市场经济条件下，农产品的产销是市场行为；但是，基于农产品自身特性的考虑，政府及其主管部门必须强化对农产品产销的引导。当农产品价格处于平稳状态时，政府及其主管部门只要引导农产品生产者按部就班地生产即可；当农产品价格处于大幅度畸形波动时，政府及其主管部门就需要发挥引导作用，无论是按照既定生产规模生产，还是调整生产规模，都应该有序调整，不能够紧跟市场暂时的涨幅来无序、随意地调整农产品的生产。（2）科学引导城乡居民的消费，重点监控与城乡居民日常生活密切相关的农产品价格。从实际来看，"米袋子""菜篮子"直接与城乡居民的生活密切相关，"米袋子""菜篮子"价格的大幅度畸形波动将会直接影响国民经济的健康、稳定、可持续发展和整个社会的稳定。因此，政府及其主管部门必须高度重视对这类农产品价格的监测。一方面，政府及其主管部门需要强化对"米袋子"

"菜篮子"农产品价格的监测。除国家统计局驻各省市社会调查大队外，各地的工商局、物价局、发改委等部门应该深度介入"米袋子""菜篮子"农产品，卓有成效地保证农产品价格的基本稳定。另一方面，需要充分发挥各地非政府组织对市场上农产品价格的监督。与政府及其主管部门相比，非政府组织具有自身特殊的优势，可以更好地协助政府及其主管部门对"米袋子""菜篮子"农产品价格的监测。（3）做好相关配套服务工作，为农产品价格的基本稳定提供保障。比如，政府及其主管部门应该及时公布有关与农产品价格信息相关的数据资料，既要对过去的历史资料进行公布，也要对当前的数据资料进行公布，通过无障碍的信息交流，增强广大人民群众对政府稳定物价政策的信心，杜绝市场上恐慌情绪的出现，确保市场上农产品价格的基本稳定；政府及其主管部门应该在农产品价格发生大幅度畸形波动时，出面澄清相关的谣言，切实负起责任；不仅如此，还需要对在平抑农产品价格大幅度畸形波动过程中作出贡献的个人和企业予以表彰。

四 本书的创新之处

本书的创新之处，主要体现在以下三个方面：

第一，农产品价格波动的变迁历程及其发展趋势的预测。从史学的视角出发，剖析秦汉时期、魏晋南北朝时期、唐朝时期、宋朝时期、元朝时期、明朝时期、清朝时期、民国时期和中华人民共和国时期农产品价格波动的特点，归纳总结农产品价格波动的基本特征及其启示。

第二，农产品价格波动的原因与影响的全面剖析。在探究造成农产品价格波动原因的研究方面，首先运用系统自组织理论，从农产品供求是否失衡的视角出发，剖析造成农产品价格畸形波动的原因；紧接着以种植业、畜牧业、林业和渔业四大类农产品为例，实证分析影响农产品价格波动的原因。在农产品价格波动的影响方面，通过构建动态面板数据模型，分别实证了农产品价格波动对农民收入增长、城镇居民消费和农村产业结构调整的影响。

第三，农产品价格基本稳定长效机制的构建及其调控模式创新。全方面、多角度地构建农产品价格基本稳定的长效机制，创新农产品价格基本稳定的调控模式，在此基础上，提出农产品价格基本稳定的对策建议。

五　本书的不足之处

本书的不足之处，主要体现在以下三个方面：

第一，从史学的角度对中国农产品价格波动的研究仍然有广阔的空间。在本书中，已经对中国不同历史时期的农产品价格波动情况进行了梳理，但是，本书毕竟不是史学领域的研究，因此，对中国不同历史时期农产品价格的研究还略显粗糙。一方面，农产品的种类繁多，如果细分的话，对每一类农产品的研究都可以成为一项专门的课题，这方面还值得进一步深入研究。另一方面，中国不同历史时期的版图是存在差异的，不同地域之间农产品的价格差异也表现得非常明显，如果能够严格按照版图的变化来对农产品价格波动进行研究，充分凸显出农产品价格波动的地域性，也是非常有意义的。未来在此两个方面都可以开展相应的研究。

第二，对农产品价格波动的原因和影响的研究，若以特定的农产品为例来进行分析，也具有广阔的研究空间。农产品所包含的种类繁多，每一类农产品价格波动都有其深刻的原因，对经济社会发展也具有多方面的影响；在本书中，受实际数据资料来源的制约，无论是农产品价格波动原因的分析还是影响效应的分析，都是选择较为中观的层面来开展的。在今后的研究中，如果能够就某一种农产品价格波动的原因、影响进行微观层面的深入研究，也是具有重要意义的；如果能够获取某一种农产品完整的数据资料的话，将对其开展多方面的研究。

第三，从学科融合的角度来看，若能更广泛地吸收不同学科的研究成员，将有利于本研究的进一步开展。在本书中，虽然已经吸收了农业技术经济学、制度经济学和农业经济学领域的高学历、多成果研究人员，这对于本课题研究的开展大有裨益；但是，受多方面条件的制约，本课题对史学领域尤其是古代史领域人员的吸纳还不够。所以，第三章也就是"农产品价格波动的历史与现实考察"花费了课题组大量的时间和心血，比如，在探究中国农产品价格波动历史的过程中，不仅会涉及大量引用古籍的问题，还会涉及同一朝代同一农产品不同时期货币的换算问题。由于同一种古籍有不同的版本，如刻本、石印本和影印本等的区别，在具体引用古籍的过程中，发现不同学者对相同古籍的断句、引用存在不同程度的差别，为一一比对、核实这些古籍，课题组成员耗费了大量的心力。在对各朝代农产品价格波动进行考察的过程中，课题组也进行了大量的货币换算工作，反反复复咨询了相关的专家学者，深感多学科融合对本书研究的重要性。

关键词：农产品价格　长效机制构建　调控模式创新

第一章 绪论

国以民为本，民以食为天。农产品的稳定均衡供给，不仅关系着城乡居民的生活，关系着国家农业的发展，还与国民经济健康、稳定、可持续发展紧密相关。从历史和现实来看，影响农产品均衡稳定供给的因素很多，诸如自然灾害发生的频率与国家救灾的实际成效、国家支农惠农政策的实施力度、良种的推广力度与新型农业科学技术的应用情况以及农产品价格的基本稳定等。在影响农产品均衡稳定供给的众多因素中，农产品自身价格的基本稳定因素尤为重要。因为农产品价格的大幅畸形波动直接冲击着农产品产—供—销一体化的每一个环节，对于整个国民经济的冲击也是尤为显著的。

第一节 研究的背景及问题

从人类历史发展的长河来看，任何商品的价格不可能是一成不变的，农产品的价格也一样，始终处于一种变化的状态中；当然，农产品价格的这种变化，从理论上看，应该围绕着农产品自身的价值上下波动，不应该脱离农产品自身的价值而大幅度畸形波动，且在一个较长的时期内，农产品的价格应该处于一种相对稳定的变化状态。基于此，研究农产品价格的相关问题，不应该断章取义，而应该将农产品价格的波动纳入经济社会发展的过程中来考量，应该充分考虑到农产品价格波动的背景。

一 研究的背景

要研究农产品价格基本稳定的相关问题，首先必须科学分析农产品价格波动的背景，应该将农产品价格波动这一重要议题纳入相应的背景中。唯有如此，才有可能客观公正地看待农产品价格波动问题。其次，从农产品价格波动问题本身来看，农产品价格波动对经济社会的影响不仅仅是单向的，而是相互影响的；农产品价格波动会直接或间接地影响经济、社会的稳定与发展，反过来，经济、社会的稳定与发展也会在很大程度上直接影响农产品价格的波动。

（一）研究的时间背景

从商品经济发展的历史来看，农产品的价格并不是一成不变的，而是处于一种动态的变化过程中；以中国为例，即便是在以自给自足的自然经济为主要特征的封建社会时期，区际或居民间农产品交换依然存在，农产品价格的波动问题依然是无法回避的问题；在计划经济时期，即便是国家对粮食、棉花、纱布和食油等农产品实行统购统销制度，这些农产品的价格在 1953—1992 年也并非一直保持不变。即便是采用 GDP 平减指数消除物价的影响因素，这些农产品的价格也仍然具有非常明显的上涨趋势，并且在 1978—1992 年间，农产品价格区际之间的差距问题仍然在一定程度上存在着。基于此，为更客观全面地研究农产品价格问题，本书选择研究的时间跨度从秦汉时期开始直到目前为止。在此期间，根据不同时期中国农产品价格波动的现实，将农产品价格波动的时期划分为秦汉时期、魏晋南北朝时期、唐朝时期、宋朝时期、元朝时期、明朝时期、清朝时期、民国时期和中华人民共和国时期。当然，在实际研究过程中，基于实际数据的可得性和研究的需要，对于不同时期农产品价格波动研究的侧重点会存在差异。比如说，对秦汉时期、魏晋南北朝时期、唐朝时期、宋朝时期、元朝时期、明朝时期、清朝时期、民国时期农产品价格波动的研究，主要侧重于从史学的角度来进行，探究这些时期农产品价格波动的趋势，分析这些时期农产品价格波动的特点，以便为农产品价格基本稳定对策建议的提出提供借鉴；而中华人民共和国时期农产品价格的波动则是研究的重中之重，考虑到这一时期的数据的可得性，相关的实证研究也主要会以这一时期的数据为主，多种实证分析也会在研究中加以灵活运用。

（二）研究的理论背景

任何研究都应当有相应的理论支撑，没有理论支撑的研究缺乏显著的说服力，农产品价格相关问题的研究也不例外，对农产品价格基本问题的深入研究更是需要扎实的理论基础的。从总体上看，本研究重视对前人相关研究成果和实践经验的考察，在实际研究过程中，本研究尤为重视对2000年以前国内外相关理论的分析，特别是基于历史和现实的诸多原因，一些农产品价格理论在2000年以前比较流行，或者说，在2000年以前这些理论还具有旺盛的生命力。近些年来，随着时代的发展，这些理论已经销声匿迹。但是，为了全面、科学地认识农产品价格波动的问题，很有必要对特定历史时期出现的一些理论进行研究。以对粮食价格的研究为例，王焕炜和栾剑洪（1990）编写了《粮食价格学》一书，在书中，他们对粮食价格的形成、地租与粮食价格、粮食价格运行规律、粮食价格的构成、粮食生产成本和收益、粮食价格体系、粮食商品的比价和差价、粮食生产者价格、粮食经营者价格、粮食价格水平及其趋势、粮食价格政策与粮食价格管理及中国粮食价格改革诸多问题进行了研究，这些理论对于研究当前农产品价格波动具有一定的借鉴意义，对于了解特定历史时期农产品价格的波动问题也大有裨益。随着时代的发展，类似于王焕炜和栾剑洪（1990）关于粮食价格的相关研究理论几乎销声匿迹，有些理论明显过时了，难以科学、合理地解释当前的社会现实；有些理论与时俱进，或换了新的提法，或得到了进一步的修正而成为其他的理论。尽管如此，要科学地研究农产品价格波动问题，就必须以史为鉴，不能忽视对以前相关理论的分析和借鉴；实际上，这也正是当前有关农产品价格方面研究尤为欠缺的东西。

（三）研究的现实背景

随着中国从计划经济时期向市场经济时期的转型，农产品价格的"统购统销"政策逐步废除，农产品价格的畸形波动开始出现。若以1978年为界，并将两个明显的邻近波谷称作一个周期，中国农产品价格可以划分为五个完整周期（李国祥，2011）。具体来说，1982—1990年为中国改革后农产品价格波动的第一个完整周期，1990—1999年、1999—2002年、2002—2006年、2006—2009年分别为中国农产品价格变动的第二、三、四、五个周期（图1.1）。近些年，特别是自2009年以来，从"蒜你狠"到"姜你军"，从"豆你玩"到"糖高宗"，从"药你苦"到"棉里针"，从"苹什么"到"玉米疯"，农产品价格大幅畸形波动尤为明显（廖杉杉，2014）。为了有效稳定农产品价格，无论是国家政府，还是地方政府，都采取了一系列措施。从短期来看，这些措施在有效抑制农产品价格大幅畸形波动方面成效显著；但是，从相对较长的时期来看，不同种类农产品价格频繁大幅畸形波动的形势较为严峻。农产品价格大幅畸形波动，不仅直接影响着城镇居民的日常生活，还会影响农民的增产增收，更会直接冲击整个农业生产，影响国民经济的健康、稳定、可持续发展。从全面建设小康社会和稳步推进现代化建设的历程来看，"十二五"时期是中国经济社会发展的一个非常重要的历史时期；在这一时期，稳步提高农民收入，确保农民增产增收，积极提高城镇居民生活水平，利国利民，是中央政府和地方政府都高度重视的工作；而将这一重要工作落到实处的重要举措之一就是稳定农产品价格，确保农产品的均衡、稳定供给；或者说，从长远来看，确保农产品价格的基本稳定是当前以及今后政府工作的重点，构建农产品价格基本稳定的长效机制势在必行。[①]

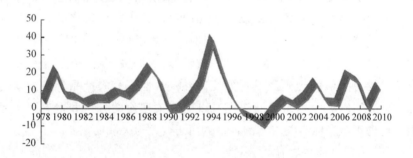

图 1.1　改革开放以来中国农产品价格波动情况

资料来源：李国祥：《我国农产品价格波动分析及其调控思路》，《农村金融研究》2011年第 8 期。

二　研究的问题

要在科学认识和客观评价农产品价格波动问题的基础上，探究农产

---

① 具体参见廖杉杉《促进农产品价格基本稳定的长效机制构建研究》，《企业经济》2014 年第 2 期。

品价格基本稳定的长效机制构建及调控模式创新问题，需要在对相关重要概念加以正确把握的前提下，对农产品价格波动的历史与现实进行考察，对农产品价格波动的趋势进行预测，对造成农产品价格波动的原因进行分析，对农产品价格波动所带来的影响进行研究，并借用机制设计理论，构建中国农产品价格基本稳定的长效机制，分析这种机制运行的相关问题，探究创新农产品价格基本稳定的调控模式，最后提出相应的综合政策框架。基于此，本研究重点关注的问题如下：

第一，农产品价格基本稳定的概念及其内涵。从国内外学者对农产品价格及其相关问题的研究来看，尽管学者们都认识到农产品价格波动问题迫切需要得到解决，但鲜有学者直接研究农产品价格基本稳定问题。依据市场经济的基本法则，即便是充分考虑到农产品自身的特殊性，农产品价格都不可能是一成不变的，应该随着经济社会发展水平的提高而上涨；只不过农产品作为特殊的商品，其价格的上涨不能够也不应该呈现大幅度畸形波动，否则，势必会直接影响城镇居民生活和农民增产增收，从长远来看，也会直接冲击农业生产，影响国民经济的健康、稳定、可持续发展。也就是说，农产品价格基本稳定并不等于农产品价格一成不变，而是应该在考虑到农产品自身特殊性的前提下，充分发挥政府和市场的相互作用，确保农产品价格水平的变化与经济社会发展水平相适应，避免农产品价格的大幅波动。当然，农产品价格基本稳定的概念及其内涵远不止这些，还会涉及诸如农产品价格基本稳定的特点、效应以及农产品价格基本稳定的测度指标等。要构建农产品价格基本稳定的长效机制，必须从理论上弄清楚农产品价格基本稳定的概念及其内涵。

第二，不同历史时期农产品价格波动的特点及对当前农产品价格调控的启示。从国内外学者的研究成果来看，或专门从史学的角度研究某一个具体时期（朝代）的物价及其变动特征，比如，丁邦友（2009）专门深入研究了汉代物价，程民生（2008）专门研究了宋代物价，岸本美绪（2010）专门研究了清代物价，或从当前农产品价格波动的某一个视角出发，深入研究农产品价格波动的相关问题，如研究农产品价格波动的发展趋势、农产品价格波动的影响因素、农产品价格波动的影响效应以及农产品价格波动的调控对策等。纵观国内外学者现有的研究成果，不难发现：学者对农产品价格波动问题的研究较为孤立，并没有将农产品价格波动这一特征事实纳入经济社会发展的历史长河中去；实际上，作为四大文明古国之一，中国农产品价格波动问题几千年来一直都是存在的，要较好地研究中国农产品价格波动问题，就必须重视从史学的视角出发从整体上分析问题。考虑到秦汉以前的中国处于一种诸侯割据称雄的分裂时期，不同诸侯国所采取的制度存在着显著差异，且秦汉以前的农产品价格文献尤为稀缺，所以，对秦汉以前的农产品价格无从考证；而秦汉以后的历史则不一样，不仅国家统一，各种制度较为健全，而且相应的文献资料较为丰富，所以，对于秦汉以来的农产品价格文献，本研究都将会有所涉及；在此基础上，本研究将重点分析当前农产品价格大幅度畸形波动的事实，对造成这一事实的原因及其相关问题将加以重点研究。

第三，到底什么原因导致了农产品价格的大幅度畸形波动？要构建科学合理的农产品价格基本稳定的长效机制，必须弄清楚到底是什么原因导致了农产品价格的大幅度畸形波动。从现有国内外文献资料来看，对导致农产品价格大幅度畸形波动的原因，学者们的意见并不统一，且学者们的研究方法普遍较为单一，或完全用定性分析方法来分析问题，或完全用定量分析的方法来分析问题，将定性方法与定量方法有机结合起来分析问题的成果较为少见。实际上，要科学地认识农产品价格大幅度畸形波动的现实问题，不仅需要从理论上弄清楚到底是哪些因素导致了农产品价格波动，还需要采用实证分析的方法进行分析；前者属于定性分析，后者属于定量分析；只有通过将两种分析方法有机结合起来，才能够更科学、准确地认识农产品价格波动的问题。本书拟在定性分析农产品价格大幅度畸形波动的原因方面，借鉴系统自组织理论，通过构建农产品供求的自组织机制，探究农产品价格大幅度畸形波动的形成机理；同时，拟在定量分析农产品价格大幅度畸形波动方面，以小麦、大米、玉米、大豆和猪肉为例，分别实证分析这五种代表性农产品价格波动的影响因素。

第四，农产品价格大幅度畸形波动到底对于经济社会有什么样的影响？如果农产品价格大幅度畸形波动对经济社会没有负面影响的话，则无须构建农产品价格基本稳定的长效机制；正因为农产品价格大幅度畸形波动对于经济社会具有巨大的负面影响，所以才有必要构建农产品价格基本稳定的长效机制。考虑到农产品价格作为整个经济社会物价体系中的重要一环，其变动会带来连锁反应，所以，研究农产品价格波动问题必须考虑其对经济社会诸多方面的影响；换句话说，研究农产品价格波动对经济社会的影响，需要选择具有代表性的指标。本书拟打算重点研究农产品价格波动对农民收入增长、城镇居民消费、农产品出口和农村产业结构调整等方面的影响。之所以选择农民收入增长、城镇居民消费、农产品出口和农村产业结构调整等指标，是因为它们受到农产品价格波动的最直接影响，农产品价格波动最先冲击的是农民收入、城镇居民生活和农产品出口，而农村产业结构的调整则是农产品价格波动在相对较长时期内所可能带来的影响。同时，前三个指标可以从微观层面直接反映国民经济的发展态势，而后一个指标则可以从宏观层面反映整个国民经济结构的合理性。

第五，如何构建农产品价格基本稳定的长效机制？作为特殊的商品，农产品产—供—销一体化会涉及众多的利益主体，同时，从中国的实际情况来看，农产品的产供销一体化还离不开政府相关部门的监管。为此，构建农产品价格基本稳定的长效机制，必然会涉及不同利益主体及政府相关部门，如何在不同的利益主体之间寻求有效的合作成为不得不面对的难题。在全面分析前人的研究成果，充分考虑中国农产品产—供—销一体化流通的现实情况下，本书拟充分考虑各方利益诉求，重点从农产品价格基本稳定的动力机制、激励机制、约束机制、自我调节机制和宏观调控机制等方面着手构建农产品价格基本稳定的长效机制。对每一种机制构建，本课题拟从基本概念着手，将不同学科的概念与农产品价格波动的现实有机结合起来，先赋予相关概念在农业经济学领域的内涵，然后以此为基础，分析每一种机制的具体构建。当然，机制构建了，并不等于农产品价格基本稳定的问题就可以得到圆满解决，在构建农产品价格基本稳定长效机制的同时，还需要高度重视对农产品价格基本稳定调控模式及其综合政策框架的研究。从研究的角度来看，只有构建了科学的机制，明晰了合理的模式，提出了可行的综合政策框架，农产品价格基本稳定的长效机制才算真正构建完成。

三 研究的意义

在上述背景下，分析农产品价格大幅度畸形波动问题，构建农产品价格基本稳定的长效机制，无论是从理论上还是从实践上来看，无疑都具有很强的理论意义和现实意义。

第一，本书研究具有很强的理论意义。一是本书将在全面系统地归纳、总结国内外学者研究成果的基础上，紧密结合中国农产品价格大幅度畸形波动的特征事实，形成农产品价格基本稳定长效机制构建的理论框架基础，这可以为今后学者开展此方面的理论研究提供借鉴，有利于丰富农业经济学和价格经济学的理论知识。二是通过对农产品价格波动的历史与现实进行研究，归纳、总结中国农产品价格波动的特点和趋势，分析导致当前农产品价格大幅度畸形波动的原因，探究农产品价格大幅度畸形波动对经济社会发展所带来的负面影响，并借鉴国外调控农产品价格的成功经验，构建农产品价格基本稳定的长效机制，创新当前农产品价格调控机制，系统地提出农产品价格基本稳定的综合政策框架，这可以在一定程度上为国家调控农产品物价大幅度畸形波动问题提供理论支持。

第二，本书研究具有很强的现实意义。一是农产品价格的基本稳定，直接关系到国民经济的健康、稳定、可持续发展，关系到中国全面建成小康社会的目标能否顺利实现，关系到中华民族的伟大复兴能否顺利实现。在借鉴前人研究成果的基础上，多层面、多维度地对中国农产品价格波动问题进行剖析，构建农产品价格基本稳定的长效机制，创新农产品价格基本稳定的调控模式，对中国农产品价格基本稳定问题进行科学合理的制度化顶层设计，具有很强的现实意义。二是在当前内需不足、外贸不畅的复杂经济形势下，通过本研究的开展为政府部门的相关决策提供理论支撑，可以有效确保农产品价格的基本稳定，这不仅对于农民增收、城镇居民生活有利，也可以为国家的长治久安夯实基础。

第二节　研究的思路及方法

要构建农产品价格基本稳定的长效机制，创新农产品价格基本稳定的调控模式，必须明晰研究的基本思路，明确研究的起点，知道研究过程中哪些可能是重点，哪些可能是难点，哪些是需要浓墨重彩来做的闪光点；针对这些具体的重难点问题，在书中灵活采取切实可行的研究方法。

一 研究的思路

本书属于典型的问题导向型研究，从整体上来看研究遵循的是"问题—原因—对策"的基本思路。具体来说，第一，在借鉴前人研究成果的基础上，弄清楚农产品价格基本稳定的概念内涵，明确农产品价格基本稳定的具体测度指标，并构建农产品价格基本稳定的理论分析框架。第二，本书将运用史学的分析方法，对秦汉时期、魏晋南北朝时期、唐朝时期、宋朝时期、元朝时期、明朝时期、清朝时期、民国时期和中华人民共和国时期农产品价格波动的情况进行分析，总结、归纳出农产品价格波动所呈现出来的特征，明晰农产品价格波动的历史启示。第三，先运用系统自组织理论的相关知识，分析农产品价格波动的原因；再以种植业产品、畜牧业产品、林业产品和渔业产品四大类农产品为例，构建动态面板数据模型，分析到底是哪些因素导致了农产品价格的大幅度畸形波动。第四，运用定量分析的方法，分析农产品价格波动对农民收入增长、城镇居民消费和农村产业结构调整等的影响。第五，本书将构建中国农产品价格基本稳定的长效机制，分析这种机制运行的相关问题，探究创新农产品价格基本稳定的调控模式，提出相应的对策建议。

二 研究的方法

本研究是基于现实背景和实证分析基础上的应用型理论研究。本书以中国农产品价格波动的现实问题为出发点，以实现农产品价格基本稳定为目的，将规范研究和实证研究相结合。规范研究注重基本概念及其内涵的揭示，并以此为基础展开理论分析；实证研究在规范研究的基础上展开，将定性分析与定量分析有机结合；定性分析重视史学方法的运用，定量分析强调数据可靠、方法适用和手段先进。当然，在实际过程中，不排斥其他常规分析方法。

第一，文献研究。通过对国内外相关研究成果的梳理，吸取有价值的观点，夯实农产品价格基本稳定长效机制构建的理论基础。需要特别说明的是，在本课题研究中，将高度重视对中国计划经济时期和转轨期国内文献的研究，这些文献虽然看起来比较陈旧，但是却可以很好地反映特定历史时期的农产品物价波动情况，研究这些文献对于更好地把握农产品价格波动问题有很大的帮助。

第二，比较研究。在撰写本书的过程中，笔者尤为重视比较研究。一是在剖析不同时期（秦汉时期、魏晋南北朝时期、唐朝时期、宋朝时期、元朝时期、明朝时期、清朝时期、民国时期和中华人民共和国时期）农产品价格波动的特点时，很显然会用到比较研究的分析方法。二是在分析农产品价格调控的国际经验时，也会很自然地用到比较研究分析方法，以便更好地总结、归纳出国外的成功经验及其对中国的启示。

第三，实证分析。本书在研究农产品价格波动的原因及其影响时，将会大量用到实证分析方法。基于实际数据的可得性和研究的实际需要，面板数据模型被大量使用。当然，为了更深入地推进研究，本课题也会采用问卷调查的方式来收集数据资料（问卷调查数据仅仅是为了了解农产品价格情况，在本书中未使用问卷调查数据进行实证）。实证仅仅是说明问题的一种手段，在做实证的过程中，本书将重视对实证之前相关理论机理的剖析。

第四，综合分析。在对中国农产品价格波动历史与现实科学进行研判的基础上，全方位、多角度地剖析农产品价格大幅度畸形波动的原因及其对经济社会发展的影响，在借鉴国外调控农产品价格成功经验的基础上，运用机制设计理论，构建农产品价格基本稳定的长效机制，分析这种机制运行的相关问题，探究创新农产品价格基本稳定的调控模式，提出相应的综合政策框架。

第三节　研究的内容及框架

要科学研究农产品价格基本稳定长效机制的构建问题，就必须明晰研究的具体内容；毕竟，农产品价格基本稳定长效机制构建是一项复杂的系统工程，涉及农产品产—供—销一体化链条环节中众多的利益主体。只有根据研究的实际需要，明确研究的具体内容，后续的研究才能够有条不紊地进行。当然，在此基础上还必须合理构建研究的框架。

一　研究的内容

本书研究的主要内容是：第一，农产品价格基本稳定的理论框架，这一部分内容主要包括农产品价格波动的国内外文献综述、农产品价格基本稳定的概念及其具体测度指标介绍等；第二，农产品价格波动的历史与现实考察，这一部分内容主要包括秦汉时期、魏晋南北朝时期、唐朝时期、宋朝时期、元朝时期、明朝时期、清朝时期、民国时期和中华人民共和国时期农产品价格波动情况以及农产品价格波动所呈现出来的特征；第三，农产品价格波动的原因分析，这一部分内容包括定性分析视角下农产品价格波动原因和定量分析视角下农产品价格波动原因，前者主要采用系统自组织理论来进行分析，后者则主要通过对种植业产品、畜牧业产品、林业产品和渔业产品四大类农产品的实证研究来说明影响农产品价格波动的因素；第四，农产品价格波动的影响效应，这一部分内容主要包括农产品价格大幅度畸形波动对农民收入增长、城镇居民消费、农产品出口和农村产业结构调整的影响；第五，农产品价格基本稳定长效机制的构建，这一部分内容主要包括农产品价格基本稳定的预期目标机制、监测预警机制、应急处理机制、信息引导机制、行政约束机制、经济调节机制、社会监督与自律机制；第六，农产品价格基本稳定的调控模式创新，这一部分的内容主要包括农产品价格基本稳定的稳定生产模式、快速流通模式、有效销售模式、奖励补偿模式和法律保障模式创新；第七，农产品价格基本稳定的对策建议。

二　研究的框架

本书是基于中国农产品价格波动特征事实基础上的应用型研究。在研究的过程中，将严格遵循"问题—原因—对策"的基本思路。在分析问题的过程中，将不仅仅拘泥于问题，就事论事，而是将农产品价格波动纳入经济社会发展这一大的宏观背景中；在分析原因的过程中，将注重定性分析方法与定量分析方法的有机结合；在分析对策的过程中，也不仅仅是就对策论对策，而是在提出对策之前，构建农产品价格基本稳定的长效机制，并分析农产品价格基本稳定的调控模式创新。本书的技术路线可以概括为：绪论→农产品价格基本稳定的理论框架→农产品价格波动的历史与现实考察→农产品价格波动的原因分析→农产品价格波动的影响效应→农产品价格基本稳定长效机制的构建→农产品价格基本稳定的调控模式创新→研究结论、对策建议与研究展望。

第四节　研究的特色及创新

基于以上分析，不难看出：本书的研究特色主要体现在两个大的方面。具体来说，其一，在对国内外学者有关农产品价格研究方面文献梳理回顾的基础上，科学界定农产品价格基本稳定的概念，明晰农产品价格基本稳定的测度指标，并以此为基础，对秦汉时期、魏晋南北朝时期、唐朝时期、宋朝时期、元朝时期、明朝时期、清朝时期、民国时期和中华人民共和国时期农产品价格波动的特征事实进行回顾，总结、归纳其特征及启示；其二，将定性分析方法与定量分析方法有机结合起来，剖析导致农产品价格大幅度畸形波动现象产生的原因，并就这种现象对经济社会发展所带来的影响进行分析，对农产品价格基本稳定的长效机制的构建及其模式创新问题进行研究。具体来说，本书的创新之处主要体现在以下三个方面：

第一，农产品价格波动的变迁历程及其发展趋势预测。从史学的视角出发，剖析秦汉时期、魏晋南北朝时期、唐朝时期、宋朝时期、元朝时期、明朝时期、清朝时期、民国时期和中华人民共和国时期农产品价格波动的特点，归纳、总结农产品价格波动的基本特征及其启示。

第二，农产品价格波动的原因与影响的全面剖析。在探究造成农产品价格波动原因的研究方面，首先，运用系统自组织理论，从农产品供求是否失衡的视角出发，剖析造成农产品价格畸形波动的原因；其次，以种植业产品、畜牧业产品、林业产品和渔业产品四大类农产品为例，实证分析影响农产品价格波动的原因。在农产品价格波动的影响方面，通过构建动态面板数据模型，分别实证分析了农产品价格波动对农民收入增长、城镇居民消费和农村产业结构调整的影响。

　　第三，农产品价格基本稳定长效机制的构建及其模式创新。全方位、多角度地构建农产品价格基本稳定的长效机制，创新农产品价格基本稳定的调控模式，在此基础上，提出农产品价格基本稳定的对策建议。

第二章 农产品价格基本稳定的理论框架

以农产品价格大幅度畸形波动的特征事实为起点,构建农产品价格基本稳定的长效机制,需要构建农产品价格基本稳定的理论框架。在理论框架部分,本书将首先梳理国内外学者在农产品价格波动发展趋势、农产品价格波动影响因素、农产品价格波动影响效应及农产品价格调控对策方面的研究;其次,在借鉴前人研究的基础上,准确界定农产品价格基本稳定的概念内涵;最后,重点介绍农产品价格基本稳定的测度指标,并进行相应的小结。

第一节 农产品价格基本稳定的概念界定[①]

对农产品价格基本稳定的概念进行科学界定,是本书的重要基础,也是本书的研究特色之一。从现有文献资料来看,尽管学者都认识到农产品价格稳定的重要性,也都认识到农产品价格的稳定是一种动态的稳定,而不是绝对不变的稳定,是应该随着经济社会的发展而发生变化的,但遗憾的是,目前并无学者对农产品价格基本稳定的概念内涵进行科学界定。[②]

---

① 具体参见鲁钊阳、廖杉杉、邱新国《农产品价格稳定的民生效应分析与对策》,《江西行政学院学报》2013 年第 1 期。

② 在本课题立项之前,课题组已经对农产品价格稳定的概念进行了科学界定,并以此为基础展开了相关研究;但是,随着研究的逐步深入,特别是在本课题获得国家社会科学基金项目立项后,课题组全面系统地研读了国内外相关文献资料,结果发现:尽管国内外学者都认识到研究农产品价格稳定问题意义重大,也都认识到农产品价格的稳定是相对的稳定,而不是绝对的稳定,也就是说,农产品价格稳定指的是农产品价格的基本稳定或者说是相对稳定,但是,并没有人系统深入地研究这个概念。基于此,本课题将对此概念进行全面系统的深入研究。

一　农产品价格基本稳定的概念

对于农产品价格稳定的理论内涵，目前还没有学者进行全面系统的介绍。在借鉴经济学价格稳定理论的基础上，我们认为，农产品价格稳定指的是在某一区域范围内的一段相对较长时期中，农产品价格没有出现大幅度波动，总体上能够与经济社会发展水平保持一致的一种状态。很显然，农产品价格稳定具有相对性、长期性、差异性和连锁性的特点。

第一，相对性。稳定是相对稳定，而不是绝对稳定。在市场经济条件下，价格围绕价值上下波动属于正常现象；当然，农产品作为一种特殊的商品，在国家宏观政策调控的作用下，农产品价格波动不可能违背其自身价值而大幅波动。从长期来看，农产品价格会随着经济社会发展水平的提高而发生变化，但是，这种变化理论上必须与经济社会发展水平相适应，不能过度背离农产品自身的价值。

第二，长期性。稳定是相对于经济社会发展水平来说的，是指在一个较长的时期内保持稳定的状态。作为国民经济的基础，农业在整个国民经济体系中占据着十分重要的地位，国家对农业的扶持也是长期的，农产品的价格不应该随经济周期的变动而发生大幅变化，在较长时期内，农产品的价格应该是稳定的。

第三，差异性。稳定是区域范围内的稳定，而不是要求价格在全国范围内的整齐划一。基于资源禀赋的差异、经济发展战略的先后以及其他外在因素的影响，农产品的价格稳定具有一定程度的地域性，不同地区的农产品价格会在一定程度上存在差异，这是市场经济所允许的；这种差异的存在，在一定程度上有利于农产品的流通。

第四，连锁性。农产品价格的畸形波动，不仅直接影响农产品生产者，还会影响农产品消费者，对国家的整个宏观经济形势都会造成影响。也就是说，农产品价格的大幅涨落，会在不同程度上从不同方面波及不同的利益主体，农产品的价格波动往往会带来一系列的其他连锁反应。

二 农产品价格基本稳定的效应

在理清农产品价格稳定的理论内涵的基础上，我们可以对农产品价格稳定的民生效应进行分析。之所以选择对民生效应进行分析，主要是因为无论是农产品价格稳定的相对性、长期性、差异性还是连锁性，它们都有一个共同的、显著的前提，那就是不能以牺牲城镇和农村居民的个人利益为代价来追求其他经济目的，人民的生活水平不能因为农产品价格的大幅波动而受到过大的影响。换句话说，农产品价格稳定的最终目的还是有利于民生，民生是农产品价格稳定的最根本宗旨和最首要原则。农产品价格稳定的民生效应，主要表现在以下几个方面：

第一，农产品价格稳定与农村居民收入。虽然改革开放以来，随着中国经济多年的持续高速增长，农民生活水平有了显著提高，但是，从目前中国农村的实际情况来看，农民人均 GDP 逐年提高与实际可支配的货币收入增长幅度迟缓是并存的。农民的货币收入主要来自两个方面：一是兼业经营所获得的货币收入（主要是种养殖业所带来的货币收入）；二是通过务工获得的劳动报酬，两者都存在着很大的不稳定性。当农产品价格大幅上涨时，受价格传导机制的影响，与农产品相关的各种农业生产资料的价格也会大幅上涨，且农业生产资料的上涨幅度远远快于农产品价格的上涨幅度，名义上农民获取了更多的收入，实际上，农民从农产品的价格上涨过程中获取的收益极为有限。即使是在农业生产资料价格的上涨幅度小于农产品价格上涨幅度的时候，受当前农产品流通体制不健全的影响，农民在整个农产品流通价值链上始终处于低端，议价能力弱，"增产不增收"的现象极为常见。相反，一旦农产品市场出现价格风险，农民往往成为几乎所有风险的最直接承受者。在农产品价格稳定的情况下，农民可以按照过去的生产方式按部就班地组织农业生产，在排除其他各种外来因素的影响下，实际所获得的收入往往更多。也就是说，在农产品价格稳定的情况下，农民实际收入的增长往往比农产品价格大幅起落时更多，农产品价格的大幅波动并不能够增加农民收入，反而会影响农民收入的稳定。

第二，农产品价格稳定与城镇居民生活。城镇居民分为高收入者和中低收入者两类，农产品价格稳定与否影响最大的是中低收入者，对高收入者的影响极为微弱。农产品主要是食品，是生活必需品，消费的弹性小，替代效应并不明显，不管价格如何，消费者都必须消费。因此，农产品价格的上涨，必然会增加城镇居民的消费支出。对于城镇中低收入者来说，农产品价格的上涨，意味着中低收入者近些年来低保金标准或工资、福利提高部分被部分甚至全部抵消，意味着多数中低收入群体的实际收入下降，所能购买到的商品数量相应减少，一些中低收入群体家庭生活陷入更加艰难的境地。同时，随着农产品物价的上涨，城镇中低收入者的消费欲望被抑制，消费量有所下降，家庭消费方式发生改变；甚至是在农产品价格暴涨时，城镇低收入者在无法增加其他收入来源的情况下，只能减少消费量和消费品种，把消费限制在米、面、油、蔬菜、肉类等最基本的消费品上，同时还要减少肉、禽、菜等价格涨幅大的消费品数量，生活质量严重下降。很显然，从长远来看，农产品价格的大幅波动，特别是农产品价格的一路上涨，将会直接影响整个社会的消费结构，不利于经济的长期稳定发展（耿玉春、房淑贤，2011）。而在农产品价格维持基本稳定的时候，城镇居民能够准确地预期家庭的收支情况，能够在不影响家庭生活水平的前提下，根据自身的实际需要来进行投资和消费，促进城镇经济的稳定发展。

第三，农产品价格稳定与城乡商贸物流业的发展。农产品的流通在农产品市场运行中居于枢纽地位，在整个社会再生产和国民经济中居于组织者、引导者和调节者的地位，而农产品的流通完全取决于城乡商贸物流业的发展。城乡商贸物流业的发展适应了社会化大生产快速发展和社会分工不断细化的客观需要，是连接城乡商品生产和消费的关键环节，是加快产业结构调整、推动产业升级、促进第三产业增长的主要途径，其发展水平已成为衡量一个国家和地区综合竞争力的重要标志。城乡商贸物流业的发展在很大程度上受农产品价格稳定的影响。当农产品价格稳定时，活跃于城乡的各种农产品中介组织（包括企业和个人等）能够在尽量节约物流成本的前提下，快速组织农产品的流通，有利于农产品提高流通效率，也有利于城乡间各种物流资源的优化配置，这对于促进城乡经济结构的调整和城乡经济增长方式的转变，对于推动第三产业乃至整个国民经济发展都具有重要意义；而当农产品价格呈现大幅波动时，在价格传导机制的作用下，农产品价格的大幅波动必然会使与农产品流通有关的诸环节的成本发生变化，这不利于农产品流通主体快速组织农产品的流通，也影响了农产品的流通效率，不利于农民增收，也不方便城镇居民的生活，对整个城乡商贸物流业的健康发展会带来巨大的冲击。

第四，农产品价格稳定与国家宏观经济稳定。物价稳定既是国家宏观经济稳定的前提，也是国家宏观经济稳定的目标；物价稳定对充分就业、经济发展和国际收支平衡都有显著的影响。农产品价格稳定作为国内整体物价稳定的基础，对于国家宏观经济的稳定尤为重要。一方面，农产品价格稳定有利于保障与农产品产—供—销诸环节密切相关的劳动者的就业，有利于促进农村经济的稳定发展，方便城镇居民的生活。在当前形势下，"农产品进城"的渠道远远没有"工业品下乡"的渠道畅通，"农产品进城"涉及从农村到城市诸多参与农产品生产、流通的组织和个人；也就是说，农产品流通的涉及面极为宽广。在农产品价格呈现大幅波动的情况下，与农产品生产和销售相关的组织和个人都会受到影响，特别是处于农产品产销链两端的生产者和消费者更容易受到价格风险的冲击；而在农产品价格稳定的情况下，所有参与农产品产销的组织和个人对自己的收入均有较合理的预期，能够在不影响自身其他安排的情况下组织自身的生产和消费，这不仅有利于稳定城乡就业，还有利于促进城乡经济的发展。另一方面，农产品价格的稳定有利于增强产地农产品自身的竞争力，有助于农产品的出口。农产品价格的稳定，有利于产地农产品传统种植技术的传承，有利于培养和塑造产地农产品的品牌，对于增强产地农产品的市场竞争力具有显著的促进作用。从长远来看，这不管是对于产地农产品的国内销售，还是对于产地农产品的外销，都具有很强的促进作用。当农产品价格呈现大幅波动时，基于利润的考虑，农产品的种植结构会发生变化，传统种植模式会被抛弃，农产品的所谓"绿色""无公害"等特征也会逐渐消失；从短期来看，这有利于农产品的产销，甚至会在一定程度上增加农民的收入；但是，从长期来看，这并不利于农产品的产销，也不利于农产品应对国外的技术检测壁垒，影响农产品的竞争力，不利于农产品的出口。

第二节 农产品价格基本稳定的测度

一 价格稳定的测度指标

价格稳定的概念及其测度非常复杂，既属于价格学研究的范畴，也是宏观经济学研究的重要内容。要从理论上弄清楚价格稳定的概念及其测度问题，需要弄清楚经济指数、价格总水平和价格指数等相关概念。因为从理论上来看，这几个概念都是环环相扣、紧密相连的，断章取义地从某一个概念着手来进行分析的话，往往是无法对价格稳定进行科学准确的认识的。

从现有文献资料来看，汪祥春（1956）、江洪和梁和祥（1981）、陈东和王为民（1984）、伏中林（1985）、陈婉贞（1986）、程秀生（1989）、王涛（1996）、杨灿（2001）、游玲杰（2002）、张毅（2012）等不同时代的学者先后对经济指数进行了多方面的研究；以这些学者的研究成果为基础，可以认为，作为反映宏观经济形势的晴雨表，经济指数是测度综合经济现象总的变动或差异程度的统计指标，是一个动态的概念。在不同的历史发展时期，经济指数所包含的内容是存在显著差异的。从现实来看，经济指数主要包括商品指数和股市指数等；前者主要包括路透商品研究局指数（CRB）、高盛商品指数（GSCI）、罗杰斯商品指数（RICI）、道·琼斯—AIG 商品指数（DAAIG）、标准普尔商品指数（SPCI）、德意志银行流通商品指数（DBLCI）和大宗商品（石油、铜、大豆等）指数等；后者主要包括道·琼斯股票指数、标准·普尔指数、纽约证券交易所股票价格指数、日经道·琼斯指数、香港恒生指数等。当然，在现实中，PMI 指数（采购经理指数）、CPI 指数（消费者物价指数）、PPI 指数（生产者物价指数）、GDP 指数和货币供应量都被广泛纳入经济指数范围内。

在上述研究的基础上，进一步对价格总水平的概念内涵及其测度问题进行分析。从理论上说，所谓的价格总水平，又称为一般价格水平，往往指的是在某一个具体的国家或地区范围内一定时间段内（如年度、季度、月份）全社会所有商品和服务价格变动状态的平均或者是综合，往往采用经济指数中的价格指数来进行测度。那么，什么是价格指数呢？李建平和乔安治（2015）认为，价值指数指的是反映不同时期一组商品价格水平的变化方向、趋势和程度的经济指标，通常的做法是以报告期和基期相对比的相对数来表示。当然，在现实中，商品价格水平的变化方向，既可以是同向的，也可以是逆向的，还可以是停滞不前的；商品价格水平的变化趋势，既可以是平缓的，也可以是大幅度波动的，还可以是不发生变化的；商品价格水平的变动程度，既可以是螺旋上升的，也可以是急剧下降的，还可以是始终保持不变的。从世界上其他国家的实际情况来看，测度价格总水平的方法主要有两种：一种是编制相关的价格指数，比如消费者价格指数、批发价格指数等；另一种是计算国民生产总值缩减指数。从中国的实际情况来看，中国政府部门发布的价格指数主要有居民消费价格指数、商品零售价格指数、工业品出厂价格指数、农业生产者价格指数、农业生产资料价格指数、固定资产投资价格指数等。在技术层面，价格指数按照计算时所采用的基准期的不同，又可以分为环比价格指数、年距环比价格指数和定基价格指数等。

在全面弄清楚经济指数、价格总水平和价格指数等概念内涵的基础上，就不难理解价格稳定及其测度问题了。从理论上来说，价格稳定指的是价格总水平的稳定，多采用价格指数表示。到底采用哪种价格指数来判断价格稳定，基于不同的研究目的，不同的学者实际采用的价格指数是存在差异的。

二　农产品价格变动的测度指标

要研究农产品价格波动的测度指标，必须从理论上弄清楚商品价格波动的测度指标。从理论上来看，测度商品价格波动的主要指标是商品价格指数或者说是物价指数，是某一特定时期一定组合的商品或劳务有关价格的计量，最常见的是物价总指数和特定物价指数。常见的物价指数有商品零售价格指数（反映一定时期内城乡商品零售价格变动趋势及程度的相对数）、居民消费价格指数（反映一定时期内城乡居民所购买的生活消费品和服务项目价格变动趋势及程度的相对数）、城市居民消费价格指数（反映一定时期内城市居民家庭所购买的生活消费品价格和服务项目价格变动趋势及程度的相对数）、农村居民消费价格指数

（反映一定时期内农村居民家庭所购买的生活消费品价格和服务项目价格变动趋势及程度的相对数）、农产品收购价格指数（反映一定时期内国有商业、集体商业、个体商业、外贸部门、国家机关、社会团体等各种经济类型的商业企业和有关部门收购农产品价格的变动趋势及程度的相对数）、农村工业品零售价格指数（反映一定时期内农村市场工业品零售价格水平变动趋势和程度的相对数）、工业品出厂价格指数（反映一定时期内全部工业产品出厂价格总水平的变动趋势和程度的相对数）、固定资产投资价格指数（反映一定时期内固定资产投资额价格变动趋势和程度的相对数）等。

作为特殊的商品，农产品价格变动的测度可以用农产品价格指数来表示。从现实来看，有关农产品的价格指数，主要有农产品生产价格指数、农产品收购价格指数、农产品批发价格指数（又包括全国批发价格个体指数、农产品小类批发价格指数、农产品大类批发价格指数等）。需要特别说明的是，农产品生产价格指数指的是一定时期内农产品生产者出售农产品价格水平变动趋势及其幅度的相对数。这一指标可以在很大程度上直接反映国家农产品生产价格水平的变动态势。在不同年份的《中国农产品价格调查年鉴》中，依据农产品种类的不同，农产品生产价格指数又可以细分为种植业产品生产价格指数、林业产品生产价格指数、饲养动物及其产品生产价格指数、渔业产品生产价格指数。基于研究的现实需要和实际数据资料来源考虑，种植业产品生产价格指数、林业产品生产价格指数、饲养动物及其产品生产价格指数、渔业产品生产价格指数等是本书随后研究的重要基础。在实际研究过程中，对种植业产品生产价格指数、林业产品生产价格指数、饲养动物及其产品生产价格指数、渔业产品生产价格指数等下属的每一类农产品价格波动进行研究既不可能也不现实。

三 农产品价格基本稳定的测度指标

在上文研究中，已经介绍了农产品价格基本稳定的概念内涵，也对价格稳定的测度指标和农产品价格变动的测度指标进行了分析，那么，农产品价格基本稳定到底该如何测度？或者说，农产品价格基本稳定的标准是什么呢？由于农产品所包括的具体种类非常丰富，不同层级的政府在农产品价格基本稳定中的作用存在差异，中央政府每年都会明确居民消费价格指数的目标，省级层面政府和市级层面政府分别在"菜篮子"和"米袋子"价格稳定中扮演重要角色。在对改革开放以来中央政府工作报告和各省级单位政府工作报告以及各省会城市政府工作报告中所确定的相关居民消费价格指数和农产品价格指数目标进行研究的基础上，可以认为，3%以内的价格波动（价格指数）是农产品价格波动的正常范围，3%以上的波动幅度（价格指数）是畸形波动。当然，在特殊年份、不同地区和具体的农产品价格波动方面，这一数据可能会存在差异；但是，从总体上来看，农产品价格波动应该与政府宏观调控的目标相一致，政府预期的居民消费价格指数和农产品价格指数是研判农产品价格基本稳定的指标，政府所确定的居民消费价格指数和农产品价格指数是农产品价格基本稳定的测度指标。

第三节　农产品价格波动的国内外文献综述①

随着农村经济市场化改革的不断深入，农产品市场化供给不断提高；作为生活必需品，农产品价格的波动问题一直是国内外学者研究的热点问题。特别是近些年来，随着国内外农产品价格的大幅波动，农产品价格波动的相关文献资料极为丰富。根据学者研究内容的不同，可大体上分为四个方面，分别是农产品价格波动发展趋势的研究、农产品价格波动影响因素的研究、农产品价格波动影响效应的研究，以及农产品价格调控对策方面的研究等。

一　农产品价格波动发展趋势的国内外研究进展

在国外，OECD-FAO（2007）对2007—2016年国际农产品市场进行了预测，认为世界谷物价格近期在生产以及世界库存紧缩的推动下会高涨，但在预测期（2007—2016年）结束前，价格将会逐渐趋于下降。之所以会出现这种情况，主要是因为农产品特别是粮食等农产品一直以

---

① 具体参见廖杉杉《农产品价格基本稳定的产业促进机制研究》，《价格月刊》2014年第5期。

来都是国家的战略资源，为确保国民经济的健康、稳定、可持续发展和社会的稳定，各国政府都会高度重视粮食等农产品的供应问题；当农产品库存紧缩时，各国政府会高度重视对农业生产的引导，会采取卓有成效的措施引导农业生产的发展；当农产品出现严重过剩时，各国政府会采取措施维护农产品生产者的切身利益，避免因为农产品供给过剩而给农产品生产者带来损失。

　　与上述国外学者的研究相类似的是，国内学者对农产品价格波动发展趋势的研究也存在不一致的意见。比如，徐雪高（2008）运用 H – P 滤波法，研究了1978—2006年中国农产品价格波动的周期问题，认为中国改革开放以来的农产品波动可以分为五个周期，且每个周期的整体特征和结构特征各不相同，2007年是农产品价格上涨第六个周期的开始；傅晓和牛宝俊（2009）认为，从短期来看，农产品价格会上涨，但从长期来看，农产品价格将会趋于平稳；顾国达和方晨靓（2010）认为，虽然中国农产品价格波动具有长期平稳性，但高位运行为短期现象；马晓河等（2011）以中国粮食"七连增"为研究背景，对粮食形势进行了研判，认为受土地资源约束、粮食生产成本上升和收益率下降以及农业基础设施薄弱且抵御自然灾害能力不强等因素的影响，中国粮食价格未来还有进一步上涨的空间；张利庠和陈秀兰（2012）、刘冠宏和张清正（2012）的研究表明，从长期来看，农产品供求平衡和生产成本的刚性上升将会进一步推动农产品价格的上涨；农业部农村经济研究中心课题组（2012）的研究成果则进一步表明，进入21世纪以来，中国农产品价格波动呈现出整体上涨、周期缩小、季节性明显、品种差异显著等特征；赵军华等（2014）从国际视角出发，认为2001—2014年，国际农产品价格总体呈上升趋势，2008年国际金融危机后波动加剧，但仍处于历史较高水平；2014年2月，国际农产品价格出现较大幅度的月度回升；国际农产品价格走势将受国际经济形势、国际农产品供需平衡状况及地缘政治局势等因素的综合影响。

　　此外，国内还有部分学者专门针对某一种农产品价格波动趋势进行研究。比如，刘慧和李宁辉（2012）根据HP和BP滤波分析方法，以绿豆为例进行研究，发现绿豆价格的长期趋势是上升的，但继续大幅上升的可能性不大，短期周期性波动幅度较大，波幅都在50%以上；罗光强和谢卫卫（2012）对猪肉价格波动趋势进行了研究，认为猪肉价格波动趋势具有季节性特征，每年 3—7 月季节性因素可能会引起猪肉市场价格的下跌，而 8 月至次年 2 月季节性因素则可能会导致猪肉价格的上涨；周新德（2013）以大蒜为例研究农产品价格波动问题，认为中国大蒜价格或大幅度上涨，或大幅度下跌，大蒜价格的波动趋势是无法预测的，应该采用动态蛛网理论来进行解释；胡友和祁春节（2014）运用 HP 滤波模型，以水果为例进行研究，认为水果价格的波动在长期与短期内是不一样的，水果价格具有稳步上涨的长期趋势，但季节性因素、不可观测因素及国际经济因素会使价格在短期内发生剧烈波动。

二　农产品价格波动影响因素的国内外研究进展

作为农产品价值的货币表现，农产品价格也一直是国内外学者研究的热点问题；纵观国内外现有文献，特别是近些年来的文献不难发现，学者们从宏观经济发展、供求变动情况、季节及气候因素、贮存、运输成本、相关替代品及上下游产品价格变化、国家政策影响等多方面对农产品价格进行了研究。

农产品价格波动到底是由哪些因素引起的呢？国外学者对此进行了大量的研究。比如，Frederick（1927）、David et al.（2009）认为，战争对农产品的价格有显著影响，战争期间比和平时期有更高的价格波动性。Karpoff（1987）、Bessembinder 和 Seguin（1992）、Robles et al.（2009）、Abbott 和 Battsiti（2009）、Sanders 和 Irwin（2010）认为，投机因素与农产品价格紧密相关，市场上的投机行为会导致农产品价格的大幅度畸形波动。Deaton 和 Laroque（1992）、Dawe（2008）、Meyer 和 Thompson（2010）、Gohin 和 Treguer（2010）认为，政府干预会导致农产品价格的大幅度畸形波动。Panzner（2007）认为，人均收入的不断上涨对农业部门的发展具有显著影响，不仅会影响农产品需求的增长，还会影响需求结构的变化。Coyle（2008）、Banse（2008）Gohin（2008）、Tokgoz（2009）、Thompson et al.（2009）、Wallace（2010）、Hertel et al.（2010）、Serra et al.（2010）、Serra et al.（2011）认为，农产品价格波动与能源价格是紧密相关的，比如，石油价格的波动就会直接增加农产品的生产成本，进而直接影响农产品的价格。Deressa 和

Hassan（2009）、Kelbore（2011）认为，气候通过影响农产品的产量，间接影响农产品的价格。Martin（2007）认为，产业结构的转型也会导致农产品价格的变动，当第三世界国家转向劳动密集型产业时，专业化分工反而会加剧农产品的价格波动；Aart 和 Jaume（2007）认为，之所以会如此，主要是因为专业化进行农产品生产的国家，往往拥有丰富的非熟练劳动力，在其进行专业化生产的农产品领域，必然会使用传统技术，农业生产率低，技术更新缓慢。OECD-FAO（2010）指出，对外开放并不必然会影响农产品价格的波动，如发展中国家乌干达的玉米、苏丹的小麦，在开放后，其国内价格的波动性反而大于国际市场。Benavides（2004）、Trostle（2008）从汇率的角度、Mitra（2008）从库存的角度、Persson（1999）、Costle（2012）、Tichale（2013）从国家政策的角度等对国际农产品价格波动的影响因素问题进行了多方面的研究。

与国外学者一样，对于农产品价格波动影响因素问题，国内学者也进行了大量研究。比如，杨军等（2010）研究了国外农产品价格变化对国内物价的影响，结果发现：国际大米和小麦价格对国内价格影响不显著，国内大豆价格基本上取决于国际价格，而且价格传导速度很快，国内外棉花价格存在相互影响关系，而且相互影响大，传导速度快；杨军等（2011）研究了货币供应量对农产品价格的影响，研究发现：货币供应量是影响大米、小麦、玉米、大豆、棉花、鸡蛋和猪肉等农产品价格变化的原因之一，而且货币发行量在长期内对农产品价格影响非常显著，货币发行量变化在短期内对农产品价格影响较小，具有较强的"隐蔽性"，对农产品价格的拉动作用通过较长时期的调整将充分表现出来；贾立等（2011）研究了农业政策性金融的农产品价格效应问题，结果发现：中国农业政策性金融通过信贷支持农业生产、增加农产品供给和需求的方式对提高农产品价格有一定的作用，且随着农业政策性资金投放力度的增强，农产品的生产和消费价格以及农业生产资料价格都会上升，它们受农业政策性金融影响的方向和力度大体一致；庞贞燕和刘磊（2013）研究了期货市场发展对于农产品价格波动的影响，结果发现：农产品期货合约上市减小了现货市场的波动性，期货市场对现货市场价格波动的影响具有持续性，并且不同的期货品种对其现货价格的影响有所不同；王保乾和李勇（2013）研究了农产品价格与通货膨胀之间的关系，结果发现：农产品价格上涨只是通货膨胀的表现形式而不是引发通货膨胀的根本因素，相反，通货膨胀冲击对农产品价格波动的最高贡献率可达44.9468%；张明和谢家智（2014）的研究表明：转轨背景下工农产品价格的制度扭曲会显著地影响工农产品价格结构性上涨，已成为促成价格二元分化的重要因素，且传统结构性通货膨胀理论所强调的工农生产率差异影响正在衰减，在工业化和城市化过程中，劳动力转移效应驱动的价格结构性上涨效应已经显现；任劼和孔荣（2014）研究了国际原油价格对中国农产品价格的影响，研究发现：国际原油价格与中国农产品价格存在着长期稳定关系，本期农产品价格的决定因素为前两个月的国际原油价格和中国农产品价格；张怡和孙颢（2014）从需求渠道、供给渠道和流动性渠道考察了经济波动对于中国农产品价格的影响，结果发现：农产品价格受国内需求因素的影响较大，尤其是受国内通货膨胀水平的影响，以石油价格为代表的供给因素对农产品价格的影响传导有一定的滞后性，货币因素对农产品价格的影响则不显著。

此外，国内学者还就某一种农产品价格波动的影响因素问题进行了研究。比如，张利庠等（2010）基于产业链理论、以大蒜为例研究了游资对于大蒜价格的影响，结果表明：从长期趋势来看，2009年以来的大蒜价格上涨只是大蒜价格波动的周期性表现，在短期内，2009年的价格波动周期无论是波长还是波距都与历次大蒜价格周期差别不大，游资对于大蒜价格波动并没有太大的影响，并非价格波动的主要原因；刘慧和李宁辉（2014）针对近些年来中国小品种农产品价格的异常波动，以吉林省白城市绿豆的供求为例，研究小品种农产品价格波动的原因，结果发现：在需求相对稳定的前提下，2009年以来，绿豆价格的大幅度畸形波动主要是因为供给不足造成的，当然，投机等因素也对绿豆价格波动有一定的影响；周金城和陈乐一（2014）研究了中国生猪养殖规模化前阶段（1994—2006年）和规模化后阶段（2007年至今）的生猪价格与玉米价格的动态传导关系，结果发现：生猪价格与玉米价格存在长期均衡（协整）关系，在规模化前阶段，生猪价格与玉米价格的传导关系是非对称的，而在规模化后阶段的传导是对称的。

三 农产品价格波动影响效应的国内外研究进展

在国外，Willett et al.（1997）、Frigon et al.（1999）、Douglas et al.（2001）分别对水果、奶制品和肉制品供应链的价格传递效应进行了研究，认为农产品价格传递效应存在非对称性；Meyer and von Cramon-Taubadel（2004）、Fery and Manera（2007）通过对粮食价格传导机制的研究，探讨了农产品价格波动对其他因素影响的渠道；Keidel（2007）研究了中国农产品价格上涨对通货膨胀的影响，认为中国农产品价格上涨推动了中国食品价格的飙升，通货膨胀的风险显著增大；Dawe（2008）、Ivanic and Martin（2008）研究了农产品价格上涨对国民经济发展的影响。

在国内，李文等（2003）在实地调研的基础上，认为农产品价格的上升或下降会在一定程度上增加或减少农民的人均收入，且农产品价格的上升或下降，不能真正反映农民生产支出和生活消费水平的改善情况；王秀清和钱小平（2004）研究了中国 1981—2000 年农产品价格上涨的波及效应，结果发现：农产品价格上涨对全国物价总水平的影响程度呈现出明显的下降趋势，1% 的农产品价格上涨，在 1981 年将会导致全国物价总水平上涨 0.40%，而在 2000 年，这一影响程度下降为0.195%，经过二十余年的改革和发展，农产品价格对全国物价总水平的影响程度降低了约一半，从农产品价格上涨对各个产业的影响程度来看，食品工业和纺织工业等农业关联产业所受影响最大，但也呈现出逐渐降低的趋势；程瑞芳（2007）从中国农产品价格形成机制入手，研究了农产品价格波动的效应，认为农产品价格的不稳定性，实质上反映了农业收益的不稳定性，农产品价格的波动会直接影响农民的收入；程国强等（2008）对中国新一轮农产品价格上涨问题进行了研究，认为猪肉价格上涨对 CPI 具有明显的推动作用，猪肉价格每上涨 10%，就会推动 CPI 上涨 0.5%，不同品种农产品之间的价格波动存在传导性和同步性，具有多米诺骨牌效应，农产品价格上涨使农村居民人均增收217 元，也在一定程度上增加了城乡居民生活成本；罗锋和牛宝俊（2009）研究了国际农产品价格波动对国内农产品价格的影响效应，结果发现：国际农产品价格与国内农产品价格之间存在协整关系，国际农产品价格的变动对国内农产品价格的影响较为显著，且国际期货市场价格对国内价格的影响不存在时滞，国际期货价格的信息反应机制对国内农产品价格波动的影响更大；罗永泰和李津（2010）研究了农产品价格波动对通货膨胀的影响，认为农产品价格波动对通货膨胀的影响呈显著下降趋势，通货膨胀预期对实际通货膨胀的形成作用逐步加强；顾国达和方晨靓（2011）研究了农产品价格波动的国内传导路径及其非对称性问题，认为在农产品价格波动的国内传导路径中，上中游传导和中下游传导作用程度、时滞、方向均存在不对称；温燕（2013）通过构建理论模型，研究了农产品价格波动对于农业保险投保及道德风险的影响，结果发现：农产品价格对农业保险投保和道德风险具有一定的影响，农产品价格越高，在保险费率高于公平费率的情况下，农户投保积极性越高，正常生产行为获得的利润越高，道德风险发生的概率越小；陈晓坤等（2013）从认知、情绪及行为三个层面综合分析了居民对农产品价格波动的心理压力感知，并运用有序回归模型探讨影响居民对农产品价格波动的心理压力感知的关键因素，研究结果表明：认知上多数居民认为农产品价格大幅度波动会影响生活质量，情绪上会对农产品价格大幅度波动不满，行为上对农产品价格大幅度波动的应对措施比较消极；性别、居住地、家庭规模、家庭月收入、居民对农产品价格的关注程度、居民对农产品品牌的关注程度、居民对农产品价格地区差异性的判断是影响居民对农产品价格波动心理压力感知的关键因素。

四　农产品价格波动调控对策的国内外研究进展

在国外，OECD-FAO（2007）建议通过政府的农产品价格补贴的方式来应对农产品价格的上涨；Keidel（2007）建议通过提高利率和扩大细粮作物出口的方式来应对农产品价格上涨。前者认为，农产品价格补贴是目前主要发达国家政府平抑农产品价格的重要手段，通过多种形式的价格补贴，在确保农产品生产者能够获得稳定利润的同时，进而确保市场上农产品形成有效的稳定供给；从长远来看，农产品价格补贴不会被政府取消。而后者则认为农产品价格补贴的方式并不是万能的，应该通过市场经济发展的方式，来逐步解决农产品价格波动问题。

在国内，樊琦（2012）认为，要确保农产品价格的稳定，就需要从供给和需求两个方面作出努力，不仅要切实保障以种粮为主的农户的利益，还要强化政府对农产品市场的调控力度；杜两省等（2012）认为，要确保农产品价格的稳定，应减少金融市场的扭曲程度，提升真实利率和人民币币值以抑制通货膨胀，同时，在供给方面应改进农业的投入和生产模式，把劳动力成本上升和技术进步结合在一起，同时利用国际农产品市场稳定国内价格水平；王冲和陈旭（2012）认为，要确保农产品价格稳定，需要从政府视角创新农产品流通环境，从企业视角创新农产品流通商业模式，从农户视角创新农产品流通主体，切实有效地解决农产品流通环节多、成本高、损耗大的问题，着力提高农产品的流通效率；王孝松和谢申祥（2012）认为，中国在未来为保持粮价稳定需要加大对农业的扶持力度，加强国内农产品储备，合理地对农产品贸易进行管制，建立农产品价格预警机制，并通过财政补贴等手段平抑因国际价格波动而带来的国内农产品价格上涨；刘振亚和陈宇（2013）认为，要避免国际农产品价格对中国农产品价格的影响，抑制农产品价格的大幅度畸形波动，需要政府加大对农业的扶持力度，从资金、科技、政策体系等方面保障农业的健康发展，强化农业的基础性地位，完成从农业大国向农业强国的角色转变，掌握农产品国际定价权；马述忠和冯晗（2013）认为，要确保中国农产品价格的稳定，从长期来看，需要提高国内农产品生产者的生产效率，增强其竞争力和抵御市场风险的能力，如果不能在生产效率的竞争中占据有利地位，农产品国际市场定价权只能是空中楼阁，国内农产品价格自然而然会受到国际市场农产品价格波动的影响；姚升和周应恒（2013）认为，要确保农产品价格稳定，应将调控的重点放在涉农产业各部门，特别是农产品加工制造业各部门产品的价格上，应根据不同部门产品价格变动的次序，有针对性地进行调控；赵姜等（2013）认为，确保鲜活农产品价格，需要政府采取反周期的调控政策手段，构建鲜活农产品市场平稳运行长效机制，如强化产销信息监测预警，降低生产的盲目性；建立和完善鲜活农产品政策性保险制度，增强农民抵御风险的能力；加快鲜活农产品专业合作组织的发展，提高农民的定价权。

五　国内外文献综述

目前，国内外学者的研究找准了方向，明确了目标，一致认为，农产品价格的大幅波动对国民经济社会发展的负面影响是极为显著的；但是，受研究目的的限制，对于农产品价格的基本稳定问题则缺少全面系统的研究，对于如何构建科学合理的、确保农产品价格基本稳定的长效机制构建问题也有所忽视，对农产品价格基本稳定的调控模式如何选择的问题也没有较为一致的观点，也就是说，当前国内外的研究虽然可以为本书研究的开展提供理论借鉴，但却并不能为有效应对当前农产品价格波动问题提供全面系统的理论指导。本研究将在借鉴上述学者研究成果的基础上，对农产品价格基本稳定的长效机制构建及调控模式创新问题进行全面、系统、深入的研究。

第四节　农产品价格波动调控的国际经验[①]

农产品价格的波动问题，不仅仅发生在中国，国际市场上农产品价格的波动也表现得十分明显，但从总体上看，国外一些国家在有效调控农产品价格波动方面做得比较成功，尽管国际市场上农产品价格发生了大的波动，但其国内农产品的价格则相对稳定。

一　美国调控农产品价格的具体做法

作为当今世界上最强大的国家，美国是全球城镇化水平最高的国家之一，城镇化比率已经超过 82%，农业人口数量远远低于其他发展中国家，但美国农业生产方式和生产力都处于世界最发达的国家之列，农产品"产—供—销"一体化程度高，农产品价格基本稳定。

1. 从农产品生产的角度来看，高效的家庭农场为农产品的均衡稳定供给夯实了基础，为农产品价格的基本稳定提供了保障。如果销售额以 25 万美元为界的话，美国家庭农场可以划分为小型农场和大型农场，

---

① 具体参见廖杉杉《国外农产品价格调控的经验及其对我国的启示》，《广东农业科学》2013 年第 12 期。

全美家庭农场数量约为 205 万个，平均规模为 193.4 公顷，小型农场约有 180 多万个，在整个农场中占比在 90% 以上，近年来发展较快的"公司农场"也接近 10 万个。与传统的分散农户相比，农场土地实行集约化经营，农业机械化程度高，各种先进的农业生产技术能够得到及时有效的推广，农业科技进步贡献率高，优质农产品的生产有保障，在供求规律的作用下，市场上农产品价格不可能出现大幅度波动。同时，不同区域之间的农场还非常注重分工和专业化生产，区域农业资源比较优势得到充分发挥，玉米带、小麦带、棉花带等产地农产品品牌效应明显，肉牛、奶牛、猪肉、禽肉、羊及羊毛生产基地也较为集中。以肉牛产业为例，肉牛一般多在西部的密苏里等州放养，到了一定的时间，农场主会将肉牛运往德克萨斯、加利福尼亚和中北部玉米带的科罗拉多等州催肥，最终将肉牛屠宰销往世界各地市场。

2. 从农产品运输的角度来看，便捷的农产品流通体系为农产品价格的基本稳定创造了条件。经过数百年的发展，美国现拥有高度发达的公路及铁路运输网络，在农产品产地较为集中的情况下，丰收过后的农产品能够快速、及时地运往国内外农产品销售市场。由于是家庭农场式作业，农产品收获后，生产者可以迅速地将农产品运往批发市场，批发市场的装卸、包装企业对农产品进行包装，包装完成后即组织发货。据统计，在美国，接近 80% 的农产品是从产地经过配送中心，直接配送给零售商的，约有 20% 左右的农产品通过车站配发至市场进行销售。此外，在农产品运输过程中，美国专业的装卸公司、运输公司、加工和分类配送中心等极为发达，甚至银行和邮局也参与其中。与其他国家相比，美国农产品的运输涉及的机构众多，服务齐全，这些机构不仅有利于农产品的快速运输，对于降低农产品的价格也有重要作用，农产品滞销的问题能够在很大程度上得到解决。以目前美国交通网络和农产品流通机构的服务能力为例，按照常规的方式进行运输的话，东海岸农场主收获的农产品可以在 2 天之内运往西海岸，部分生鲜农产品基本上可以做到当天收获、当天直接送到消费者手中。总体上来看，美国农产品运输渠道相对来说较短，运输环节较少，运输效率远远高于一般国家。很显然，这对于确保农产品价格的基本稳定具有十分重要的作用。

3. 从农产品销售的角度来看，高度发达的农产品销售体系为农产品价格的基本稳定提供了支撑。在美国，农产品的销售市场主要有产销地批发市场、车站批发市场和零售市场（大型超市）等。一般来说，产销地销售市场主要位于生产地和销售地的中心，农场主收获农产品之后，可以快捷地销往销售中心，再由销售中心将农产品销往国内外农产品市场；在农产品销售的过程中，农产品的分级定价、质量检测、包装处理等均会事先完成。与产销地批发市场不同的是，车站批发市场一般位于城里，来自其他产地的农产品多在车站批发市场集中，由车站批发市场销往外地；由于车站批发市场地理位置便利，农产品在此非常容易转运、销售。与前两者不同的是，零售市场（大型超市）往往更接近消费者，特别是近些年来，大量零售市场（大型超市）更多地涉足批发领域，超市农产品进价成本更低，出售价格也较之以往偏低，更符合普通消费者的消费需求。

二　欧盟调控农产品价格的具体做法

作为当今世界上最大的区域经济体，欧盟在农业发展方面取得了显著成效，农业竞争力越来越强。欧盟农业的发展不仅在确保欧盟内部农产品均衡稳定供给方面夯实了基础，还为欧盟农产品价格的基本稳定创造了条件。无论是 1992 年以前的欧共体，还是 1992 年以来的欧盟，重视农产品"产—供—销"一体化已成为广泛共识，这也为欧盟农产品价格的基本稳定提供了保障。

1. 从农产品生产的角度来看，欧盟高度重视农业环保，重视土地资源的可持续发展，为优质农产品的生产夯实基础，为农产品价格的基本稳定创造了条件。比如，在农产品生产方面，欧盟政府为确保高品质农产品的供应，通过提供财政补贴的方式，引导农民减少化肥、农药和灭草剂的使用，鼓励农民减少牛和羊的存栏量，支持农民自觉提高农产品的品质；为避免农业生产过程中的浪费行为，欧盟政府鼓励农民放弃农业利用价值不明显的土地，抛弃粗放型耕作方式，鼓励农民休耕。从表面上看，欧盟政府的努力在一定程度上减少了农产品的播种面积，但是，随着高科技的大量采用，农业机械化程度显著提高，农产品总量不降反增，高品质的农产品供应有了保障，可以在很大程度上避免农产品价格的大幅波动；从长远来看，重视农业环保，重视土地资源的可持续发展，对于整个欧盟农业的发展具有积极作用，为欧盟农产品的长期稳定均衡供给创造了条件，有利于农产品价格的基本稳定。特别是休耕方式的采用，一方面可以有效减少农产品的总量，科学调节农产品的供求，为农产品价格的稳定夯实基础；另一方面，休耕的方式可以为土地资源的长期使用创造条件，为未来欧盟农业的可持续发展打下基础。此外，欧盟政府还非常重视农业产业结构的调整，注重对山区、贫困地区农业发展的援助，为农产品在不同区际的均衡供给创造条件。

2. 从农产品运输的角度来看，欧盟政府高度重视农产品运输的软件环境建设，为农产品的流通创造条件，有利于确保农产品价格的基本稳定。从欧盟现有的农产品流通体系来看，农产品的运输总体上还是较为便捷的，特别是1992年以来，欧盟政府着力改善现有农产品流通体系，新修建了农产品运输所需要的基础设施。特别需要指出的是，欧盟政府在重视硬件环境建设的同时，还高度重视农产品运输的软环境建设。比如，欧盟政府高度重视储藏补贴政策在稳定农产品价格方面的作用。在农产品上市的旺季，欧盟政府会向农产品生产者或经销商发放补贴，让他们将农产品储藏一段时间，然后再投入市场中，尽量避免农产品集中进入市场而导致农产品价格的大幅度波动。同时，欧盟政府还注重对涉农运输企业的引导，鼓励企业尽量到政府修建的物流中心转运农产品，切实发挥现有物流体系在农产品转运销售过程中的重要作用。此外，在欧盟内部，政府制定统一的标准，对农产品包装、质检、转运提供一切便利，在很大程度上降低了农产品的销售成本，为农产品价格的基本稳定创造了条件。

3. 从农产品销售的角度来看，欧盟对内实行价格支持政策，这在很大程度上确保了农产品价格的基本稳定。欧盟农产品的销售，也主要是通过批发市场、连锁超市等进行的。与其他国家和地区不同的是，欧盟农产品对内实行价格支持的政策具有鲜明的特色。这种政策主要包括三个方面的内容，分别是目标价格、干预价格和门槛价格。目标价格主要是针对农产品生产者的；门槛价格主要是针对进口农产品的；干预价格则是针对欧盟内部农产品销售的。按照规定，当市场上农产品价格低于干预价格时，市场管理组织将会以干预价格无限制地收购农产品，最大限度地维护农产品生产者的切身利益；很显然，干预价格代表了欧盟内部市场有关农产品的最低价格，也就是农产品生产者的最低收入。从长期来看，干预政策能够有效调动农产品生产者的生产积极性，为市场上农产品的均衡稳定供给提供保障。

三　日本调控农产品价格的具体做法

日本虽然为当今世界上最发达的国家之一，但是，日本本身的资源比较匮乏，山地和丘陵占日本国土面积的80%，土地贫瘠，火山灰、泥炭土以及泛碱土居多，可耕土地面积有限。虽然资源有限，但日本农业的发展仍然是不可忽视的，农业发展成效显著，农产品价格总体上来看也基本稳定。

1. 从农产品生产的角度来看，日本高度重视农协等涉农组织的作用，为有限土地资源的精耕细作提供保障，为确保农产品价格的基本稳定夯实基础。针对近些年来日本国内老龄化日益严重、农业劳动力不足的问题，日本农户开始成立公司、组合、农协等组织，进行大规模的农业生产；与过去的分散农户相比，组织起来的各种农业组织的力量更为雄厚，各种现代农业生产技术也得到了广泛应用，有限的农业土地资源得到精耕细作，农业生产率也有了显著提高。比如，日本农协充分利用自身所拥有的资源优势，对个体农户的生产提供全方位的指导，对大到农业发展规划的制定，小到农户种子、农药、化肥的选择等均提供咨询指导；即便是个体农户生产农产品，日本农产品的品质仍有保障，农产品单产量较之以往也有了很大的提高。截至目前，日本各种农业团体接近10000多个，涉及种植业、养殖业、农产品加工业等，为日本农业的发展提供保障，也为农产品价格的基本稳定夯实了基础。

2. 从农产品运输的角度来看，高度重视以农协为代表的涉农组织的作用，为农产品价格的基本稳定创造条件。近些年来，日本物流业的发展极为迅速，农产品流通的专业化程度、自动化水平都很高，而且对物流信息的处理手段也很先进。在日本，农产品从农民（农协或产地经纪人）手中，往往会经过批发商、经纪批发商、采购者，然后经由超市进入消费者手中，农产品流通的渠道复杂，环节多，手续繁琐，但是，消费者所购买的农产品品质能够得到保障。在农产品的整个流通环节中，由于有农协等专业涉农组织的直接介入，农产品的检测、包装、存储都能够得到保障，农产品滞销或者是损坏的可能性相对较小。为了保证农产品能够准确、及时地到达消费者手中，日本政府对涉农产品运输的企业有明确要求，对农产品运输过程中的包装方式、储存方法和运输工具都有详细规定。从总体上看，尽管日本农产品在流通过程中所经过的环节多，但是，由于有政府的介入，各类涉农组织基本上能够各司其职、各负其责，农产品供应有保障，农产品价格也能够保持基本稳定。

3. 从农产品销售的角度来看，农协在农产品销售方面扮演着重要作用，确保农产品价格处于平稳的高位运行状态。在日本，农协的力量强大，可以利用加工、包装、运输、保险、信息网络等现代化优势，依赖自己庞大的组织系统，从农户手中收购农产品，并进行统一销售。随着近些年来大型连锁超市的发展，农产品终端销售也越来越向超市集中。与其他国家相比，统一销售农产品的优势也是非常明显的。农协统一销售农产品在很大程度上可以保障销售的农产品的质量、数量，有利于避免小农户难以面对农产品市场价格风险的问题，对于调节市场上农产品的均衡、供给也有显著的作用，有利于抑制农产品价格的大幅度波动。当然，农协统一销售也有其显著的弊端，如造成农产品"产—供—销"一体化链条中利益分配不均的问题。因为按照日本《零售法》的规定，批发商收取4%的管理费，中间批发商10.9%，零售商43%，农协等43.6%，生产者仅占28.5%（杨菁，2008）。从总体上看，日本农产品的销售专业化程度较高，市场上农产品能够得到均衡稳定供给，但是，农产品流通环节多，手续复杂，相应的最终农产品价格也处于平稳高位运行的态势。

四　国外农产品价格调控的经验及启示

上文从农产品"产—供—销"的视角出发，通过分析以美国、欧盟和日本等为代表的国家和地区的经验做法不难看出，尽管在调控农产品价格方面不同国家和地区所采取的具体做法存在差异，但从总体上看，它们的做法具有一定的共性。

在思想上，充分认识到了"农业是国民经济的基础"。无论是对于发达国家来说，还是对于发展中国家来说，农业均是国民经济的基础，农业在整个国民经济发展中的基础性地位是不容动摇的。农业的发展不仅满足城乡居民的饮食需要，还可以为其他产业的发展夯实基础，农业基础性地位的稳固程度在很大程度上直接影响和制约着整个国家的安稳程度（廖杉杉，2012；鲁钊阳等，2013）。正是认识到农业作为国民经济基础的重要性，无论是美国、欧盟，还是日本，对农业发展均高度重视，对涉及城乡居民饮食需求的农产品的均衡稳定供给问题尤为关注。美国和日本在农业生产过程中，重视现代农业科学技术的推广与应用，稳步提高农业生产率，竭力确保农产品有效、均衡、稳定供给，为农产品价格的基本稳定夯实基础。虽然与美国和日本的侧重点不同，欧盟更为重视农业的可持续发展，所采取的以休耕为代表的政策，不仅有利于直接调节市场上农产品的均衡供给，稳定农产品的价格，也有利于农业的健康、稳定、可持续发展，因为过度耕种只会导致土地资源的枯竭。

在行动上，卓有成效地实施了一系列适应本国国情的农业政策。农业是国民经济的基础，这已经成为共识；但是，如何将这种共识全面彻底地贯彻到实际行动中，不同的国家和地区却存在着很大的差距。上文中的美国、欧盟和日本在此方面做得极为成功。虽然美国、欧盟和日本在发展农业生产、调控农产品价格方面都采取了迥然不同的政策，但是，这些政策都是适合这些国家和地区实际情况的。美国是名副其实的地大物博，资源丰富的国度，不可能采取个体农户耕作的方式来发展农业生产，只可能走集约化农业发展道路；在农产品的运输和销售方面，作为高度发达的国家，美国交通体系和物流体系（农产品流通体系）高度发达，农产品"产—供—销"一体化水平高。欧盟国家绝大多数属于发达国家，但是，不同国家的实际情况不同，要确保欧盟农产品的均衡、稳定供给，确保农产品价格的基本稳定，必须考虑到农业的可持续发展问题。作为资源极度匮乏的日本，要尽量减少农产品的进口，确保农产品的供应，保证农产品价格的稳定，农业生产必须精耕细作，必须有组织地发展，必须最大限度地减少一切农业资源的浪费。

在保障上，全方位、多角度地为农产品价格的基本稳定保驾护航。农产品的"产—供—销"一体化涉及农产品生产者、运输者、销售者以及政府等多个不同的团体和个人，要确保市场上农产品的均衡稳定供给，保证农产品价格的基本稳定，不仅需要涉农产销主体的努力，还需要高度重视政府的作用（廖杉杉、鲁钊阳，2013）。无论是美国、欧盟，还是日本，在农产品"产—供—销"一体化过程中政府的作用都是不可忽视的。从理论上说，在市场经济条件下，应该充分发挥市场机制的作用，尽量减少不必要的政府干预；但是，考虑到农产品的特殊性，要确保农产品的稳定供给和农产品价格的基本稳定，就必须发挥政府的干预作用，切实将农产品的生产、运输和销售等环节置于政府的宏观调控之下（廖杉杉、鲁钊阳，2013）。

作为典型的发展中农业大国，农产品的均衡稳定供给，农产品价格的基本稳定，对中国来说显得尤为重要。在此方面，美国、欧盟和日本做得较为成功，并取得了相关经验，结合中国的实际情况，本课题认为，要有效破解中国农产品价格大幅波动问题，需要在以下几个方面作出相应的努力。

要确保农产品价格的基本稳定，需要从思想上高度重视农业的发展，重视农产品的均衡稳定供给。中央政府应该继续加大对农业发展的支持力度，确保出台的相关系列兴农惠农政策落到实处，强化对政策贯彻落实的监督，为农产品的稳定供给创造条件，为农产品价格的基本稳定提供保障；地方政府在全面贯彻落实中央兴农惠农政策的同时，要充分发挥区域的资源比较优势，科学合理地引导农产品的种植，杜绝农产品生产过程中一哄而上的盲目生产现象的发生，并积极大力探索新型家庭农场的发展，尝试新的农地流转方式，支持、鼓励和引导农业的集约化经营，为农产品的稳定供应和农产品价格的基本稳定提供支持（顾国达、方晨靓，2011；鲁钊阳、廖杉杉，2013）；涉农生产主体（包括个体农户、农民专业合作社和涉农中小企业）应该本着节约资源、务实生产的原则，积极采用先进的农业生产技术，在充分保障农产品质量的同时稳步提高农产品的产量，确保物美价廉农产品的有效供应，夯实农产品价格基本稳定的基础。需要特别说明的是，针对当前城镇化进程加快的现实，地方政府需要高度重视对土地资源的使用，重视农田水利等基础设施建设，为农产品的旱涝保收创造条件。

要确保农产品价格的基本稳定，需要从行动上重视农业价格波动问题，出台有利于农产品流通的政策。针对"农产品进城"困难的现实，要确保农产品价格的基本稳定，需要畅通农产品流通的渠道，积极探索产地政府在城镇开设农产品专卖店的经验做法，探索农民专业合作社在转运农产品中的典型经验做法，探索"寿光模式"在产地市场实践方面的经验，千方百计地为"农产品进城"畅通渠道；针对农产品流通中的效率低下问题，政府不仅要科学规划产地物流体系，强化产地及城镇农产品市场建设，还需要大力扶持涉农主体从事农产品的转销工作，缩减农产品流通的环节，为农产品便利快捷地流通创造条件（卢凌霄、周应恒，2008；黄季焜等，2011）；针对农产品流通中利益分配不均的问题，政府应该强化宏观调控政策，有效降低城镇超市农产品上架的费用，有效分配农产品流通过程中的利益，让更多的利益主体参与到农产品流通的过程中来；针对农产品流通中的违法乱纪行为问题，政府应该强化监管力度，高度重视农产品食品安全问题，强化农产品的产地标记意识，重视产地农产品品牌建设，切实保障农产品消费者的切身利益。

要确保农产品价格的基本稳定，需要完善有关农产品"产—供—销"一体化的相关配套政策。在农产品"产—供—销"一体化过程中，要重视农村金融发展的作用，切实让农村金融更好地服务于农业生产经营的需要，有效解决涉农主体的融资诉求问题；要高度重视农业保险的发展，不仅要全面调动涉农主体购买农业保险的愿望，还需要积极探索适合中国国情的农业保险品种，切实保障购买农业保险群体的利益；要高度重视财政税收政策的作用，对涉及农产品"产—供—销"一体化的主体，应该从农业补贴、税收优惠、税收激励等方面作出努力，切实保障农产品均衡稳定供给和农产品价格的基本稳定；要大力完善中国应对国外农业反倾销的举措，尽量避免中国农产品市场受到国外农产品市场的冲击，确保农产品市场的稳定（王孝松、谢申祥，2012；张利庠、陈秀兰，2012）；高度重视农产品"产—供—销"一体化过程相关政策、法律和法规的完善、制定工作，为农产品的"产—供—销"一体化提供法律保障，为整个农产品市场的繁荣稳定创造条件，为农产品价格的基本稳定提供保护。

第三章 农产品价格波动的历史与现实考察

要研究农产品价格基本稳定长效机制的构建问题，必须对农产品价格波动的历史与现实有清醒的认识。只有全面、系统地认识农产品价格波动的历史与现实，才能够更好地将农产品价格波动问题纳入中国经济社会发展的历史中。也只有如此，才能够更科学、合理地研究农产品价格波动问题。本章将整个中国农产品价格波动的历史划分为三个大的时间段，分别是中国古代农产品价格波动情况、中国近代农产品价格波动情况和中国现代农产品价格波动情况。其中，中国古代农产品价格波动情况具体包括秦汉时期、魏晋南北朝时期、唐朝时期、宋朝时期、元朝时期、明朝时期和清朝时期农产品价格的波动情况，中国近代农产品价格波动情况具体包括清朝末期农产品价格波动情况和中华民国时期农产品价格波动情况，中国现代农产品价格波动情况指中华人民共和国成立以来的农产品价格波动情况。

第一节 中国古代农产品价格的波动情况

考虑到秦汉以前的中国并没有完全统一，始终处于四分五裂的状态，不同诸侯国之间差异较大，且相关文献资料也不具有可得性，因此，本书的中国古代农产品价格波动情况从秦汉时期开始，至清代结束

（不包括清朝末期）。① 同时，考虑到农产品所包括的内容较多，不同时期文献资料的丰硕程度不一样，因此，在阐述不同时期农产品价格波动情况时，会以代表性突出且史料最完备的农产品作为最主要的阐述对象，有些朝代（诸如秦汉时期和魏晋南北朝时期）重点考察以粮食为代表的农产品价格波动情况及其特征，有些朝代（诸如唐代）除考察粮食的价格波动外，还会考察诸如家畜、丝布甚至是副食品等具体农产品的价格波动情况，并剖析农产品价格波动所呈现出的特征。

一 秦汉时期农产品价格的波动情况及特点

秦统一六国之前，中华大地诸侯国林立，基于政权生存的需要，各诸侯国都较为重视农业生产的发展，力求农产品的均衡稳定供给；事实上，这些诸侯国的努力也取得了较为显著的成效，各诸侯国内部农产品价格相对较为稳定。以秦国粮食价格为例，当时粮价最为稳定，如粟价大致是每石三十钱左右。②

（一）秦朝时期农产品价格的波动情况

秦统一六国以后，针对百越和匈奴的大规模征战，加上大规模的宫殿、防御措施的兴修，使得国内的农业生产遭到破坏，农产品价格急剧上涨。公元前 216 年，即秦始皇统一天下五年后，关中"米石千六百"③；到楚汉战争时期，粮价持续暴涨，"米石至万"④。很显然，虽然秦朝存续的时间是非常短暂的，但在短暂的历史时期，秦朝农产品价格的波动十分剧烈。

（二）西汉时期农产品价格的波动情况

秦灭亡后，受战乱和自然灾害的影响，汉初的农业生产并没有在短

---

① 在探究中国农产品价格波动历史的过程中，会涉及引用古籍的问题；从中国的实际情况来看，同一种古籍有不同的版本如刻本、石印本和影印本等的区别，因此，在具体引用古籍的过程中，参考文献的格式可能会存在差异，对于刻本等无法标明页码，只能列出古籍的名称与卷数，有明确作者的一并标出作者，而对于影印本则同时标出作者、古籍名称、卷数及具体页码。这与当前我们引用学术期刊存在较大的差异，特此说明。

② 比如，《汉书·食货志》明确记载，战国魏文侯李悝曾说："岁收亩一石半，石钱三十。"《秦律·司空律》关于粮食价格这样描述道："公食者当责（债）者，石卅钱。"意思很明显，就是说，粮食粟的价格是每石三十钱。

③ 司马迁《史记》卷六《秦始皇本纪》。

④ 司马迁《史记》卷一百二十九《货殖列传》。

期内得到全面迅速的恢复和发展，同时受不法商人哄抬物价的影响，汉初农产品的价格并不稳定，先后出现大幅度畸形波动的态势。这从表3.1中可以清楚地看出来，汉初米的价格每石直接从10000钱跌至5000钱，跌幅高达50％。文帝和景帝时期，朝廷沿袭汉初的政策，推崇黄老治术，采取"轻徭薄赋""与民生息"的政策。比如，文帝先后两次降低田租，甚至在文帝十三年全免田租，鼓励农耕；此外，文帝在节约开支的同时，切实减轻人民的负担，对周边国家也以和为主，不轻易用兵，避免国力的耗损；景帝时，文帝时期的休养生息政策得到进一步延续，农业生产迅速发展，以至于景帝后期，国家粮仓丰满起来，农产品供给较为稳定，物价虽有波动，但是波动幅度基本上处于人民可以接受的正常范围内。文景之治以后，到宣帝、元帝、成帝时期，农产品价格较之以前波动幅度增大。王莽改制后，尽管采取了一系列措施来抑制大地主的土地兼并问题，但是，效果并不明显，特别是在旱灾、蝗灾、瘟疫、黄河决口改道等灾害面前，社会矛盾空前激化，以至于王莽末年，农产品供不应求，农产品价格暴涨，农产品价格的涨幅远远超过普通民众的承受能力。

表3.1　　　　　　　　　汉代农产品（以粮食为主）价格表

年代	地区	背景	粮种	每石单价	资料出处
汉初	关中	大饥、人相食	米	10000 钱	《汉书》卷一上《高帝纪》
汉初		人相食	米	5000 钱	《汉书》卷二四上《食货志》
文帝	天下	大丰收	谷	数十钱	《太平御览》卷三五引桓谭《新论》
文帝	天下	殷富	粟	十余钱	《史记》卷二五《律书》
宣帝		丰穰	谷	50 钱	《十七史商榷》卷一二，《汉书》卷六《米价》
宣帝		比年丰稔	谷	5 钱	《汉书》卷八《宣帝纪》
宣帝	河湟		谷	8 钱	《汉书》卷六九《赵充国传》
宣帝	张掖东		粟	100 钱	《汉书》卷六九《赵充国传》
元帝	齐地	饥	谷	300 钱	《十七史商榷》卷一二，《汉书》卷六《米价》
元帝	京师	岁比不登	谷	200 钱	《汉书》卷七九《冯奉世传》
元帝	边郡	岁比不登	谷	400 钱	《汉书》卷七九《冯奉世传》
元帝	关东	岁比不登	谷	500 钱	《汉书》卷七九《冯奉世传》

续表

年代	地区	背景	粮种	每石单价	资料出处
成帝	太原、代郡	年谷不登	谷	500 钱	王利器：《风俗通义校注》卷二《正失》
王莽	甘肃居延		粱	200 钱	《居延新出土汉简》图版 8，载《文物》1978 年第 1 期
王莽	甘肃居延		粱	150 钱	《居延新出土汉简》图版 8，载《文物》1978 年第 1 期
王莽	洛阳以东	饥馑	米	2000 钱	《汉书》卷九九下《王莽传》
东汉光武	甘肃居延		谷	3000 钱	甘肃居延考古队整理小组《建武三年侯粟君所责寇恩事》释文，载《文物》1978 年第 1 期
东汉明帝	天下	岁比丰稔	粟	30 钱	《后汉书》卷二《明帝纪》
东汉章帝	南阳	大饥	米	1000 钱	《后汉书》卷四三《朱晖传》
东汉安帝	武郡	始到郡时	米	1000 钱	《后汉书》卷五八《虞诩传》
东汉安帝	武郡	盐米丰贱		80 钱	《后汉书》卷五八《虞诩传》
东汉安帝	常山	国界大丰	谷	30 钱	《金石萃编》卷六《祀三公山碑》
东汉灵帝	益州	边民叛乱	米	10000 钱	《后汉书》卷八六《西南夷传》
		"渐以仁恩"		数十钱	
东汉献帝	代郡	民悦年登	谷	30 钱	《后汉书》卷七三《刘虞传》

资料来源：表格中的内容根据黄冕堂编著的《中国历代物价问题考述》中有关内容整理而来。具体参见黄冕堂《中国历代物价问题考述》，齐鲁书社 2008 年版，第 29—31 页。

（三）东汉时期农产品价格的波动情况

东汉建立后，受王莽时期政策的影响，农产品价格短期内并没有回落。从表 3.1 中不难看出，东汉光武帝时，甘肃居延谷每石 3000 钱，谷比金贵。针对农产品价格居高不下的局面，光武帝刘秀在经济上采取了一系列卓有成效的措施，比如，释放奴婢、刑徒，整治吏治，倡导节约，轻徭薄赋，与民休戚，抑制豪强，实行度田制度等。这些措施的实施有力地推动了农业生产，为明章之治的出现夯实了基础。汉章帝后期，受外戚和宦官政治斗争的影响以及大面积自然灾害的发生，使得农业生产发展受到影响；汉灵帝即位以后，社会经济发展日趋没落，农业生产遭受极大的破坏，农产品价格不再稳定，而是处于大幅度畸形波动中。灵帝时，益州米价每石高达 10000 钱，这是汉代以来从未出现过的价格。当然，对于东汉时期农产品价格的波动情况，除了频繁的政治斗争带来的人祸外，天灾问题也是不可忽视的，且在整个秦汉时期，东汉的天灾尤为突出。王文涛（2006）的研究表明，仅仅是东汉时的京师洛阳，在整个东汉的 196 年间，就发生各种天灾 102 起，[①] 差不多两年发生一起天灾，灾害发生之频繁，灾害破坏力度之大，十分显著；特别是在汉章帝以后，尽管天灾隔三岔五地发生（见表 3.2），但受政治斗争的影响，政府并未采取强有力的赈灾举措，天灾对人们生活带来了巨大的影响，也直接冲击着农产品价格。

表 3.2　　　　　东汉京师洛阳以帝王在位时间分时段灾害表

帝王	光武帝	明帝	章帝	和帝	安帝	顺帝	质帝	桓帝	灵帝	献帝
在位年数	33	18	13	17	19	19	1	21	22	32
灾害次数	7	3	4	7	32	15	1	24	9	0
年均灾次	0.21	0.16	0.3	0.41	1.68	0.79	1	1.142	0.4	0

注：东汉共有 12 个皇帝，但是，考虑到汉殇帝刘隆和汉冲帝刘炳在位时间不到一年且又无灾害记录，故表中未列出来。

资料来源：王文涛：《东汉洛阳自然灾害与政府赈灾年表》，《河南科技大学学报》（社会科学版）2006 年第 24 卷第 1 期。

　　通过上述分析不难发现，秦汉时期农产品价格的波动受政治因素的影响是极为显著的；在某种意义上可以这样说，国家政局稳定，当政者励精图治，则农产品供给均衡，农产品价格相对稳定；反之，农产品价格必然会出现大幅度波动。具体来说，秦汉时期农产品价格波动所呈现

---

　　① 王文涛的研究进一步表明：在这 102 次灾害中，洛阳与其他地区同时发生灾害的有 40 次，单独发生灾害的为 62 次；同时东汉王朝发生灾害的总数为 351 次，则洛阳以外地区的灾害为 289 次，加上与洛阳同时发生的 40 次，则洛阳灾害与同期其他地区灾次之比为 329∶102。从初平元年至东汉灭亡的 30 年里，洛阳没有一次灾害记录，说明灾害记录具有极其强烈的人为因素和政治因素，也直接说明了政治因素对于灾害的影响是十分明显的。具体参见王文涛《东汉洛阳自然灾害与政府赈灾年表》，《河南科技大学学报》（社会科学版）2006 年第 24 卷第 1 期。

出的这种特征表现在三个大的方面：第一，受政局动荡的影响，东汉农产品价格的波动比西汉更为激烈。西汉历时 211 年，共有 14 个皇帝，自汉高祖刘邦建立汉朝以来，休养生息政策得到了全面的贯彻和落实，且政策的连续性强，西汉先后出现了文景之治、汉武盛世、昭宣中兴等国泰民安的盛世局面，农产品供给总体上处于均衡状态，农产品价格较为稳定；直至汉哀帝时期，西汉才迅速衰落直至灭亡，从衰落直至灭亡的时间极短，仅仅十几年，农产品价格的波动也主要是出现在这一时期。与西汉不同的是，东汉历时 196 年，共有 12 个皇帝，光武帝刘秀的重农政策在汉明帝和汉章帝时期得到继承和发展，历史上也出现过光武中兴和明章之治，但这一时期较为短暂，汉章帝以后，豪强和宦官相互勾结，经济社会发展并不平稳，农业生产一直得不到切实有效的恢复和发展，农产品供给难以保障，农产品价格波动较大。第二，受政局动荡的影响，粮价相对稳定的时间远远少于粮价大幅度波动时间。秦朝虽然是中国历史上非常重要的时期，但这一时期自秦朝统一六国到灭亡，只有 15 年国祚，农产品价格受政局影响明显，农产品价格波动明显；西汉末年农产品价格亦存在大幅度波动态势；到了东汉，自汉章帝以后，皇帝或少不更事，或在位时间过短，在豪强、外戚与宦官的勾结影响下，整个政局并不稳定，农产品价格波动较为频繁。第三，受政局动荡的影响，秦汉之交、两汉之际以及东汉末年粮价暴涨的现象相当明显。在朝代更迭之际，政局不稳，天灾人祸较为常见，农业生产难以恢复和发展，农产品得不到有效供给，农产品价格自然会出现大幅度畸形波动。

二　魏晋南北朝时期农产品价格的波动情况及特点

魏晋南北朝始于魏文帝曹丕代汉的黄初元年，即 220 年，终于隋文帝杨坚统一全国的开皇九年，即 589 年。整个魏晋南北朝时期，除西晋短期统一外，全都处于分裂割据状态。当时，南北双方战争不断，农产品能否稳定供给、粮食的多寡直接决定着政权的存亡。基于研究的实际需要，本书拟选择代表性王朝进行分析。

（一）三国时期的农产品价格

东汉末年至三国鼎立状态形成以前，先后出现了黄巾起义、讨伐董卓的战争、江夏之战、兖州之战、宛城之战、易京之战、官渡之战、三战新野、赤壁之战等战争，频繁的战争直接导致农业人口锐减，田土大量荒芜，部分地区的农业生产甚至完全处于停滞状态。三国鼎立前，无论是曹操、刘备，还是孙权，面对农产品供给严重短缺的局面，为了积蓄力量，均采取了一系列卓有成效的措施来恢复农业生产。比如，曹操认为，"定国之术，在于强兵足食"①，为发展农业生产，在其统治区域按照户口和屯田数量的增减作为考核官吏的重要标准，科学引导地方政府安置流民，并兴修水利，大力发展畜牧业。刘备在诸葛亮的辅佐下，根据益州地区的特点，采取务农殖谷、闭关息民等举措，不断促进益州地区农业的发展。孙权在东吴广泛实施增广田亩、宽赋息调等措施，不断加快江南地区经济的发展。曹操、刘备和孙权的努力，使得各自统治地区的农产品供给较为充足，农产品价格较为均衡。赤壁之战后，三国鼎立局面形成，以曹操为代表的曹魏政权、以刘备为代表的蜀汉政权和以孙权为代表的东吴政权，为了求得生存和发展，统治者均励精图治，高度重视农业生产的发展，屯田制在这一时期得到了极大的发展。特别是曹魏政权的屯田制发展极为迅速，效果也尤为显著。曹操颁布的《置屯田令》指出："夫定国之术，在于强兵足食。秦人以急农兼天下，孝武以屯田定西域，此先代之良式也。"②屯田对于恢复曹魏政权农业经济的发展，保障军粮供给，稳定农产品价格均有重要作用（晋文、崔浩，2010）。三国后期，三国鼎立的局面开始逐步被打破，政权更迭频繁，魏末直接废除了屯田制，农业生产亦受到很大程度的破坏，农业荒废、国库空虚、百姓穷困，农产品供给严重短缺局面出现，农产品价格开始出现大幅度波动。

（二）西晋时期的农产品价格

西晋历时 52 年，即 265—317 年，共有 6 个皇帝；其中，晋武帝在位 24 年，晋惠帝在位 11 年，其他 4 位皇帝在位时间最多的 5 年，最少的 1 年。晋武帝前期，朝廷鼓励垦荒、兴修水利、扩充劳动力并重视对农业生产活动的正确引导，全面废除屯田制，实施占田制及荫客制，并

---

① 　陈寿：《三国志》卷一《魏书·武帝纪》注引《魏书》，中华书局 1959 年版。
② 　同上。

以课田法课税。占田、课田制下的农民，主要是一家一户的小农，他们生产所得的粮食除上缴的田租外，均归自己占有，这有利于全面激发农民生产的积极性。从短期来看，晋武帝所采取的这些改革措施对于恢复农业生产、发展经济具有明显的促进作用。《晋书·食货志》称："是时，天下无事，赋税平均，人咸要其业而乐其事。"①《晋纪·总论》在反映河洛地区当时经济和社会发展的状况时是这样描述的："牛马被野，余粮委亩，行旅草舍，外闾不闭，民相遇如亲。其匮乏者，取资于道路。"②故有"天下无穷人"之谚。与此同时，晋武帝本人也厉行节约，反对奢侈浪费。为确保农产品价格的稳定，268 年，晋武帝还设立了"常平仓"，丰年按适当价格抛售布帛，收购粮食；荒年则按适当价格出售粮食，稳定粮价，维持人民的正常生活。晋武帝一再责令郡县官吏，要"省徭务本"，打击投机倒把、囤积居奇。③ 在此情况下，农产品供应非常充足，农产品物价也比较稳定。但是，从长期来看，占田制及荫客制对于士族过于保护，长期以来的土地兼并问题并没有得到有效解决，反而助长了士族在生活上和政治上的腐化，也间接影响了庶族地主和农民的利益。晋惠帝即位不久，即爆发了"八王之乱"，整个西晋直至灭亡始终处于动荡之中，人口锐减，社会经济遭到严重破坏，农业生产急剧退步，农产品供给难以为继，战乱地区农产品价格暴涨。晋元康七年（297）七月，也就是晋惠帝时，"秦、雍二州大旱，疾疫，关中饥，米斛万钱"④。不难看出此时粮价暴涨的厉害程度。

（三）东晋时期的农产品价格

东晋始于 317 年，终于 420 年，历时 103 年。东晋偏安南方，地势险要，有长江天险，易守难攻，且统治集团内部主和派占主导，南方的士人贪图一时的和平而不愿意北进，因此，在北方处于混战的时期，南

---

① 参见陈连庆《〈晋书·食货志〉校注》《〈魏书·食货志〉校注》，东北师范大学出版社 1991 年版。

② 这句话准确地讲来源于中国古代著名的史学家和文学家干宝的《晋纪》（共 20 卷），遗憾的是，《晋纪》已佚，当今仅存《晋纪·总论》，它收藏于《昭明文选》中。具体可参见陈宏天、赵福海《昭明文选译注》第 2 卷，吉林文史出版社 2007 年版。

③ 陈寿：《三国志·魏书·武帝纪》，中华书局 2006 年版。

④ 房玄龄：《晋书》卷二八《五行志》（中），中华书局 1997 年版。

方相对安定。特别是淝水之战以后，东晋与北方政权数十年间相安无事。在相对安定的环境下，南方人民辛勤劳作，垦田面积逐步增多，牛耕普遍推行，粪肥也在农业生产中不断推广，且随着农业水利工程的大面积新修和诸如原产北方的农作物麦、菽等在南方的播种，江南地区农作物产量逐步增加，农作物品种也日益增多。所以，即便是东晋时期自然灾害频发（见表 3.3），农产品价格有波动，如咸康元年（335），"大旱，会稽余姚尤甚，米斗五百价"①，但与西晋中后期相比，农产品价格的波动幅度仍然是相对较小的。

表 3.3　　　　　　　　　　东晋自然灾害统计表

帝王	在位年数	水	旱	天崩地裂	饥荒	霜雪寒雹	疾疫	虫灾	其他	总数
元帝	6	6	6	8	2	2	1	7	3	35
明帝	3	1	1			8				10
成帝	17	8	12	5	4	3			1	33
康帝	2		1			1				2
穆帝	17	6	8	13	2	3	2		2	36
哀帝	4		1	4					1	6
废帝	5	3	3						1	7
简帝	2	1	3	1						5
孝武帝	24	11	11	14	3	5	1	2	10	57
安帝	22	13	15	9	4	10			14	65
总计	102	49	61	54	15	32	4	9	32	256

资料来源：郭广春、马晓琼：《东晋时期自然灾害与社会经济互动关系》，《安徽理工大学学报》（社会科学版）2009 年第 11 卷第 4 期。

（四）十六国时期的农产品价格

十六国主要有"五凉"（前凉、北凉、西凉、后凉、南凉）、"四燕"（前燕、后燕、南燕、北燕）、"三秦"（前秦、西秦、后秦）、"二赵"（前赵、后赵）和北方的夏政权，南方的成汉政权。总体上来看，

① 房玄龄：《晋书》卷七《成帝纪》，中华书局 1997 年版。

尽管这一时期政权更迭频繁，不同国家之间战争不断，农业生产也在战争中不断遭到破坏，但是，每一次新生政权的建立，统治者都会高度重视农业生产的发展，力求通过农业生产的发展来不断地壮大自己的实力；当然，不排斥个别朝代残酷剥削农民的事例存在。正是在此背景下，十六国时期从整体上讲农产品的价格波动并不是十分明显，反而局部地区农业生产发展态势良好，农产品价格非常稳定。比如，后赵建立者石勒在建国过程中基于战略的需要，残酷对待异族群众，大肆破坏农业生产；但在立国后，则大力发展经济，劝课农桑，颁布的税收比西晋还轻，农业生产恢复迅速，农产品欠缺问题得到有效解决，农产品价格也相对稳定，使后赵成为当时北方最强大的国家。比如，李雄建立成汉后，励精图治，竭力恢复和发展农业生产，确保农产品的有效供给；在李雄统治时期，"事少役稀，百姓富实"，成汉成为当时北方最安定的地区。比如，前燕慕容皝在统治辽东时即仿照曹魏，开放荒地让流民种植，高度重视农业生产的恢复和发展，确保农产品的有效供给。再比如，前凉统治的河西地区，由于相对中原战乱较少，大量流民投奔，政府重视农业和畜牧业的发展，重视对外贸易，确保丝路畅通，使得首都姑臧成为商旅往来的枢纽，农产品供给极为丰富，农产品价格稳定，普通老百姓生活安稳。

（五）南北朝时期的农产品价格

南北朝始于 420 年（刘裕篡东晋建立南朝宋开始），终于 589 年（隋灭南朝陈为止），是中国历史上的一段大分裂时期。其中，南朝（420—589）包括宋、齐、梁、陈四个朝代，北朝（386—581）包括北魏、东魏、西魏、北齐和北周五个朝代。从总体上看，无论是南朝，还是北朝，统治者都非常重视农业生产的发展，重视流民的安置，特别是在南朝统治时期，江南经济发展迅速，长江中下游的荆、扬二州、闽中、鄱阳湖周围地区、淮南地区、益州、广州等经济发展迅猛，农业生产在战后都得到迅速恢复，并在短期内超过以往各朝代，农产品供给极为丰富，农产品价格相对稳定。具体到南朝和北朝的某个朝代来看，统治者劝课农桑、重视农业生产发展的史实也较多。比如，在南朝元嘉八年，宋文帝专门颁布，"自顷农桑惰业，游食者众，荒莱不辟，督课无闻。一时水旱，便有罄匮，苟不深存务本，丰给靡因。郡守赋政方畿，县宰亲民之主，宜思奖训，导以良规。咸使肆力，地无遗利，耕蚕树艺，各尽其力。若有力田殊众，岁竟条名列上"①。在北朝神瑞二年，明元帝敕有司劝课留农者曰："前志有之，人生在勤，勤则不匮。凡庶民之不畜者祭无牲，不耕者祭无盛，不树者死无椁，不蚕者衣无帛，不绩者丧无衰。教行三农，生殖九谷；教行园圃，毓长草木；教行虞衡，山泽作材；教行薮牧，养蕃鸟兽；教行百工，饬成器用；教行商贾，阜通货贿；教行嫔妇，化治丝枲；教行臣妾，事勤力役。"② 很显然，统治者高度重视农业生产的发展，在制度上确保了农产品的有效供给，为农产品价格的稳定夯实了基础。

通过上述分析不难看出，制度和技术对魏晋南北朝时期农产品价格波动的影响是极为显著的。从制度的层面来看，科学的制度设计在一定程度上可以确保农民的自身利益，甚至减轻农民的负担，进而激发农民生产的积极性，这对于恢复农业生产具有显著的积极意义，对于确保农产品的稳定供给、确保农产品价格的稳定也具有明显的促进作用。比如，比较典型的有曹魏政权曾经广泛推行的屯田制、西晋时期的占田制等，这些制度的推行在当时作出了非常突出的贡献。曹魏政权的屯田制不仅有力地缓解了军粮短缺问题，还对于安置流民、稳定社会意义显著，对于确保农产品稳定供给、确保农产品价格稳定也有十分明显的促进作用。西晋的占田制极大地激发了农民的生产积极性，在短期内为农业生产的恢复和发展夯实了基础，直接为农产品价格的稳定创造了条件。从技术层面来看，先进农业种植技术的全面推广与大规模水利基础设施的兴修以及外来物种的引进，对于提高农产品产量，增减农产品种类，确保农产品均衡稳定供给，稳定农产品价格无疑具有很强的促进作用。魏晋南北朝时期，尽管政局动荡，但是，绝大多数统治者基于稳固政权的需要，均高度重视农业生产的发展，且这一时期诸如牛耕的全面推广、粪肥的大量使用以及来自北方农作物（如麦、菽等）在南方地区的大面积播种，外加大规模水利基础设施的兴修，这一切均为农产品的稳定供给和农产品价格的稳定夯实了基础。

---

① 沈约：《宋书》卷五《文帝纪》，中华书局1974年版。
② 魏收：《魏书》卷一一〇《食货志》，中华书局1974年版。

三　唐代农产品价格的波动情况及特点

唐朝始于 618 年李渊定都长安，终于 907 年朱温篡唐，前后历时 289 年，共有 20 位皇帝。唐朝是中国封建社会的强盛朝代，唐朝历史上曾经出现"贞观之治"和"开元盛世"等全盛局面；天宝年间，唐朝全国人口高达 8000 多万；安史之乱后，唐朝的国力开始逐步衰落，直至灭亡。尽管依据唐朝发展的历程，可将唐朝划分为初唐、盛唐、中唐和晚唐不同历史时期，但是，鉴于整个唐朝的情况，本课题从唐初期、唐前期和唐后期三个阶段来剖析唐朝农产品价格波动情况。

（一）唐初期农产品价格的波动情况①

经历隋朝末年的战乱影响和当时国内的战争局面，唐初的农业生产遭受了极大的破坏，农业人口锐减，良田荒芜，农业水利设施难以满足实际需要；尽管高祖采取了一系列措施来恢复农业生产，但是，这些措施在短期内的成效并不显著，农产品供不应求，农产品价格暴涨。据史料记载，高祖武德元年，"东都大饥……米斛直八九万"②；高祖武德四年，"……三月，唐兵围洛阳，掘堑筑垒而守之。城中乏食，绢一匹直粟三升，布十匹直盐一升，服饰珍玩，贱如土芥"③。高祖时期的农产品供给不足，农产品价格居高不下的问题一直到太宗时期的贞观初年仍没有得到妥善解决。譬如，史料记载，"贞观之初，荐属霜旱，自关辅绵及三河之地，米价腾贵，斗易一缣，道路之间，馁殍相藉"④。很显然，即便到了贞观初年，尽管高祖和太宗采取了一系列政策措施竭力恢复、发展农业生产，以确保农产品的稳定供给，但这些政策的成效并没有在短期内显现出来，农产品价格仍然居高不下。

（二）唐前期农产品价格的波动情况

针对隋朝末期的战乱和高祖称帝后所面临的复杂形势，为解决农产品供给不足、农产品价格居高不下的问题，高祖李渊在武德六年（623）颁布了《劝农诏》，劝课农桑，高度重视农业发展。沿袭高祖的

---

① 基于史料的可得性，此处对唐初期农产品价格波动情况的分析主要以粮食为主。
② 司马光：《资治通鉴》卷一八五《唐纪》。
③ 同上。
④ 陆贽：《陆宣公翰苑集》卷二二《均节赋税恤百姓六条》。

重农政策，太宗为发展农业生产，轻徭薄赋，与民生息，大量新修农田水利基础设施，竭力恢复农业生产，且成效逐步显现。有史料记载，"至贞观三年（公元629年），关中丰熟……马牛布野，外户不闭。又频致丰稔，米斗三、四钱……"①"太宗贞观十五年（641），上谓侍臣曰：朕有二喜一惧。比岁丰稔，长安斗粟直三、四钱，一喜也；比虏久服，边鄙无虞，二喜也。治安则骄侈多生，骄侈则危亡立至，此一惧也。"②太宗后，高宗、武则天统治时期，一如既往地沿袭前人的重农政策，农产品供给稳定，农产品价格波动不大。史料记载，高宗永徽五年，"是岁大稔，洛州粟米斗两钱半，粳米斗十钱"③；麟德二年，"……是岁大稔，米斗五钱，麰麦不列市"④；大足元年，"……旧凉州粟斛售至数千，及汉通收率之后，数年丰稔，乃至一匹绢粟数十斛，积军粮支数十年。……牛羊被野，路不拾遗"⑤。安史之乱前，在玄宗的努力下，社会经济发展欣欣向荣，唐朝进入史上少有的鼎盛时期，农产品价格也较为稳定。史料记载，开元初年（713），"……四方丰稔，……米每斗三钱……"⑥开元十三年（725），"……米斗至十三文，青齐谷斗至五文。自后天下无贵物，两京米斗不至二十文，面三十二文，绢一匹二百一十文……"⑦开元二十八年（740），"……岁频丰稔，京师米斛不过二百……"⑧天宝四年（745），"……米斗之价钱十三，青、齐斗才三钱，绢一匹二百"⑨。应该说，从太宗贞观年间到安史之乱前，唐朝前期的农产品价格是相对稳定的（见表3.4所示）。

当然，在农产品价格相对稳定的同时，这段时期内农产品价格也有因外在原因影响而出现的农产品价格短期内波动的情况存在。譬如，666年，唐高宗实行币制改革，改铸新钱乾封泉宝，其与开元通宝的大

① 司马光：《贞观政要》卷一《政体》。
② 司马光：《资治通鉴》卷一九六《唐纪》。
③ 同上。
④ 《旧唐书》卷四《高宗纪》。
⑤ 《旧唐书》卷十《郭元振传》。
⑥ 《唐语林》卷三《夙慧》。
⑦ 《通典》卷七《食货七·历代盛衰人口》。
⑧ 《资治通鉴》卷二一二《唐纪》。
⑨ 《新唐书》卷五一《食货志》。

表 3.4　　唐朝前期粮食价格波动情况表（贞观初年至天宝十三年）

年别	区域	背景	粮种	每石价格	资料来源
贞观三年	全国	频致丰稔	米	30—40 钱	《贞观政要》卷一《政体》
贞观四年	全国		米	40—50 钱	《新唐书》卷五一《食货志》
贞观八、九年	全国	频致丰稔	米	40—50 钱	《通典》卷七《食货七·历代盛衰户口》
贞观十五年	全国	频致丰稔	米	20 钱	《通典》卷七《食货七·历代盛衰户口》
永徽五年	洛州	大稔	粟米	25 钱	《资治通鉴》卷一九九《唐纪》
			粳米	110 钱	
麟德二年	全国	比岁丰稔	米	50 钱	《资治通鉴》卷二〇一《唐纪》
高宗上元初	长安	旱	米	数千钱	《旧唐书》卷一三一《李皋传》
永淳元年	长安	大雨、饥荒	米	4000 钱	《通典》卷七《食货志》
景隆元年	全国		米	1000 钱	《资治通鉴》卷二三四《唐纪》
景龙三年	关中	饥	米	1000 钱	《资治通鉴》卷二〇九《唐纪》
睿宗			（上）米	450 钱	《全唐文》卷一七四
开元初		四方丰稔	米	30 钱	《唐语林》卷三《凤慧》
开元六、七年	全国	四方丰稔	米	30 钱	《唐语林》卷三《凤慧》
开元十三年	洛阳	累岁丰稔	米	100 钱	《旧唐书》卷八《玄宗纪》
	青齐		米	50 钱	
开元二十八年	长安	岁频丰稔	米	200 钱以下	《册府元龟》卷五〇二《邦计部》
天宝五年	全国	累岁丰稔	米	130 钱	《新唐书》卷五一《食货志》
	青齐		米	30 钱	

　　资料来源：商兆奎：《唐代农产品价格问题研究》，西北农林科技大学 2008 年硕士学位论文。

小、重量基本相同，但政府规定新钱可以当旧钱十文，以至于"商贾不通、米帛增价"[1]；新钱实施不久就无法再继续使用，但是，新钱所带来的通货膨胀问题并未在短期内迅速消除；加之当时政府大举征讨高丽、吐蕃及突厥，在自然灾害的进一步影响下，此时，物价剧烈波动。

---

[1] 《旧唐书》卷四八《食货志》。

据史料记载，上元初年，"……米斗直数千……"①　咸亨元年，"……百姓饥乏，关中尤甚"②；永淳元年，"……麦一束止得一、二升，米一斗二百二十文。国中大饥。……西京米斗三百以下"③；永淳四年，"……米斗三百"；永淳九年，"……米五斗四百钱"④。

除粮食的价格相对稳定外，唐朝前期家畜如马等的价格也是相对稳定的。⑤ 唐朝刚建立时，受隋末战乱的影响，军事、农业和运输等对马的需求量极大，马的供给严重失衡，马的价格高昂。史料记载，"……当给马者，官予其直市之，每匹予钱二万五千"⑥。随着高祖和太宗的励精图治，官方养马急剧增多。据史料记载，"……肇自贞观，成于麟德，四十年间，马至七十万六千匹，置八史以董之，设四十八监以掌之"⑦。除官方外，王侯、贵戚乃至普通老百姓大量养马，马的价格逐渐回落。据推测，这一时期，普通马每匹价格约为 4000 文，突厥敦马（上等好马）的价格在 7200—9400 文，而草马（母马）的价格在 3150—4230 文（商兆奎，2008）。

（三）唐后期农产品价格的波动情况

安史之乱后，唐朝开始由盛转衰直至灭亡。受安史之乱的影响，唐朝的农业生产遭受了极大的破坏，农产品供给均衡局面迅速被打破，农产品价格也开始大幅度波动。安史之乱时期（755—763 年，即从天宝十四年至宝应二年），农产品价格暴涨。史料记载，乾元元年（758），"庆绪自十月被围，至二月，城中人相食，米斗钱七万余，鼠一头直数千，马食聩墙麦麸及马粪，濯而饲之"⑧。同年，唐政府为有效解决战乱所带来的财政危机，更改币制，改铸大钱，这进一步刺激

---

① 《旧唐书》卷一三一《李皋传》。

② 《旧唐书》卷五《高宗纪》。

③ 《旧唐书》卷三七《五行志》。

④ 杜佑：《通典》卷七《食货典》。

⑤ 除马的价格波动情况外，现有史料对牛、羊、猪、驴等畜产品及其他副食品价格虽然也有所涉及，但是，由于实际所获取的史料有限，对这些物品价格的波动情况并不能进行很好的说明，故对此不作阐述。唐朝后期的情况亦与之类似，后文将不再备做注说明，阐述农产品价格波动主要分析以粮食为代表的农产品和以马为代表的畜产品进行说明。

⑥ 《新唐书》卷四十《兵志》。

⑦ 《全唐文》卷二二六，张说《大唐开元十三年陇右监牧颂德碑》。

⑧ 《旧唐书》卷二〇七《安禄山传附子庆绪传》。

了农产品价格的上涨。史料记载，"铸一当十钱，文曰乾元重宝。二年又铸重乾元钱，十当五十。导致物价腾贵，米斗至七千"①。即便全面废除币制改革政策后，农产品的价格虽有所回落，但仍居高不下。据史料记载，币制改革政策取消后，宝应元年（762），"……京师米斗千钱……"② 安史之乱后，唐朝统治者为了维护政权的稳定性，采取了一系列措施恢复和发展农业生产，直至建中年间，社会才逐步安定下来，农业生产也逐步得到恢复和发展，农产品供给失衡问题在一定程度上得到解决，农产品价格开始回落。史料记载，贞元三年（787），"……是岁最为丰稔，米斗直百五十，粟八十……"③ 贞元八年（792），"今江淮斗米直百五十钱，运至东渭桥，僦直又约二百，米糙且陈，尤为京邑所贱"④；元和六年（811），"……米斗有直二钱者"⑤；元和十五年（820），"……当时绢一匹为钱四千，米一斗为钱一二百。……绢一匹价不过八百，米一斗不过五十"⑥。这些史料所展示的是唐朝安史之乱之后正常年份的农产品价格，即展示的是唐朝后期正常年份的农产品价格。不正常年份（如天灾年份）的农产品价格则波动得更为猛烈（如表3.5所示）。

安史之乱爆发后，唐政府最主要的精力是对付叛军，原来政府所实施的养马政策基本荒废；随着战争的深入，马匹供不应求，马的价格也一路暴涨。唐朝前期普通马的价格约为4000文（商兆奎）；安史之乱后的乾元年间，"……以马一匹，易绢四十匹……"⑦ 此时，绢价约为550文；⑧ 很显然，乾元年间马的价格已经高达22000文；元和时期，岭南地区上等马每匹的单价约为70000文，即便是下等马，每匹的价格也高达60000文；⑨ 到了大和年间，政府的马政取得一定成效，马匹供

---

① 《旧唐书》卷四八《食货志》。
② 《新唐书》卷一四九《刘晏传》。
③ 《资治通鉴》卷二三三《唐纪》。
④ 《资治通鉴》卷二三四《唐纪》。
⑤ 《资治通鉴》卷二三八《唐纪》。
⑥ 《全唐文》卷六三四李翱《疏改税法》。
⑦ 《旧唐书》卷一九五《回纥传》。
⑧ 《唐会要》李林甫奏。
⑨ 《太平广记》卷四六三《河南记》。

表 3.5　　　唐朝后期粮食价格波动情况表（天宝十四年至唐末）

年别	区域	背景	粮种	每石单价	资料来源
天宝十五年	南阳	战乱	米	4000—50000 钱	《旧唐书》卷一一四《鲁炅传》
至德二年	全国	战乱	米	70000 钱	《新唐书》卷五一《食货志》
乾元二年		币制混乱	米	70000 钱	《旧唐书》卷四八《食货志》
乾元三年	京师	战乱	米	8000 钱	《旧唐书》卷三七《五行志》
上元元年		饥	米	15000 钱	《新唐书》卷三五《五行志》
宝应元年	京师		米	10000 钱	《新唐书》卷一四九《刘晏传》
广德二年	关辅	饥	米	10000 钱	《新唐书》卷三五《五行志》
	荆襄	蝗害		30000 钱	
永泰元年	京师	饥	米	10000 钱	《新唐书》卷三五《五行志》
永泰二年			粟	5000 钱	元结《永泰二年问进士》
大历四年	京师	连雨	米	8000 钱	《唐会要》卷四四
大历六年	河北	旱	米	10000 钱	《资治通鉴》卷二四四《唐纪》
大历八年	京师	大稔	大麦	80 钱	《册府元龟》卷五〇二《邦计部》
				200 钱	
兴元元年	关中	旱蝗	米	10000 钱	《资治通鉴》卷二三一《唐纪》
贞元二年		大雨	米	10000 钱	《旧唐书》卷二三一《德宗纪》
贞元八年	关中		谷	400 余钱	《新唐书》卷五九《食货志》
			米	700 余钱	
元和元年	宣州	大旱	米	2000 钱	《全唐文》卷六四〇李翱《故东川节度使卢公传》
元和六年		大稔	米	20 钱	《资治通鉴》卷二三四《唐纪》
元和十五年	全国		米	500 钱以下	《全唐文》卷六三四李翱《疏改税法》
长庆四年			粟	500 钱	《旧唐书》卷十七《敬宗纪》
咸通九年	徐州		米	2000 钱	《资治通鉴》卷二六一《唐纪》
中和二年	京畿	战乱	米	20000 钱	《旧唐书》卷二二五《黄巢传》
光启二年	荆湘	大饥	米	30000 钱	《旧五代史》卷一三四《杨行密传》

资料来源：商兆奎：《唐代农产品价格问题研究》，西北农林科技大学 2008 年硕士学位论文。

应显著增多，马匹供求失衡的问题在一定程度上得到解决，即便如此，银州等地的上等马每匹单价仍然高达 10000 文，下等马每匹单价也达到 7500 文。① 由此不难看出，唐朝后期马的价格已无法与唐前期马的价格相比，马的价格已经十分昂贵。

通过对整个唐朝农产品价格波动情况的分析不难看出，唐朝农产品价格波动具有以下几个方面的特征：第一，农产品价格波动的区域特征十分明显。整个唐代农产品的价格波动区域性特征明显，不同地区即便是在相同年景下，农产品价格相差也很大；当然，这也是与当时农产品运输不便紧密相关的。即便到了今天，不同地区相同农产品价格也不可能是绝对一致的。第二，农产品价格波动的阶段性特征尤为明显。安史之乱前，唐朝的农产品价格相对比较低廉，除高宗后期和武周时期农产品价格有较大幅度的波动外，农产品价格总体上较为平稳；安史之乱后，粮价波动较大。第三，农产品价格变化受天灾的影响尤为明显。即便是唐朝政府高度重视农田水利设施的建设，这种建设的实际成效在天灾发生时也是十分有限的。从上文的分析可知，凡是天灾发生，农产品价格必定会暴涨，部分灾区农产品的价格涨幅极为离谱。当然，在正常年景，唐朝农产品的价格是比较稳定的。第四，币制改革对农产品价格波动的影响尤为剧烈。成功的币制改革有利于促进农业生产的发展，有利于平抑物价的大幅度波动；反之，币制改革则会在一定程度上导致通货膨胀，直接影响农产品价格的变动。唐朝的币制改革，虽然在短期内纷纷废除，但是，币制改革的影响却不能在短期内迅速消除，这在一定程度上加剧了农产品价格的波动。

四　宋代农产品价格的波动情况及特点

宋朝始于 960 年，终于 1279 年，历时三百一十九年。其中，960—1127 年为北宋，历时 167 年；1127—1279 年为南宋，历时 152 年。宋朝上承五代十国，下启元朝，是中国历史上经济、文化教育和科学创新繁荣的时代。对于宋朝农产品价格波动问题的分析，本课题拟分北宋和南宋两个朝代来进行阐述。

---

① 《唐会要》卷六六《群牧记》。

（一）北宋时期农产品价格的波动情况

宋太祖建立北宋后，为增强国力，高度重视农业生产的发展，为宋朝农产品的有效供给和农产品价格的稳定夯实了基础。宋太宗时，先进的农业生产工具被广泛使用，成套的铁制农具被大量使用，原产北方的诸多农产品在南方地区得到广泛播种，各种水利设施不断新修，这些都为北宋农产品价格的稳定提供了保障。从全国层面来看，据史料记载，太平兴国九年（984），"……今市中米贵，官乃定价，令斗计钱七十。商贾闻之，以不获利，无敢载京师者。今若听其自便，四方商旅皆至，即米多而价自贱矣"①。也就是说，此时米价为每斗70文，每石700文。天圣八年（1030），"窃以中田一亩，取粟不过一斛。中稔之秋，一斛所售不过三百钱"②。也就是说，当时全国粮价约为每石300文。考虑到粟与米互换的比例，此时粮价并没有出现太大的波动。熙宁元年（1068），"贵价每斗七十五文，平价七十文，贱价六十文至六十二文，九十八陌"③。很明显，此时粮价还是在每石700文上下。宣和四年（1122），"……今米价石两千五百至三千，而盐仍是六十"④。也就是说，到了北宋灭亡前夕，粮价骤然暴涨。很显然，从全国层面来看，北宋粮食价格并没出现大幅度畸形波动。从地区层面来看，表3.6展示了北宋时期不同地区不同年份粮食价格情况。从表3.6中不难看出，总体来看，正常年景粮食价格虽有增长，但是，粮价起伏并不是太明显；而在天灾情况下或者是对于极少数偏远地区来说，农产品价格变动比较激烈。

除对北宋粮食外，本课题还拟对马和牛的价格变动情况进行说明。北宋时期，马的价格虽然有变动，但更主要的是马的价格会因为马匹自身质量的不同而存在非常明显的差异。据史料记载，咸平元年（998），

---

① 《太宗皇帝实录》卷三一。转引自王仲荦《金泥玉屑丛考》，中华书局2007年版，第245页。

② 《范仲淹全集·范文正公文集》卷十《上资政晏侍郎书》，第233页。转引自程民生《宋代物价研究》，人民出版社2008年版，第122页。

③ 《永乐大典》卷七五〇七《仓》，引自曾巩《元丰类稿·奏论常平三等粜籴斗不便状》，第3370页。转引自程民生《宋代物价研究》，第123页。

④ 《宋史》卷一八二《食货志》下四，第13册，第4451页。转引自程民生《宋代物价研究》，第123页。

表 3.6　　　　　　　　　　　北宋粮食价格波动情况表

年代	地区	背景	粮种	每石单价	资料来源
太宗	京师	米贵	米	700 文	《太宗皇帝实录》卷三一
	河东	人稀物贱	米	100 余文	《宋会辑稿·食货》四之十八
	岭南		米	450 文	《宋会辑稿·食货》五十七之三
真宗	四川		米	360 文	《东斋纪事》卷四
	河北		红粟	1000 文	《宋会辑稿·食货》五十四之三
	淮蔡间	诸路丰稔	麦	100 文	《宋史》卷七《真宗纪》
			粳米	200 文	
	襄邓间		粟麦	300 文	《续资治通鉴长编》卷六八、卷七○
	江淮浙闽		粟	100 文	
仁宗	荆湖		军米	700 文	《宋会辑稿·食货》三十九之一十二
	江淮			1000 文	
	京西		谷	100 文	《宋史》卷九《仁宗纪》卷一八五《食货·矾》
	河东		粟	1000 文	
	江淮两浙	旱涝为灾	米	1000 文	《包孝肃公奏议》卷七《请差灾伤路安抚》
	江淮两浙	折变贱价	米	320 文	《包孝肃公奏议》卷七《请免江淮两浙折变》
	陈州		市麦	500 文	《包孝肃公奏议》卷七《请免陈州添折见钱》
英宗	河阳县	麦熟时	麦	600 文	《古灵先生文集》卷一六《知河阳县……小麦价钱状》
神宗	陕西	先旱后涝	白米	1000 文	《温国文正公文集》卷四三《乞不添屯军马》
	苏州	正常年景	白米	500 文	《续资治通鉴长编》卷二六七，熙宁八年
	陕西	有丰有俭	陈白米	750 文	《温国文正公文集》卷四四《奏为乞不将米折青苗状》
	青齐兖济	谷价甚贵	谷	2000 文	《续资治通鉴长编》卷二九六，元丰二年
哲宗	各地	平常年景	谷	1000 文	《宋会辑稿·食货》六十五之三十，元祐元年
	淮南		米	1700 文	《续资治通鉴长编》卷三七六，元祐元年
	杭州	水涝为灾	米	900 文	《续资治通鉴长编》卷四三五，元祐十年
	杭州	继续水涝	米	1000 文	《历代名臣奏议》卷二四五，元祐五年
	河北	黄河决口	米	4000 文	《宋会辑稿·食货》五十九之六

续表

年代	地区	背景	粮种	每石单价	资料来源
徽宗	北部边郡		米	4000 文	《宋史》卷一八二《食货·盐》
	京西		小麦	平均 1160 文	《宋会要辑稿·食货》七十之二十二，政和元年
	河北沧州		白米	1200 文	《宋会要辑稿·食货》七十之一五四《均籴杂录》
	京师		米	平均 2000 文	《宋会要辑稿·食货》二十五之一十七《均盐法杂录》

资料来源：王仲荦：《金泥玉屑丛考》，中华书局 2007 年版，第 245—262 页；黄冕堂：《中国历代物价问题考述》，齐鲁书社 2008 年版，第 41—43 页；程民生：《宋代物价研究》，人民出版社 2008 年版，第 121—231 页。

"……至则估马司定其直，三十五千至八千凡二十三等。其蕃部又有直进者，自七十五千至二十七千凡三等，有献尚乘者，自百一十千至六十千亦三等"[1]。景祐四年（1037），"马自四尺七寸至四尺二寸，凡六等，其直自二万五千四百五十至万六千五百五十，课自万三千四百五十至八千九百五十九，六等"[2]。治平元年（1064），"久之，马不至，乃增直如庆历诏书，第三等三十五千，第四等二十八千"[3]。很显然，马的价格与马匹自身的质量关系紧密，不同质量的马匹价格相差颇为悬殊。与马的价格不同，牛的价格在整个北宋时期经历了从大约 2 贯余到 10 贯的历程。太祖建隆年间，牛的价格为每头 2 贯；太宗淳化年间，牛的价格已经上涨到 3 贯；大观四年，牛的价格为 5—7 贯；宣和年间，牛的价格已经高达 10 贯（程民生，2008）。[4]

---

[1]　李焘：《续资治通鉴长编》卷四十三，咸平元年十一月戊辰，第 2 册，第 922 页。转引自程民生《宋代物价研究》，人民出版社 2008 年版，第 303—304 页。

[2]　《宋史》卷一九八《兵志》一二，第 14 册，第 4934 页。

[3]　同上书，第 4936 页。

[4]　程民生：《宋代物价研究》，人民出版社 2008 年版，第 299—300 页。

表 3.7   南宋粮食价格波动情况表

年代	地区	背景	粮种	每石单价	资料来源
高宗	京师		米	5000 文	《建炎以来系年要录》建炎四年
	常、润、苏	大稔粮极贱	米	2000 文	《中兴小纪》绍兴二年
	湖湘	米极贱	米	1000 文	《建炎以来系年要录》卷一四一，绍兴十一年
	淮南	最贱	米	1250 文	《建炎以来系年要录》卷一四七，绍兴二十六年
高宗末	荆湘	大稔	米	650 文	《宋会要辑稿·食货》四十之二九，绍兴二十八年
孝宗	隆兴府	被灾限价	米	540 文	《宋会要辑稿·食货》五十八之十，乾道七年
		市价	米	1200 文	
	镇江	水灾减价	米	2500 文	《宋会要辑稿·食货》五十九之四十，乾兴二年
	皖籍溪	山中收熟	粳谷	1500 文	《朱文公文集·与籍溪胡原仲先生》，隆兴二年
	杭州浙西	青黄不接	米	5000 文	《宋会要辑稿·赈贷》五十八之五
		秋收时	米	1300 文	
	浙江、江东、淮东	佃户折租	米	3000 文	《宋会要辑稿·农田杂录》一之四五
			米	1500 文	
	京西、湖北	兵食折价	米	2000 文	《宋会要辑稿·（乡）兵》一之三一
	泰州	军粮出籴	米	1500 文	《宋会要辑稿·食货》五十九之四十七
孝宗中	江浙	朝廷和籴	米	2500 文	《宋会要辑稿·食货·和籴》四一之五
	江淮荆湖	朝廷和籴	米	3000 文	《宋会要辑稿·食货·和籴》四一之六
孝宗后	广荆襄		细米	3500 文	《水心别集》卷二《财会中》
			米	1000 文	
孝宗末	杭州	贱价	米	2300 文	《宋会要辑稿·食货》四十一之十六，淳熙十三年

续表

年代	地区	背景	粮种	每石单价	资料来源
光宗	湖湘郴州		米	2500 文	《宋会要辑稿·食货·赋税杂录》七十之七十九
	隆兴府		细米	950 文	《宋史》卷四十七《儒林·程炯传》
		丰年价	米	2000 文	《宋会要辑稿》职官六十二之三十五《借补官》
		大灾年价	米	4000 文	
宁宗	宁国府	农村市价	粳米	1000 文	《历代名臣奏议》卷一八四真德秀文
		官府折收	米	3400 文	
	江南	粮价踊贵最平处	麦	2000 文	《历代名臣奏议》卷二八四真德秀疏
理宗	福建泉州	公私窘急	米	3000 文	《西山先生真文忠公文集》卷一五《乞降度牒助宗子请给》

资料来源：王仲荦：《金泥玉屑丛考》，中华书局 2007 年版，第 263—278 页；黄冕堂：《中国历代物价问题考述》，齐鲁书社 2008 年版，第 41—43 页；程民生：《宋代物价研究》，第 121—231 页。

(二) 南宋时期农产品价格的波动情况

与以往历朝历代相比，南宋在农业生产的深度和广度发展方面尤为显著。当然，这与南宋当时所面临的诸如人口南迁、国土面积锐减是紧密相关的。南宋刚建立之初，受战乱的影响，粮食价格居高不下。从表 3.7 中不难看出，高宗时期，粮食价格经历了由高到低的回落过程。从高宗后期直至南宋中期，整个南宋粮食价格虽然有波动，但在正常年景，这种波动是正常的；当然，灾年粮价的大幅度起伏另当别论。南宋后期，尽管农作物单位面积产量比唐朝提高了两三倍，农业总体发展水平远远超过唐代，南粮北运的格局已经形成，但是，受战乱和天灾以及漕运经常不畅等多方面原因的影响，粮食价格依然暴涨。据史料记载，咸淳八年（1272），"……以钱千万命京湖制司籴米百万石，转输襄阳府积贮"[①]。德祐元年（1275），"……冬十二月，金陵游军斩关而入，城门闭，三月余粮道不通，城中米价踊贵，一斗直二十五缗，数日米

---

① 转引自王仲荦《金泥玉屑丛考》，中华书局 2007 年版，第 283—284 页。

尽，糟糠亦与常日米价等"①。由此不难看出，南宋灭亡前粮食价格是急剧上涨的。

与北宋相类似，南宋时期马和牛的价格也有很大的变化。南宋马的价格与北宋相比，有两个非常明显的特征：一是马的价格明显上涨；二是马的价格仍然与马匹自身的质量紧密相关。现有的六则史料可以提供佐证。譬如，建炎元年（1127），"诏文臣许养马一匹，馀官吏士民之有马者并赴官，委守令籍为三等……马高四尺六寸为上等，率直百千，馀以为是差"②。绍兴二年（1132），"……经略司言，比岁……马值踊贵……马高四尺七寸者，值四十五千，最下高四尺一寸者，值三千，其馀以是为差。……"③绍兴七年（1137），"须四尺二寸以上乃市之，其直为银四十两，每高一寸增银十两，有至六七十两者。……"④绍兴三十二年（1162），"……元每马四尺一寸，算银三十六两，每高一寸加一十两……"⑤嘉泰三年（1203），"广西收买土产马，每匹五十钱贯……间有不及格……访闻民户将甚好状阔及格尺土产马往外出就高价出卖……诏令湖广总领所桩管会子内支二万贯收买……每匹以一百贯为率"⑥。与马的价格不同，南宋时期牛的价格一直是处于上涨的。据史料记载，北宋大观四年（1110），"一牛之价，不过五七千"⑦。而到了南宋绍兴六年（1136），"……每牛一头，止令纳钱一百贯省。从之"⑧。这说明，此时牛的价格是每头100贯。即便是小牛犊，价格也一路飙升。史料记载，"……水牛生一犊，毛黑头白而长，售于人，给得二十五千"⑨。由此可见，南宋时期牛的价格上涨得很厉害。当然，这与整个南宋时期高度重视农业生产的发展，牛在农业生产中的作用越来越重要是紧密相关的。

---

① 转引自王仲荦《金泥玉屑丛考》，中华书局 2007 年版，第 284 页。

② 王仲荦：《金泥玉屑丛考》，第 370 页。

③ 同上。

④ 同上。

⑤ 同上书，第 371 页。

⑥ 同上书，第 372—373 页。

⑦ 《宋会要辑稿·刑法》二之五十二。转引自程民生《宋代物价研究》，人民出版社 2008 年版，第 300 页。

⑧ 转引自王仲荦《金泥玉屑丛考》，中华书局 2007 年版，第 373 页。

⑨ 同上。

通过对北宋和南宋时期农产品价格波动情况的分析不难看出，宋代农产品价格的波动具有以下几个方面的特点：第一，整个宋代粮食的价格相对比较平稳。与以往朝代相比，宋代的国土面积较为狭小，且随着人口的大量南迁，"人多地少"的问题在一定程度上存在着。要缓解这一局面，必须高度重视农业的发展，有效推动农业向深度和广度方面发展。无论是北宋，还是南宋，政府都高度重视农业的发展，农业发展成效显著，农产品供给较为稳定，农产品价格也比较平稳。在南宋时期，随着农业的发展，南粮北运的局面逐步形成，这对平抑北方地区的粮食价格亦有重要意义。第二，牛、马的价格较之以往要贵，特别是南宋时期牛的价格上涨得比较厉害。在整个宋代，马的价格在很大程度上直接取决于马匹自身的质量，不同品质的马的价格存在显著差异，这是与宋代的马政紧密相关的。而牛则不一样，尽管政府高度重视农业生产的发展，鼓励老百姓养牛，但是随着农业生产规模的不断扩大，农田开垦数量的不断增多，耕牛仍难以充分地满足农业生产的需要，受此影响，牛的价格在宋代尤其是南宋时期一路高涨。

五　元代农产品价格的波动情况及特点

元朝始于 1271 年，终于 1368 年，是中国历史上第一个由少数民族建立的大一统帝国。元朝疆域空前辽阔，北至北海，东至日本海。元朝为强化对辽阔疆域的管理，在中央设中书省，在地方实行行省制度。元朝整个历史不到 100 年，理论上对其农产品价格的把握应该是比较容易的，可事实并非如此。重要原因之一在于元朝币制十分混乱，这就使得对其农产品价格的分析异常困难。元朝建立以前，蒙古人就发行了多种纸币。当然，这些都属于地方性纸币。比如，太祖二十二年（1227），便宜行元帅府事何实在博州印行会子，其他地方政府也各行其是。譬如，史料记载，至元二十三年（1286），吏部尚书刘宣说："大元初年，法度未一，诸路各行交钞，或同见银，或同丝绢。中统建元，王以道执政，尽罢诸路交钞。"[1] 很显然，元朝统一以前，币制是混乱的。元朝

---

[1]　叶世昌：《中国金融通史》第一卷《先秦至清鸦片战争时期》，中国金融出版社 2002 年版，第 343—344 页。

统一中原后，政府以金银为储备金，发行中统钞，先后两次对中统钞与金银的兑换比率进行规定。第一次规定，金一钱合银一两（贯），合铜钱一贯（1000 文），合纸钞 2 贯；第二次规定，银一锭合银 50 两，纸钞一锭亦为钞 50 两。至元二十四年，考虑到钞价贬值的问题，元政府改发元钞，允许中统钞继续使用，但明确规定，至元钞一贯折合中统钞五贯，中统钞直接贬值 20%。至大年间，鉴于中统钞和至元钞不断贬值，且国库开支巨大，财政赤字增多的问题，元政府决定发行大钞，并且明确规定，大钞一贯抵至元钞五贯。元朝灭亡前，政府又发行正钞。在历次的钞票发行过程中，货币一再贬值，无论是中统钞、至元钞、大钞，还是正钞，均经历了从严格控制发行到发行量显著增多的过程。以中统钞为例，中统元年（1260），发行额为 73352 锭；至元二十三年（1286），发行额为 2181600 锭；以至元钞为例，至元二十四年（1287），发行额为 5088285 锭，至大四年（1311），中统钞和至大钞发行额为 10900000 锭（叶世昌，2002；黄冕堂，2008）。在币值不稳定、钞票发行控制不严格的情况下，农产品价格的上涨是无法避免的。

表 3.8   元代粮食价格波动情况表

年代	地区	背景	粮种	每石单价	资料来源
1279 年前	江南	元灭南宋前	米	1 贯	长谷真逸：《农田余话》卷上
1281 年			麦	5 贯	王恽：《秋涧集》卷九《论钞法》
1286 年	全国	全国统一	各种粮食	涨数十倍	宋濂：《元史》卷一七二《赵孟頫传》
1302 年	江州	平常年景	糯谷	11 贯	《元典章》卷四九《刑部十一》
			糯米	22 贯	
1303 年	产米区	官俸支米折价	米	20 贯	《元典章》卷一五《禄廪》
	不产米区		米	25 贯	
1306 年	江南	正常市价	米	10 贯	刘埙：《水云村泯稿》卷一四《呈州转申廉访分司救荒状》
		青黄不接	米	30 多贯	
1311 年	全国	饥荒	米	35 贯	宋濂：《元史》卷九六《食货志·赈恤》

续表

年代	地区	背景	粮种	每石单价	资料来源
1329 年	武昌	平常年景	米	34 贯	揭溪斯：《揭文安公文集》卷七《董公神道碑》
		大饥	米	1000 贯	
1341 年	北方	官俸支米折价	米	25 贯	复印《黑城出土文书》捌俸禄类
		折价	米	100 贯	
		折价	白米	150 贯	
1346 年	全国	农民起义	粳米（上）	40 贯	杉村勇造：《公元牍拾零》。参看李幹《元代社会经济史稿》第 421 页
			粳米（中）	37 贯	
			粳米（下）	35 贯	
			黏米（上）	37.5 贯	
			黏米（中）	35 贯	
			黏米（下）	32 贯	
1350 年	江南	发行新钞	米	67 贯	长谷真逸：《农田余话》卷上
1359 年	杭州	大饥	米	250 贯	陶宗仪：《辍耕录》卷一一
1370 年前	江浙	荒年兵灾	米	300 贯	王冕：《竹斋诗集》卷二
	江浙		粟	300 贯	
	北京		粟	5000 贯	宋濂：《元史》卷九七《食货志·钞法》

资料来源：根据黄冕堂《元代粮价表》计算整理所得。具体参见黄冕堂《中国历代物价问题考述》，齐鲁书社 2008 年版，第 47—49 页。

从整个元朝来看，尽管存在币制混乱、钞票发行控制不严格、通货膨胀等问题，但是，中统钞和至元钞仍然是元朝最主要的货币，对农产品价格的度量也主要是以这两种货币为主（黄冕堂，2008）。基于史料的可得性和研究的实际需要，本书拟以粮食为例来说明农产品价格的波动情况（如表 3.8 所示）。从表 3.8 中的数据可以看出：第一，元朝前期粮食的价格是相对稳定的。元朝统一中原后，为恢复因残酷战乱而遭受破坏的农业生产，元世祖忽必烈亲自组织编写《农桑辑要》，全面指导全国的农业生产；同时，为备荒备战，忽必烈恢复了王安石之后被取消的国家控粮政策，明确规定：丰稔年景，国家收购余粮，贮藏于国仓；当荒年谷价上涨时，开仓免费分发谷物；此外，他还组织了公众救济，将稻米和玉米定期分发给急需的家庭，甚至在1260年的法令中，明确要求地方长官对老学者、孤儿、病弱者提供救济。元世祖忽必烈的这一系列政策成效显著，为元朝前期农产品价格的稳定夯实了基础。第二，币制混乱会在一定程度上影响粮食的价格。与此前的任何朝代相比，元朝发行钞票的种类比较多，且政府对钞票与金银等的兑换比率作出严格规定，人为地频繁让货币贬值，这对于整个国家的物价冲击很大，对农产品价格的冲击尤甚，这可以从表3.8中看出来。第三，灾害对于粮食价格的影响也比较明显。与以往朝代一样，元朝政府虽然也非常重视兴修水利，但是，受多方面因素的影响，元朝的生产力比不上宋朝，它在水利基础设施的建设方面成效也不十分突出。因此，在灾害来临之际，农产品的价格不能保持平稳，而且，随着灾害的加重，粮食的价格不断波动。比如，1329年，受饥荒的影响，武昌的粮食价格比以往年份高出数倍；1370年，在元末农民大起义的影响下，粮食价格也是急剧上涨，比以往饥荒年粮食价格要高出数倍，这是很不正常的。

六　明朝农产品价格的波动情况

明朝始于1368年，终于1644年，是中国历史上最后一个由汉族建立的中原王朝。历经十二世、十六位皇帝，国祚二百七十六年。明朝疆域囊括内地十八省，初年东北抵日本海、外兴安岭等，后缩至辽河流域；北达戈壁沙漠一带，后撤至长城；西北至新疆哈密，后改为嘉峪关；明成祖时期曾短暂收复安南，1424年，明朝领土面积约为1100万平方公里。明朝前期，统治者励精图治，国力强盛，开创了洪武之治、永乐盛世、仁宣之治和弘治中兴等盛世局面，国力达到全盛，疆域辽阔；中后期，由于政治腐败和天灾导致国力下降，爆发农民起义，直至灭亡。需要特别说明的是，明朝用来计价的货币有金、银、钱、钞，其中，银、钱自始至终流通最为普遍，且两者的比例关系并未发生特别大的变化，因此，计算农产品价格时亦以银、钱为主。

表 3.9　　　　　　　　　　　　**明朝粮食价格波动情况表**

年代	地区	背景	粮种	每石单价	资料来源
太祖初	全国	折纳公粮	米、麦	1000 文	《明太祖实录》卷一零五
英宗	湖、广		米	300 文	《明英宗实录》卷四五
	山西		米	500 文	《明英宗实录》卷六五
	江西		米	250 文	《明英宗实录》卷一零三
景泰帝	内地		米、麦	250 文	《明英宗实录》卷二零七
	山西		粮	500 文	《明英宗实录》卷二一七
	贵州	官俸折银	俸粮	400 文	《明英宗实录》卷二一九
宪宗	湖、广	时价	米	250 文	《明英宗实录》卷七一
	苏、松、常	水灾	米	533 文	《明宪宗实录》卷二二二
	山西		米	266 文多	《明宪宗实录》卷二八二
孝宗	顺天府	官仓收购	米	360 文	《明孝宗实录》卷三六
	福建		粮	280 文	《明孝宗实录》卷二五
	甘肃	时值	米	480 文	《明孝宗实录》卷一一四
	山西	招商纳豆	豆	464 文	《明孝宗实录》卷一二六
	川、豫		米	240 文	《明孝宗实录》卷一五五
武宗	浙、赣、湖、广	正兑纳粮	粮、米	480 文	《明武宗实录》卷三一
	江南		米	400 文	《明武宗实录》卷四三
	凤阳	折收公粮	粮	560 文	《明武宗实录》卷四七
世宗初	江南	征粮	米	560 文	《明世宗实录》卷三一
	浙江	秋粮折收	粮	440 文	《天下郡国利病书》卷八六《田赋》
	福建	折纳公粮	粮	320 文	《天下郡国利病书》卷九一《福州府秋粮》
	河南		粮	266 文多	《天下郡国利病书》卷九一《怀庆府》
世宗中	淮、扬、徐	水旱灾	米	560 文	《明世宗实录》卷二四五
世宗后	河南	折运山东	粮	640 文	《明世宗实录》卷三五〇
	江西	折运南京	粮	640 文	《明世宗实录》卷四五六
	南京	比岁大灾	米	640 文	《明世宗实录》卷四八一

续表

年代	地区	背景	粮种	每石单价	资料来源
穆宗	苏州、松江	歉收春荒	米	680 文	《明经世文编》卷三〇九海瑞文
	京畿	麦熟	麦	320 文	焦竑：《玉堂丛语》卷二
神宗	京师、江南	折发官俸	米	560 文	《明神宗实录》卷一七四
	浙江	折收漕粮	粮	480 文	《明神宗实录》卷一七六
	江南	折收漕粮	粮	400 文	《明神宗实录》卷一八八

资料来源：黄冕堂：《中国历代物价问题考述》，齐鲁书社 2008 年版，第 52—58 页。

　　基于研究史料可得性的考虑和实际研究的需要，本书拟以粮食为例来剖析明朝粮食价格的波动情况。如果以土木堡之变为分界线，可以将明朝分为明朝前期和明朝中后期。在明朝前期，明太祖朱元璋高度重视农业生产的恢复和发展，在安置流民、移民屯田、兴修水利等方面取得了显著成效，而且他还大力提倡种植桑、麻、棉等经济作物和果木作物，竭力抑制豪强地主的势力扩张，解放奴婢，减轻赋税，严惩贪官，对全国土地和人口进行统计。经过太祖的努力，明朝前期，农业生产很快得到恢复和发展，史称"洪武之治"；以此为起点，明成祖开创了永乐盛世，明仁宗和明宣宗开创了仁宣之治。在整个明朝前期，随着农业生产的恢复和发展，商品经济也逐步发展，很多地区的农产品价格相对比较平稳。太祖初年，全国米、麦价格为每石 1000 文；经过太祖的励精图治，太祖后期，全国粮食价格约为每石 250 文至 300 文；到明成祖、明仁宗和明宣宗时期，随着农业经济的持续发展，全国的粮价有所上涨，但是，在商品经济发展的直接影响下，绝大多数粮食的价格相对较为统一（黄冕堂，2008）。在土木堡之变后，明朝国力逐步由盛转衰，但与此同时，由于宋代奠定了坚实的商品经济基础，外加明朝前期良好的经济发展环境，明朝中后期商品经济持续发展，部分地区开始出现资本主义萌芽。在农业方面，明代中后期粮食生产的专业化、商业化趋势尤为明显。比如，江南部分地区不再广泛种植水稻，转而开始大规模种植棉花、甘蔗等经济作物，粮食不足则直接从外地进粮；与此同时，部分农业人口开始离开农业，进入工商业等行业中，非农业人口开始增多。在此大的背景下，农产品开始在全国范围内大规模流通，区际之间农产品价格逐步趋于一致。当然，基于运输成本的差异，不同地区农产品价格仍会有细微差别。从表3.9中不难看出，明朝中后期粮食价格上涨的趋势明显，这符合商品经济发展的规律。同时，通过对比以往历朝历代粮食价格波动的情况不难发现：明朝中后期粮食价格虽有波动，但幅度较之以往仍然较小。

通过上述分析不难看出，整个明朝农产品价格波动具有以下几个方面的鲜明特征：第一，农产品价格波动具有市场化倾向。在明代，随着商品经济的迅速发展，"南粮北运"与"北粮南运"的互动态势进一步加强，农民种植粮食不再是仅仅考虑自身的温饱需要，更多的是考虑实际收益问题。比如，在传统的产粮区江南地区，农民开始大量种植经济作物，而不够的粮食则通过购买的方式满足需要；在传统的北方地区，农民也越来越多地根据实际获利情况来安排农业生产，而不再是盲目地组织农业生产。可以这样说，随着商品经济的发展，市场在农民生活中扮演着越来越重要的地位和作用，实际需要的农产品自己可以不生产，但是，完全可以通过市场交换的方式来满足自身的需要。第二，农产品价格波动具有民营化倾向。与以往的统治者不一样，明朝统治者主张缩减常平仓的粮食储备数量，竭力增加市场上粮食的流通量，减少国家对农产品流通的干预，尽量通过市场机制来解决粮食流通问题，进而有效地稳定粮食的价格，避免粮食价格的大幅度畸形波动。第三，农产品价格波动区际差异逐步弱化。在以往的朝代，农产品的地区价格差异是非常明显的，南方的农产品运到北方出售，或者是北方的畜牧产品运到南方售卖，农产品价格差异十分明显。在明代，随着商品经济的繁荣发展，农产品互通有无的情况普遍存在，且随着运输业的发展，全国农产品价格逐步趋于一致，不存在非常大的差异。第四，市场环境有利于抑制农产品价格的大幅度畸形波动。市场环境是确保农产品顺利流通的重要基础，市场环境好，农产品流通顺利，农产品价格则不会出现大幅度波动；反之，农产品价格必然会出现大幅度畸形波动。与以往朝代相比，明代商品经济发达，市场环境优越，南北方农产品可以做到互通有无，农产品价格相对来说比较平稳。

七　鸦片战争前清朝农产品价格的波动情况

如果以鸦片战争的爆发为分界线的话，则清朝可以分为两部分：前半部分归为中国古代史，后半部分则归为中国近代史。从现有文献资料来看，有关清代农产品价格资料记载最为翔实的是粮食价格的资料，其典型资料有两份：一份是 2009 年广西师范大学出版社出版的、中国社会科学院经济研究所主编的《清代道光至宣统间粮价表》（共 23 册）；另一份是台湾中研院王业键主持完成的清代粮价资料库。这两份资料对清代不同时期不同地区不同品种粮食价格进行了较为翔实的统计，以此为基础，学者对中国清代农产品价格尤其是粮食价格进行了研究（任吉东，2003；孙百亮、孙静琴，2006；王砚峰，2007；黄冕堂，2008；徐毅，2010；罗畅，2012；朱琳，2013；王玉茹、罗畅，2013）。在对这些学者研究成果加以综述的基础上，本书认为，清朝前期以粮食为代表的农产品价格波动具有以下几个方面的显著特征：

第一，从总体上看，农产品价格出现先升后降并缓慢上涨的特征。从 1616 年建州女真部落首领努尔哈赤建立后金算起，截至 1840 年鸦片战争的爆发，清朝经历过明末农民大起义，也经历过康、雍、乾盛世；在明末农民大起义后，清朝先后经历了 20 多年的战争才基本上征服了全国，受战乱的影响，清初农业生产遭受了极大的破坏，农产品供给极为短缺，农产品价格大幅度上扬，特别是在战区，粮食价格直线上涨，耕牛、战马极度匮乏，价格暴涨，诸如家禽等农副产品大多是有价无市；为了稳定局势，清初统治者在恢复农业生产、确保农产品供给、稳定农产品价格等方面采取了卓有成效的措施。比如，针对战乱所带来的土地荒芜等问题，政府减免赋税，安置流民，竭力增加农产品数量；针对耕牛匮乏影响农业生产的问题，政府鼓励地主为农民提供耕牛，对民间宰杀耕牛的行为进行一定程度上的约束；同时，为了及时了解粮食价格的波动情况，有效抑制粮食价格畸形波动问题，清朝从康熙中期开始实施由地方都督向朝廷奏报粮价的制度。通过清朝初年统治者的努力，农产品价格上涨的局面得到了有效抑制，农产品价格逐步回落。在康、雍、乾盛世，随着经济的繁荣发展，正常年份农产品供给较为均衡，农产品的价格也较为稳定；当然，随着经济的发展，农产品的价格缓慢上涨，上涨的幅度处于农民可以接受的范围内。

第二，"南粮北运"与"北粮南运"特征突出，不同品种农产品能够在不同地区流通。为促进南北方农产品的互通有无，针对当时南北方农产品互通有无时所面临的诸多现实问题，政府采取了一系列卓有成效的措施。比如，针对市场上私制度量衡泛滥且南北方又存在较大差异的问题，清政府编订了度量衡律，为南北方农产品流通创造条件；针对欺行霸市行为的存在，清政府强化刑罚的约束作用，严厉打击欺行霸市行为，为南北方货物的通畅提供保障；针对假冒伪劣农产品的泛滥，清政府对涉嫌假冒伪劣的商户和个人严加处罚，在保证南北方农产品顺利流通的同时，切实保证农产品的质量；针对南北方农产品流通中所面临的赋税过重问题，清政府颁布恤商法令，如顺治初年，政府在全国设常关13处，并确定税种与税率，船不抵关，货不收税，严禁各关违规收税，并禁止地方官吏滥收私派，在杜绝重复收税的同时，切实减轻了客商的税收负担，有利于南北方农产品的互通有无（尚琤，2011）。通过这些政策的实施，在1840年鸦片战争爆发前，清朝国内"南粮北运"与"北粮南运"的特征已经非常突出，不同品种农产品在不同地区流通也比较顺利。

第三，币种的多样化在一定程度上导致了农产品价格的波动。鸦片战争爆发前，虽然清政府基本上统一了全国，但是，币种的多样化问题一直未得到有效解决。黄冕堂（2008）的研究成果表明：鸦片战争爆发前，东南沿海地区的洋银（又称番银、花边银、花银、光洋等）使用较多，东北地区使用东钱（又称市钱），京师、京畿、山西北部尤其是山东地区大量使用小制钱（又称京钱），关内一些地区还流行私人盗铸的小钱（又称铅钱）。尽管不同地区的货币可以相互交换，但是，不同地区货币交换的比价并不相同，特别是私人盗铸的小钱，因为其本身不具备合法性，它与其他货币的交换比价存在较大的被动性。受币种多样化的影响和制约，农产品价格尤其是不同地区农产品价格的测度存在较大的误差，这在一定程度上直接导致了农产品价格的波动。

第二节　中国近代农产品价格的波动情况

从史学的角度来看，1840 年是中国近代史的起点；1840 年以后，随着一系列不平等条约的签订，中国逐步沦为半殖民地半封建社会。与过去相比，中国不再是传统意义上的闭关自守国家，中国主权日益沦丧，中国市场逐步成为世界市场的一部分，中国也日益成为世界资本主义市场的一个重要组成部分。

一　鸦片战争后清朝农产品价格波动情况

随着鸦片战争的爆发，中国开始逐步沦为半殖民地半封建社会，国家主权日益丧失，传统的自然经济逐步解体。特别是随着国外大量工业品的进口和国内丝、茶等农副产品的出口，中国市场与国外市场的联系日益紧密。相应地，在此背景下分析中国农产品价格波动情况，还必须充分考虑国外因素的影响。

第一，从总体上来看，农产品价格在鸦片战争后波动幅度较之以往更大，特别是在清政府灭亡前，农产品价格波动更为畸形。1840 年鸦片战争爆发后，清政府与列强签订了一系列不平等条约，国外的工业品大量进入中国，国内的诸如丝、茶等农副产品也开始大量流入国际市场，传统的自然经济开始解体。受此影响，在通商口岸兼业经营的农户日益增多，传统意义上的农产品种植户在一定程度上减少了，这在一定程度上影响了农产品的供给，造成了农产品价格的波动。特别是鸦片战争后国内爆发的太平天国起义，在清政府与太平天国反复争夺的地区，农业生产几乎遭受了毁灭性打击，部分地区农产品供给极为匮乏，农产品价格出现畸形波动。在清政府灭亡前，列强对中国的争夺更为激烈，国内也爆发了义和团运动，各地农田水利设施建设均已年久失修，在自然灾害的影响下，整个国内的农产品生产受到了致命打击，部分地区农产品供给严重不足，农产品价格也频繁发生变化。以清政府灭亡前的华北地区为例，因为华北地区是义和团运动的主要发生地，清政府对华北地区的农田水利设施建设几乎没有任何资金投入，对正常的农业生产活动也没有相应的政策支持，甚至在联合列强剿灭义和团运动时，刻意减少对华北地区正常农产品的供给，直接导致华北地区部分大城市农产品物价高涨。

第二，从以大米和小麦等为代表的主要农产品价格来看，无论是大米还是小麦，农产品价格除极少数地区外，绝大多数地区均呈现出上涨的态势。通过分析广西师范大学出版社出版的、中国社会科学院经济研究所主编的《清代道光至宣统间粮价表》，并结合黄冕堂（2008）的研究成果可知：在江浙、江淮豫皖、闽广、川湖、云贵、山东、北京及东北等地区，除江淮豫皖地区外，其他地区农产品价格整体上涨幅均较大，部分年份农产品价格起伏较为厉害；特别是当战争发生时，官商勾结所导致的投机倒把、囤积居奇等现象较为普遍，农产品价格均会因为战争而发生大的波动；而江淮豫皖地区，从总体上看，地理环境较好，这一地区人口不太稠密，本身就是农产品主产区或者极为靠近粮食主产区，再加上交通不够便利等原因的制约，粮食不易外流，农产品价格相对较为稳定。从道光末年到宣统，差不多半个世纪时期，江淮豫皖相当部分地区大米和小麦的市场价格波动幅度并不十分明显，如果充分考虑到当时经济的增长情况，这些地区大米和小麦价格的上涨幅度可以忽略不计。

第三，从以茶叶、蚕丝等为代表的主要农副产品价格来看，无论是茶叶还是蚕丝，农副产品价格均有小幅增长，但是，从总体上看，这些农副产品价格的增长较为平稳。鸦片战争后，随着国外工业品的大量进口，以茶叶、蚕丝等为代表的主要农副产品开始大量出口海外。与来自国外的工业品相比，以茶叶、蚕丝等为代表的主要农副产品附加值并不高，在整个中外贸易链条中始终处于低端位置，并且随着中国门户对外开放的逐步扩大，在进出口货物定价方面，清政府并无实质性的话语权，因此，为了攫取最大限度的利润，列强不可能允许也不可能接受以茶叶、蚕丝等为代表的主要农副产品价格的大幅度波动；从1840年鸦片战争爆发直至清王朝灭亡，以茶叶、蚕丝等为代表的主要农副产品虽有小幅度的增长，但并无实质性的大幅度波动。

二　中华民国时期农产品价格波动情况

对于中华民国的界定，不同的学者有不同的看法。遵循国内多数学者的界定，本书指的是从清王朝灭亡（1911）到中华人民共和国成立（1949）期间的国家名称和年号。中华民国时期，是中国历史上大动荡大转变的特殊历史时期，是半殖民地半封建社会终结的特殊历史阶段。1912—1949 年，中国大地上先后出现了国民党统治的国统区和共产党领导下的革命根据地①；在不同的地区，农产品价格波动情况是存在显著差异的。

（一）国民党统治区农产品价格波动情况

从清王朝灭亡到中华人民共和国成立，在整个中华民国时期，国民党实际上控制的区域并不是完全固定的；在国民党统治区内，军阀割据的局面一直未能从根本上得到彻底解决，国家处于半殖民地半封建社会，国内的政局并不平稳。在此大的背景下，国内农产品价格波动情况一直存在，且在不同区域和不同时期农产品价格波动极具自身特色。

第一，从总体上来看，国民党统治区农产品价格波动的阶段性特征明显，且后期波动比前期更猛烈。从清王朝灭亡到 1937 年"七七卢沟桥事变"，整个国民党统治区农产品价格处于缓慢上升状态。以粮食价格为例，无论是南方的大米还是北方的小麦，除个别自然灾害年份外，整体价格较为稳定；与粮食价格相类似，这一时期农副产品价格也是稳中有升（王玉茹，1996）。1937—1945 年，受日本侵华战争的影响，北方粮食主产区被日本占领，南方粮食主产区也频繁受到日本人的侵扰，粮食供给偏紧，粮食价格上涨较快；相应地，其他农副产品价格也出现了较大幅度的上涨。内战期间，基于战争和其他多方面原因的影响，国统区通货膨胀极为严重，农产品价格波动极大，部分农产品价格上涨数百倍甚至是上千倍。特别是国民党败退台湾前夕，国内农产品价格完全处于混乱状态中，农产品价格的上涨幅度完全无法控制。

第二，从以大米和小麦等为代表的主要农产品价格来看，不同区域间农产品价格波动的地域性特征明显。从 1911 年清王朝灭亡到 1949 年

---

①　有学者认为，研究农产品价格波动的历史应该包括对日占区粮食价格波动问题的研究，由于此方面资料比较少，且日占区伪政府更多的是采取剥削的方式来获取战略资源，粮食价格畸形波动成为常态，故本课题不对其进行研究。

中华人民共和国成立，这期间国内战乱从未停息，战乱给交战区农业生产带来了显著冲击，影响了农业生产的发展，导致部分战区农产品供给不足，农产品价格波动较大。需要特别说明的是，与以往相比，一方面，这一时期，随着资本主义列强对东南亚国家控制力度的加强，东南亚国家所生产的农产品开始大量进入国内，这在一定程度上解决了国内农产品供给不足的问题，同时，平抑了国内农产品价格的波动；另一方面，国外农产品的大量进口，也在一定程度上冲击了国内的农业生产。以上海市为例，1920—1930 年，上海市进出口贸易额直接从 10 亿两海关银上升到 20 亿两海关银，大量来自国外的农产品开始进入中国（武强，2010）。与国内其他地区相比，上海得天独厚的地理优势使其可以拥有来自东南亚国家的大量进口农产品，农产品供给不均衡问题能够在一定程度上通过外贸的方式予以平抑，农产品价格波动在一定程度上也会受到国际农产品市场的影响。而在国内其他地区，受交通等多方面原因的制约和影响，并不具备农产品进出口贸易的特点，在农产品供求失衡的条件下，无法通过国际市场农产品的供给来调节农产品价格波动情况。

第三，从其他农副产品价格波动情况来看，与大米和小麦等主要农产品价格波动相比，来自海外的和国内生产的农副产品价格波动差异明显。与本国生产的农副产品价格不同的是，来自海外的农副产品价格容易受国际市场的影响。据史料记载，1939 年 9 月欧战爆发后，受国际市场的影响，国际市场农副产品价格迅速上涨，国内进口的农副产品价格亦随之上涨；1941 年底太平洋战争爆发后，国际市场农副产品价格暴涨，国内进口的农副产品价格也迅速出现畸形波动。从总体上看，国际市场农副产品价格波动的时间都较长，波动幅度也更大。与来自海外农副产品价格波动相比，国内农副产品价格尽管也会受到国内战争局势的影响，但是，战乱平息后，农业生产相对比较容易恢复，农副产品供给主体能够有针对性地组织生产，农副产品的供给失衡问题会在较短时间内得到解决，国内农副产品价格波动的时间往往比进口农副产品价格波动时间要短。同时，由于国内各种消息的传播较快，国内农副产品价格短期内波动幅度更猛烈（陈振东，1988）。

（二）中国共产党领导下的革命根据地农产品价格波动情况

与国统区相比，中国共产党领导下的革命根据地地理位置都较为偏僻，农业生产条件差，农业生产容易遭受自然灾害的影响，农产品供给普遍较为困难，农副产品极为匮乏，农产品及农副产品价格波动也较为频繁。特别是抗日战争时期，随着日本军国主义者频繁对革命根据地进行扫荡，各大革命根据地都遭受了巨大的损失，农产品供求失衡，农产品价格暴涨。以延安为例，1937—1945 年，物价指数上涨速度惊人，物价无法以调控的方式进行控制；在此大的背景下，延安农产品价格飞速上涨，农副产品价格上涨速度也超出想象（于松晶、薛薇，1999）。与延安一样，山东抗日革命根据地物价上涨的速度也极其惊人。如果将1937 年山东抗日革命根据地的粮食指数定为 100 的话，1938—1944 年，

表 3. 10　　　　　　　　　　抗日战争时期延安物价总指数

时间	1937	1938	1939	1940	1941	1942	1943	1944	1945
上半年	100. 0	127. 5	190. 0	378. 2	1356. 1	70991	38790. 3	509420. 6	1496995. 2
下半年	110. 4	158. 7	284. 5	622. 9	3101. 7	12708. 8	209366. 4	723554. 3	1685995. 5
全年	105. 2	143. 1	237. 3	500. 6	2228. 9	9904. 4	124078. 4	616487. 4	1591495. 4
1 月			182. 2	334. 7	926. 2	4498. 9	17858. 3	399659. 6	854145. 5
2 月			178. 4	353. 8	1089. 3	4794. 5	22239. 3	530597. 9	1110917. 2
3 月			185. 7	366. 0	1260. 0	5764. 4	30480. 6	588341. 6	1579900. 0
4 月			194. 5	388. 5	1382. 0	8696. 9	45153. 7	481184. 6	1692146. 0
5 月			197. 8	405. 2	1563. 5	8660. 0	52252. 1	499759. 8	1749037. 7
6 月			201. 6	420. 8	1904. 5	10180. 0	64757. 8	556980. 0	1995825. 0
7 月		153. 3	228. 7	456. 6	2124. 6	11586. 0	81781. 6	615892. 6	2132673. 0
8 月		157. 3	236. 1	505. 4	2137. 6	12378. 0	111768. 5	677837. 6	2301810. 5
9 月		159. 1	253. 6	578. 1	2851. 5	12287. 0	181986. 4	758433. 5	1527621. 1
10 月		159. 8	296. 0	718. 1	3295. 4	12925. 0	254800. 4	758651. 2	1047116. 0
11 月		161. 2	315. 4	761. 3	3790. 3	13304. 0	282801. 6	761703. 1	1280833. 8
12 月		161. 4	377. 3	716. 9	4421. 0	13773. 0	343059. 8	768807. 8	1825918. 5

资料来源：于松晶、薛薇：《抗日根据地的物价管理》，《历史档案》1999 年第 1 期。

这一指数分别为 136、362、732、2141、8199、52407 和 109949，很明显，粮食价格上涨的速度是很不正常的；与粮食一样，山东抗日革命根据地的生活必需品和土特产价格上涨的幅度也是极其夸张的（申春生，1995）。针对农产品价格的急剧波动，抗日革命根据地人民政府竭力发展生产，开源节流，增加物资供应，并强化对货币的管理，尽量减轻农产品价格波动所带来的负面影响。这在一定程度上对抑制农产品价格波动有积极影响，但是，从实际来看，成效并不显著。

第三节　中国现代农产品价格波动情况

1949 年 10 月 1 日，中华人民共和国成立。新中国成立之初，国家经济建设面临着内忧外患的严峻形势。在国内，仍有大片领土未完全解放，国民党残余势力十分猖獗；在国外，新生的政权并不能够得到国际社会的广泛认可。与此同时，经过多年的战乱，国内经济积贫积弱，国家财政入不敷出，通货膨胀严重。经过建国初期的整治，物价问题得到有效解决，这为国家经济建设的全面展开夯实了基础。改革开放后，特别是近些年来，在多方面原因的影响下，农产品价格频繁出现大幅度畸形波动。

一 改革开放以前中国农产品价格波动情况

改革开放以前，中国农产品价格波动情况大体上可以分为两个主要时期：一是新中国成立初期的农产品价格波动情况；另一个是 1952 年以后农产品价格波动情况。在新中国成立初期，农产品价格经历了四次大的波动。

第一，1949 年 4—5 月，受华北地区春旱的影响，华北、西北等地农产品价格暴涨，山东、苏北和平津等地均受冲击。这一次春旱，直接导致上述地区物价普遍上涨 50% 左右，作为与老百姓生活密切相关的农产品、农副产品价格涨幅均高达 50%，部分紧缺农副产品价格上涨幅度更大。考虑到当时国内的形势，人民政府通过紧急抛售物资、打击投机倒把行为、强化对整个市场的管理，卓有成效地控制了此次物价上涨问题，最大限度地减少了物价上涨对普通老百姓生活的直接冲击，维护了社会的稳定，也为政府以后处理物价暴涨问题积累了宝贵经验。

第二，上海解放后不久，各种反动势力针对新生政权发动价格战。先是在反动势力的直接参与下，上海市银圆价格迅速上涨，随后，物价上涨逐步从银圆扩散到粮食、棉纱等主要农产品和农副产品。据史料记载，从1949年5月17日到1949年6月9日，上海市内黄金价格上涨了2.11倍，银圆价格上涨接近2倍，大米价格上涨2.24倍，棉纱价格上涨1.5倍；从1949年6月23日到1949年7月21日，大米价格直接由每石11700元涨至59000元，上涨了404%，棉纱价格上涨了接近90%，其他农产品和农副产品价格上涨幅度在50%—200%之间。针对物价的暴涨情况，人民政府在加紧调度物资支持上海市的同时，还针对市场物价的暴涨，采取了一系列措施，诸如制定各种交易规则、对几种主要商品禁止场外交易、统一交易时间、规定现款当日交割、禁止栈单买卖、禁止兼做业外生意、实行议价等，逐步稳定了物价。

第三，1949年10月1日，中华人民共和国正式成立；新中国成立不久，从10月15日开始，上海、天津等地物价开始节节上涨，随后，华中和西北等地区物价也开始急剧上涨。从1949年7月开始算起，截至1949年12月，上海、天津、汉口和西安等城市物价平均上涨3.2倍，农产品和农副产品价格上涨速度更是高达3.5倍；如果从1948年开始算起，截至1949年底，以石家庄、张家口、北京、郑州、济南、天津、太原、汉口、南昌、青岛、南京、杭州、上海为代表的城市，物价指数上涨70多倍，农产品和农副产品等生活必需品上涨的幅度更大。面对物价上涨的现实，人民政府在加大供应力度的同时，采取了一系列措施打击投机倒把行为，稳定物价。

第四，1950年春节前后，在国民党飞机轰炸上海电厂之际，各种反动势力再一次发起价格战。在各种物资供应紧缺的同时，上海市的粮食和棉纱率先涨价，由此直接带动全国物价的上涨。如果将1949年12月的物价指数当作100的话，则1950年1月、2月和3月的物价指数分别为127、203和226，物价上涨迅速。在春节期间，与老百姓生活紧密相关的农产品和农副产品价格上涨幅度较大。为稳定物价，人民政府从全国各地调剂粮食和其他价格暴涨的农副产品，通过调节市场供求失

表 3.11　　全国农副产品收购价格指数（以 1950 年价格为 100）

年份	粮食类				经济作物类				畜产品类		
	小麦	稻谷	玉米	高粱	油料	棉花	麻	烟叶	肉畜	禽蛋	皮张
1950	100.0	100.0	100.0	100.0	100.0	100.0	100.0	100.0	100.0	100.0	100.0
1951	119.8	109.2	102.3	106.4	119.3	115.4	129.1	118.3	107.8	106.3	133.4
1952	123.4	115.2	108.4	122.2	108.2	113.3	131.0	116.5	102.7	104.7	136.8
1953	146.5	127.5	122.9	137.2	121.2	107.1	127.6	114.1	115.7	121.8	149.9
1954	146.5	127.3	123.1	137.4	123.1	108.9	134.4	119.3	123.8	131.2	154.3
1955	143.5	127.3	125.2	138.4	122.5	111.1	134.9	122.3	120.3	132.0	154.9
1956	143.1	129.3	127.7	144.9	126.2	111.1	138.7	123.1	125.5	135.3	144.6
1957	142.9	131.2	128.8	145.7	167.9	111.1	139.9	124.0	142.9	152.5	150.2
1958	143.2	133.8	138.6	154.7	171.9	111.1	141.7	127.3	147.5	167.0	155.7
1959	143.6	133.9	138.6	156.9	185.3	111.1	142.6	127.6	148.6	189.1	156.8
1960	146.8	137.9	143.2	158.5	208.1	111.1	145.5	128.5	152.8	203.2	160.7
1961	187.9	176.1	178.3	203.3	244.2	111.3	154.7	156.4	183.7	275.4	163.6
1962	187.9	177.5	180.4	203.3	246.7	111.3	163.3	173.8	187.3	262.4	164.0
1963	185.8	174.2	181.4	201.1	246.7	123.0	166.5	174.0	188.8	229.1	163.1
1964	185.8	174.2	181.8	200.9	246.7	122.9	166.5	174.0	193.2	209.4	163.1
1965	187.3	178.4	184.2	200.9	246.7	122.9	170.3	174.0	193.2	188.5	163.3
1966	215.2	203.2	218.4	235.4	246.7	122.9	174.6	174.0	193.2	190.3	165.4
1967	215.2	203.2	218.4	235.4	246.7	122.9	174.6	174.0	193.2	203.5	165.4
1968	215.2	203.2	218.4	235.4	246.7	122.9	174.6	174.0	193.2	203.5	165.4
1969	215.2	203.2	218.4	235.4	246.7	122.9	174.6	174.0	193.2	203.5	165.4
1970	215.2	203.2	218.4	235.4	246.7	122.9	174.6	174.0	193.2	203.5	165.4
1971	215.2	203.4	218.4	235.4	305.1	124.4	174.6	174.0	194.7	207.2	166.9
1972	215.2	203.4	218.4	235.4	307.8	126.9	175.1	174.8	195.8	208.8	169.9
1973	215.2	203.4	218.4	235.4	307.8	126.9	183.4	175.0	196.7	213.0	170.6
1974	215.2	204.2	218.4	235.4	307.8	126.9	184.0	176.4	199.0	213.4	177.0
1975	215.2	205.3	218.4	235.4	307.8	126.9	184.3	175.7	199.4	213.6	179.5
1976	215.2	205.3	218.4	235.4	307.8	126.9	184.3	175.7	199.4	213.7	180.7
1977	215.2	205.3	218.4	235.4	315.4	126.9	184.3	176.3	199.6	213.7	179.9
1978	215.2	205.3	218.4	235.4	321.3	138.8	188.0	176.6	200.2	217.4	182.6

资料来源：国家统计局贸易物价统计司：《中国贸易物价统计资料（1952—1983）》，中国统计出版社 1984 年版，第 404—406 页。

衡并严厉打击投机倒把行为的方式，在短期内有效地稳定了物价。

1950 年初到 1952 年年底，国内物价波动问题得到了解决；1952 年以后，国内物价进入全面稳定阶段。在 1952—1978 年改革开放前，国内物价尤为稳定。从表 3.11 中不难看出，无论是以小麦、稻谷、玉米和高粱为代表的粮食类农产品价格，以油料、棉花、麻、烟叶等为代表的经济类作物，还是以肉畜、禽蛋、皮张等为代表的畜类产品，在 1950—1978 年间，均无大的波动，各类产品价格极为平稳。从表 3.11 中还可以看出，部分产品价格连续多年保持不变，如小麦价格从 1966—1978 年间均无变化，其他产品价格在一些年份也都无任何变化，这充分说明这一时期国内的物价是高度稳定的。从理论上看，农产品价格的稳定是相对稳定，不是绝对稳定，农产品价格多年保持不变，这也是很不正常的现象。在正常情况下，农产品价格应该随着经济社会的发展，特别是随着经济发展水平的提高，保持一定幅度的增长。结合中国 1950—1978 年整体经济社会建设情况来看，在一穷二白的基础上，中国建设了较为完备的工业体系，各项人类发展指数显著提升；从理论上说，农产品价格应该有一定幅度的增长。之所以出现农产品价格多年不增长的局面，这可能主要与当时国内实行的高度集中计划经济体系紧密相关，农产品价格的确定不是以市场方式确立的，而是由统购统销的农产品流通体制所决定的。

二　改革开放以来中国农产品价格波动情况

改革开放以来，伴随着中国经济多年的持续高速增长，农产品价格波动问题也一直存在。对于农产品价格波动的周期问题，不同学者从不同的研究视角出发，提出了不同的观点。本书在借鉴洪涛（2009）、陈晓坤等（2013）学者研究成果的基础上，拟将改革开放以来中国农产品价格波动划分为五个不同的时期。

第一，1979—1984 年：农产品价格改革探索初期。在高度集中的计划经济时期，国家对农产品流通实行的是统购统销的制度，农产品价格不是由市场决定，而是由政府决定；因此，在高度集中的计划经济时期，农产品价格波动幅度极小，甚至部分农产品价格在若干年内都没有发生变化。改革开放后，国家针对农产品价格改革出台了一系列政策，促进了农产品的流通，直接导致农产品价格从波动幅度小甚至不波动向适应市场经济发展的需要过渡。比如，1979年，国家开始提高农产品统购统销的价格，直接导致农产品价格的提升。1983年，国家正式出台文件，开始调整农副产品购销政策，对农民完成派购任务以外的产品（包括粮食，不包括棉花）和非统购派购产品允许多渠道经营。在国家统购统销政策松动的前提下，农产品价格开始发生变化，不再像高度集中计划经济时期那样维持不变，而是出现了波动。尽管如此，在这一时期，农产品价格主要还是由国家规定的，农产品的市场定价机制并未形成。

第二，1985—1991年：农产品价格改革深入时期。从1985年开始，国家对统购统销的农产品流通政策进行了大规模的调整。比如，在《关于进一步活跃农村经济的十项政策》中，国家就明确提出，从1985年起，除个别品种外，要逐步打破统购统销的农产品流通体制，按照不同情况分别实行合同订购和市场收购，允许部分农产品按照市场经济的要求自由流通；在《关于改进农产品价格管理的若干规定》中，国家明确规定，农产品价格管理实行国家定价、国家指导价和市场调节价三种形式。这些政策的出台和实施，为农产品市场定价机制的实施创造了条件，有利于农产品定价机制打破政府的人为规定。从某种意义上说，这些政策的实施直接为农产品价格的后期波动创造了条件。

第三，1992—2000年：农产品流通体制改革时期。1992年邓小平"南方讲话"和党的十四大的胜利召开，国家明确了建立社会主义市场经济体制的改革目标，经济体制改革的步伐明显加快。特别是1993年，国家颁发了《关于加快粮食流通体制改革的通知》，明确指出，要在国家宏观调控体制下，稳步放开粮食的价格形成机制和经营机制，推动粮食生产经营朝商品化、市场化过渡。同时，国家也最终取消了粮食统购统销的流通政策。在这一时期，随着国家经济的发展和国家对粮食流通政策的改革，以粮食为主的农产品及农副产品价格迅速上涨。当然，除了政策因素外，农产品及农副产品价格的急剧上涨与当时国内的通货膨胀、自然灾害等也是紧密相关的（戴根有，1995；周海春，1995；温桂芳，1995；马晓河，1995；韩志荣，1995；卢锋，2002）。这期间，国内主要农产品物价指数上涨幅度较之以往都快，农副产品价格指数上涨幅度也较大，部分紧缺农产品、农副产品价格上涨幅度超过 100%。

第四，2001—2006 年：农产品流通体制改革深化时期。2001 年，为强化粮食主产区购销市场化改革，国家颁布了《关于进一步深化粮食流通体制改革的意见》；2004 年国家进一步明确指出，要全面放开粮食收购市场，进一步加快粮食流通体制改革，形成由市场供求决定粮食收购价格的市场决定价格机制。在国家政策的刺激下，农产品价格在2003 年出现大幅度上涨的态势，上涨幅度较之改革开放以来都更为猛烈。当然，这一阶段农产品价格的突然上涨，也有很多学者认为，除了国家政策因素外，还与通货膨胀等其他因素紧密相关，特别是在市场决定农产品价格的前提下，农产品价格比较容易受到其他外在因素的冲击（王秀清、钱小平，2004；李敬辉、范志勇，2005）。

第五，2007 年至今：农产品市场化、国际化深入时期。2007 年以来，特别是 2010 年以来，国内农产品价格上涨幅度尤为猛烈；不仅以大米、小麦等为代表的农产品价格上涨幅度较大，其他农副产品价格上涨的幅度也超出想象；不仅如此，不同农产品和农副产品价格在短期内呈现畸形波动的现象也极为常见。对此，国内外学者已经进行了多方面的研究，除货币政策、通货膨胀、生产成本上涨、自然灾害等因素影响农产品价格上涨外，还有学者认为，随着中国日益融入国际市场，国际农产品价格波动对中国农产品价格波动也具有显著的影响；从某种意义上来说，国内农产品价格的波动是国际农产品价格波动的反映，国际农产品价格波动会影响国内农产品价格波动（顾国达、方晨靓，2010）。

第四节　中国农产品价格波动的特点及启示

通过前文对中国古代（包括秦汉时期、魏晋南北朝时期、唐朝、宋朝、元朝、明朝和鸦片战争前）、中国现代（包括鸦片战争后期、中华民国时期）以及中国现代（包括高度集中的计划经济时期和改革开放后时期）农产品价格波动情况进行分析，不难看出：中国农产品价格波动是一项复杂的系统工程，农产品价格波动不仅会受到自身因素的影响，还会受到外来因素的制约。具体来说，中国农产品价格波动具有以下几个方面的特点及启示：

第一，农产品价格波动具有季节性和区域性特点。无论是古代，还是近代、现代，农产品价格波动的季节性与区域性特征都十分明显。在风调雨顺的年份里，农产品供应充足，农产品价格波动往往并不明显；而在歉收年份，特别是在青黄不接的季节，农产品特别是大米、小麦等粮食价格就会受到影响，越是歉收年份，粮食等主要农产品价格波动就越大。同时，尽管中国"南粮北运""北粮南运""内粮外运（粮食出口）""外粮内运（粮食进口）"早就形成气候，但是，农产品价格波动的区域性问题依然存在，农产品价格波动并没有因为农产品在区际的互通有无而得到彻底解决。一般来说，越是农产品匮乏地区，农产品价格越容易在外在因素的影响下迅速大幅度出现畸形波动；反之，农产品价格波动则不十分明显。也正是基于此，为了抑制农产品价格的大幅度畸形波动，历朝历代政府都高度重视农产品在不同季节不同地域之间的调配使用，注重通过互通有无的方式来解决部分地区农产品价格大幅度波动问题。

第二，农产品价格波动不仅会受到国内因素的影响，还会受到国外因素的影响。从国内因素来看，自然灾害、币制改革、人为因素（如投机倒把）均会导致农产品价格大幅波动。特别是中国作为典型的多自然灾害国家，自然灾害的发生会直接导致农产品供求失衡，进而影响农产品价格，使其出现大幅波动。此外，国外因素的影响也会直接冲击国内农产品市场，如国外农产品的进口会影响国内市场农产品价格。随着对外开放程度的加深，国外农产品将大量进入中国本土市场。一方面，国外农产品的进口，可以在一定程度上解决国内农产品市场供求短缺的问题；另一方面，国外农产品的进口，会在一定程度上直接冲击国内农产品市场，影响国内农产品的生产和销售。也正是基于此，对于农产品价格波动问题，政府不仅会高度重视恢复和发展国内农业生产，还会在一定程度上通过进出口方式来解决国内农产品供给失衡所导致的农产品价格波动问题。

第三，农产品价格改革的最终取向是市场化改革，同时，政府宏观调控对农产品价格调控来说仍然是极其重要的。从古代到近代和现代农产品价格改革来看，农产品价格改革的最终取向是市场化改革，农产品价格的形成不能完全由政府来制定，应该遵循市场经济的规律，由市场供求来决定。只有在市场经济条件下，充分发挥市场供求机制的作用，让市场决定农产品的价格，农产品的价格才能最终体现出农产品自身的价值。从实际来看，农产品价格并不是越低越好，也不是越高越好，农产品价格只有较为真实地反映了农产品自身的价值，农产品才能够在市场流通中保持旺盛的竞争力。充分考虑到农产品价格事关广大人民群众的切身利益，事关国民经济的健康、稳定、可持续发展，事关国家的稳定这一事实，农产品的价格离不开政府的宏观调控。在实际过程中，政府应该采取措施调控农产品价格波动情况，严厉打击农产品交易过程中投机倒把行为的发生。也正是基于此，在农产品定价方面，一方面要充分发挥市场机制的作用，通过市场机制形成价格，让农产品的价格充分体现农产品的价值，尽量减少农产品在定价方面的人为干扰；另一方面，农产品价格事关普通老百姓的日常生活和国家的安危，农产品价格需要接受国家的宏观调控，国家应该对违纪违法农产品交易行为进行严厉打击，确保农产品价格的基本稳定。

第四章　农产品价格波动的
影响因素分析

在第三章中，本书对中国古代、近代和现代农产品价格波动的情况进行了较为全面的介绍，对农产品价格波动的特征进行了总结。通过前面的分析不难看出：在不同的历史时期，农产品价格始终处于波动状态，静止不变的农产品价格不符合经济发展规律。在正常情况下，农产品价格的变化应该随着经济社会的发展而发生变动；当然，农产品价格的大幅度畸形波动也是不正常的。既然农产品价格的波动是常态，那么到底哪些因素导致了农产品价格波动呢？对此有必要进行进一步的研究。充分考虑到农产品价格波动的历史，本章将重点对改革开放以来尤其是近些年来农产品价格波动的原因进行分析。本章以种植业产品、畜牧业产品、林业产品以及渔业产品为例，实证分析农产品价格波动的原因。之所以选择从宏观视角出发，以种植业产品、畜牧业产品、林业产品及渔业产品为例，主要是因为农产品所包含的种类繁多，以具体的某一类农产品为例来进行研究，不仅不具有代表性，也是不现实的。本章的目的是力求将定性分析与定量分析有机结合起来，全方位、多角度地探究农产品价格波动的原因，厘清影响农产品价格波动的因素。

第一节　定性分析视角下农产品价格波动的
影响因素

在市场经济条件下，农产品价格是由农产品自身价值所决定的，同时，农产品价格波动直接受农产品供给与需求的制约。从农产品价格波动的实际情况来看，农产品价格虽然在短期内会出现畸形波动，但从相对较长的时间来看，农产品价格在很大程度上还是受农产品供给与需求影响的。基于此，本章将农产品供给与需求纳入一个统一的概念框架内，运用系统自组织理论，从定性的角度探究农产品价格波动的原因。

一　系统自组织理论简介

自组织理论是 20 世纪 60 年代末期开始建立并发展起来的一种系统科学理论，研究对象主要是复杂自组织系统的形成和发展机制问题，即在一定条件下，系统是如何由低级无序走向高级有序的。自组织理论由耗散结构理论、协同学、突变论和超循环理论组成，但基本思想和理论内核可以完全由耗散结构理论和协同学给出。协同学创始人哈肯认为，如果系统在获得空间的、时间的或功能的结构过程中，没有外界的特定干预，便可以说系统是自组织的；当然，这里的"特定"是指那些结构和功能并非外界强加给系统的（董金玲，2009）。相对于自组织，"他组织"则指的是在外界环境施加决定性影响的情况下或由一个独立的子系统，即控制者施加指令的作用下形成的。[①]自组织系统的形成条件主要有开放性、非线性、远离平衡态和涨落性等。

第一，开放性。依据热力学第二定律，封闭的系统处于熵增状态，而对于开放系统来说，随着系统同外界物质、能量和信息的交换，系统可以通过从外界获取负熵流的办法来抵消自身内部熵的增加，使系统总的熵趋于零，甚至是负值。将总熵变公式表示为：

$$dS = diS + deS$$

其中，dS 为系统的熵增量，diS 为熵产生，deS 为熵交换。若 $dS < 0$，且 $|deS| > diS$，系统通过对外开放从环境中所获取的负熵大于内部的熵增加，总熵变 $dS = diS + deS < 0$，此时，自组织会产生。

第二，非线性。非线性系统可以用方程表示如下：

---

①　关于系统自组织理论，董金玲进行了详细研究，本课题对其有借鉴。参见董金玲《江苏区域金融作用机制及发展差异研究》，中国矿业大学 2009 年博士学位论文。

$$\begin{cases} \dot{x}_1 = f_1(x_1, \cdots, x_n, c_1, \cdots, c_n) \\ \dot{x}_2 = f_2(x_1, \cdots, x_n, c_1, \cdots, c_n) \\ \qquad\qquad\vdots \\ \dot{x}_n = f_n(x_1, \cdots, x_n, c_1, \cdots, c_n) \end{cases}$$

上式中，$f_1, f_2, \cdots, f_n$ 中至少有一个为非线性函数。假设 $C = (c_1, c_2, \cdots, c_n)$ 表示控制参数向量，$F = (f_1, f_2, \cdots, f_n)$，则上式可写成向量形式：

$$\dot{X} = F(X, C)$$

此时，系统并没有考虑外界强迫作用，称为自由系统。若考虑引进外界强迫作用项 $G(t)$，则称该系统为强迫系统，可表示为：

$$\dot{X} = F(X, C) + G(t)$$

则非自治系统的方程，可表示如下：

$$\dot{X} = F(X, C, t)$$

随着时间 t 的变化，$G(t)$ 所包含的状态变量将会发生变化。考虑到在现实中，$G(t)$ 所包含的状态变量有慢变量，也有快变量；当系统在诸多变量的共同作用下，逐步趋向于阈值时，根据协同学的慢变量支配原则，慢参量完全确定系统的宏观行为，此时的慢变量可以被称为序参量，系统中的快参量将由序参量支配。

第三，远离平衡态。普利高津认为，系统在近平衡态和平衡态下效果是一样的，不能自发发展到有序状态；只有在远离平衡态的条件下，系统从外界所获取的物质、信息和能量才会发生实质性的作用，它们才能促使系统逐渐向阈值逼近，系统稳定的状态逐渐被打破，开始变得不稳定起来，从而产生一种新的有序结构。

第四，涨落性。所谓涨落，可以理解为系统处于热平衡状态时，表征某种性质的物理量在其平衡状态附近的偏离程度。在自组织系统中，慢变量在阈值附近的涨落在某种情况下会促使系统内部结构发生质的改变，从而使系统内在的旧结构失衡，新结构重新出现并逐步稳定下来。从某种意义上来说，系统新结构的出现是涨落直接作用的后果，涨落是使系统产生有序的重要动力。

二　农产品供求的自组织机制

从理论上来看，农产品的供给与农产品的需求本身就是一个系统，农产品的供给与需求是紧密相连的。一方面，农产品的供给可以创造农产品的需求，农产品的供给可以在很大程度上直接影响农产品的需求。另一方面，农产品的需求在很大程度上可以促进农产品的供给，持续不断的农产品需求是农产品源源不断供给的重要原动力。在整个农产品产销一体化体系中，农产品的供给与需求从长期来看是相对稳定的。充分考虑到农产品自身的特殊性，在任何国家，农产品供求系统并非人为设定的，其整个产销过程是一种自组织的过程。农产品供求系统的序参量、自组织行为和他组织行为主要表现在以下几个方面：

第一，农产品供求系统的序参量。从宏观视角来看，农产品供求系统包括农产品供给系统和农产品需求系统两个最基本的系统；从微观视角来看，农产品供给系统至少包含着农产品生产、农产品收购、农产品运输、农产品包装配送等小单元，农产品需求系统又至少包含着农产品深加工、农产品批发与零售服务、农产品包装配送等小单元。若以发展的眼光来看，农产品供求系统所包括和涵盖的众多小系统、小单元并不是一成不变的，而是会随着周围外在环境的变化而发生变化的。在发生变化的过程中，序参量将起着主导作用，直接决定着农产品供需系统发生演变的基本趋势。从中国农产品供求系统发展的实际情况来看，农产品供求发展包含着众多的状态变量，如农产品生产中化肥与农药使用的科学合理程度、农产品运输过程中包装与保鲜技术使用的科学合理程度、农产品批发与零售过程中先进管理理念采用的科学合理程度等。在开放的市场经济条件下，特别是随着城镇居民生活质量的稳步提升，城镇居民需要大量高品质的农产品供应，而随着城镇化进程的加快，留守农村的农户已经难以通过传统产销模式来满足城镇居民对高品质农产品的需求，随之而来的是农产品供求系统必然会发生变革，最核心的问题就是如何通过有效的产销方式来满足不断扩大的城镇居民对高品质农产品的需求。也就是说，随着整个国民经济的发展和社会的转型，农产品在城乡之间的优化产销配置作为序参量在农产品供求系统的变化中起着关键作用。

第二，农产品供求系统的自组织行为。根据自组织系统的形成条件，可以从开放性、非线性、远离平衡态和涨落性等方面来分析农产品供求的自组织行为。从开放性的角度来看，虽然农产品的供给与农产品的需求是相互制约的，但在市场经济条件下，农产品跨区域流通是极为正常的现象。当某地区某种农产品较为短缺时，受价值规律作用的影响，农产品的价格自然会上涨，其他地区的农产品会迅速转运过来，直至农产品供求达到基本均衡，农产品价格开始回落，农产品供给与需求逐步趋于稳定；当某地区某种农产品供给较多时，同样受价值规律作用的影响，农产品的价格会迅速回落，生产者会减少该种农产品的生产，逐步调整农产品的供给与需求，直至农产品供求达到基本均衡。也就是说，在整个农产品供求系统中，农产品供给系统与农产品需求系统会全面而又深刻地与外界进行信息、物质和能量的交换，通过熵流在系统内部和外部的转换，最终促成较为稳定的农产品供求系统走向不稳定，又由不稳定走向稳定。从非线性角度来看，在高度集中的计划经济时期，农产品的供给与需求由国家统一安排，农产品价格不受市场经济的影响，农产品价格相对来说会保持长期稳定；而在改革开放后，特别是随着市场经济的发展，农产品自由流通逐步放开，农产品供给与需求也逐步完全由市场来进行调节，农产品价格波动开始出现，甚至在某些年份农产品价格还会出现大幅度畸形波动。需要特别说明的是，即便农产品供求完全由市场进行调节，这也无法排除农产品供给系统和农产品需求系统中各利益主体的逐利行为。也就是说，从短期来看，农产品供给与需求过程中各方利益主体的利益纠葛是极其复杂的，相关利益主体不可能完全本着稳定物价的方式来对待农产品的供求，农产品供给与需求间的线性关系不会存在。从远离平衡态和涨落的角度来看，农产品供给大于需求，农产品价格会下降，直至农产品供求达到基本均衡；反之，农产品价格会上涨，直至农产品供给与需求达到基本稳定。也就是说，农产品的供求从长期来看，始终处于原理平衡态与涨落的动态过程中。

第三，农产品供求系统的他组织行为。虽然自组织在农产品供求系统的演变过程中扮演着主导角色，但是，推动农产品供求系统的彻底变革还是不可忽视他组织的作用。比如，在农产品供给系统外，国内整个物流环境的变革必然会影响农产品的供给，甚至可以说，为了适应物流环境变革的现实需要，农产品供给者必须不断创新农产品供给模式，逐步满足不断扩大的城镇居民对农产品的需求。在农产品需求系统外，整个批发和零售业业态的变化，必然会倒逼城镇居民改变既有的农产品消费模式，不断与时俱进，采用更适应时代发展的新的消费模式。以当前的网络购物为例，城镇居民甚至可以不到农产品市场购买农产品，就完全可以通过网络购买农产品以满足自身的需要。当然，无论农产品供求如何变化，基于农产品自身的特殊性，政府在农产品供求过程中都必须发挥"看不见的手"的作用，通过宏观调控，尽可能确保物价的稳定。

三　农产品价格波动的形成机理：基于自组织机制扩展的具体分析

上述分析表明，农产品供求系统的变革是自组织和他组织共同作用的结果，农产品价格的波动是多方面因素共同作用造成的。若以自组织理论的特点为起点，结合农产品供求系统的自组织机制，可以认为，农产品价格波动是农产品供求系统发挥作用的结果，当然，作为他组织的政府在此过程中也扮演着十分重要的角色。

第一，信息服务滞后导致农产品产销脱节，导致农产品价格波动。信息服务的滞后，是农产品供求系统失衡进而导致农产品价格波动的首要原因，是农产品供求系统自组织发挥作用的重要体现。与发达国家不一样，中国小农经济的特征尤为明显，分散的、小规模的农户仍然是相当部分农产品的主要供给者。基于农户分散经营的特征，个体农户即便是在当前农村信息化建设有了显著进步的条件下，也一样无法通过更为便捷的方式获得免费农业生产经营信息。个体农户在安排农业生产时，对生产什么、生产多少以及如何生产等问题都是不清楚的，更多的是根据经验或者是前一年市场上同类农产品的价格行情来进行，很显然，市场上农产品产销信息变化极为迅速，仅仅依靠经验或以往农产品价格来安排组织农产品生产，往往是不科学的，最终的结果就是"谷贱伤农"。与国内个体农户安排农业生产经营方式不同的是，发达国家农业生产大多数都是实行集约化经营，他们的产销与市场联系紧密，农业生产的市场导向明显，在通常情况下，"谷贱伤农"的现象发生得比较少；即便个别年份发生产销脱节的情况，政府对农业的支持政策也会有效地保障农场主的切身利益。

　　第二，生产成本上涨导致农产品价格波动。生产成本的上涨，是农产品供求系统失衡进而导致农产品价格波动的重要原因，是农产品供求系统自组织发挥作用的重要体现。从中国的实际情况来看，农产品的生产成本主要包括种子、化肥与农药、雇工工资以及土地租金等。从理论上说，随着农产品生产成本的逐步上涨，农产品价格也应该稳步提升。据《中国农村统计年鉴》数据资料，2000 年以来，中国种子价格、化肥与农药价格、雇工工资以及土地租金上涨幅度十分迅速，基本上这些生产成本的价格上涨都在 2 倍以上；与此同时，农产品的价格虽然也有显著增长，但是，农产品价格上涨的幅度远远小于生产成本的上涨幅度。农产品价格之所以没有同步增长，是因为农产品是特殊商品，国家不可能也不允许农产品价格的大幅度上涨。受此影响，相当部分农户选择少种甚至不种农产品，这在一定程度上减少了农产品的有效供给，导致农产品供求失衡，影响农产品的价格。尽管针对农产品生产成本上涨问题，国家为平抑农产品价格、支持农业发展采取了相关的系列措施，但是，这些措施对于个体农户的影响并不是特别明显，个体农户生产农产品的积极性在一定程度上受到了影响。

　　第三，运输成本上涨导致农产品价格波动。运输成本的上涨，是农产品供求系统失衡进而导致农产品价格波动的主要原因，是农产品供求系统自组织发挥作用的重要体现。农产品从田间到餐桌，往往需要经过众多的运输环节，在每一个环节中，都会产生诸如运输费用、加工费用以及相应的人工成本等；如果考虑每一个环节参与者的利润等因素的话，农产品的运输成本是极其昂贵的。虽然政府也认识到过多的周转环节不利于农产品价格的稳定，并为此采取了相关的政策措施，比如，政府支持、鼓励和引导农产品生产者跨区域直接销售农产品，但这些措施所起的成效并不特别明显，有条件有能力组织跨区域销售农产品的农户数量极少，他们的努力并不能够直接对市场上农产品价格的大幅度畸形波动起到缓解作用。即便是在政府的支持、鼓励和引导下，个体农户能够将农产品直接运进城销售，考虑到农产品自身的特殊性，如果短期之内农产品不能够及时售出的话，农户最终还是会亏本。也就是说，运输成本是制约农产品价格波动至关重要的因素，运输成本的高低在很大程度上直接决定着农产品最终销售成本的高低。

　　第四，自然灾害频发导致农产品价格波动。自然灾害的频繁发生，是农产品供求系统失衡进而导致农产品价格波动的重要原因，是农产品供求系统自组织发挥作用的重要体现。作为典型的多自然灾害国家，中国农作物自然灾害每年都会发生。据《中国农业统计年鉴》统计数据资料，1949年至今，中国旱灾、水灾、风雹、霜冻等常见自然灾害年年发生；从总体上看，与改革开放以前相比，这些自然灾害的成灾面积并没有显著减少，除个别年份外，绝大部分年份成灾面积呈现出相对稳定的态势。自然灾害的最直接后果就是导致农作物歉收甚至是绝收，直接影响农产品的有效、均衡、稳定供给，受此影响，农产品价格自然会发生波动。改革开放以来，特别是近些年来，随着城镇化进程的加快，留守农村的劳动力越来越少，农村农田水利设施等受损严重，原本可以使用的水利设施因年久失修而变得岌岌可危，新修水利设施较少，在此情况下，一旦自然灾害发生，各种损失都会变得空前严重。与其他商品不同，农产品具有显著的生产周期长的特点，在整个生产周期中，只要发生自然灾害，必然会带来损失。

　　第五，政府服务滞后导致农产品价格波动。政府服务的滞后，是农产品供求系统失衡进而导致农产品价格波动的重要原因，是农产品供求系统自组织发挥作用的重要体现。比如，在指导农业生产方面，政府在传递农业生产经营信息上较为滞后，不能够有效满足个体农户的实际需要，以致大部分农户不能够及时有效地获取市场信息，导致农产品生产结构不合理，部分产品出现供求失衡的态势，导致农产品价格波动。比如，在传递农产品质量信息方面，政府自身定位不明确，更多的是采取包庇的态度来宣传本地农产品，特别是当农产品质量出现危机时，政府往往也不能够科学有效地采取措施来进行应对，最终的结果是消费者选择"用脚投票"，农产品滞销，农产品价格出现大幅度畸形波动。

第二节　定量分析视角下农产品价格波动的原因

　　上一节运用自组织理论从定性的角度剖析了农产品价格波动的原因；为进一步探讨农产品价格波动的原因，本课题将以种植业产品、畜牧业产品、林业产品和渔业产品四大类农产品为例，从定量视角出发，进一步分析农产品价格波动的原因。之所以选择以种植业产品、畜牧业产品、林业产品和渔业产品为例进行研究，主要是因为农产品的概念内涵极其丰富，笼统地以农产品为例进行研究，研究视角过于宽泛，难以得出科学合理的研究结论，而若以农产品的具体种类进行研究，则受数据来源的限制，研究无法深入展开；基于此，本书从中观视角出发，以种植业产品、畜牧业产品、林业产品和渔业产品四大类进行研究。通过本书的分析，进一步探讨到底哪些因素会直接影响农产品价格，使其出现波动，且这些因素对于农产品价格波动到底有什么样的影响。

一　种植业产品价格波动的影响因素分析

从中国的实际情况来看，种植业产品种类繁多，其大类主要有谷物（原粮）、蔬菜及食用菌、水果及坚果、薯类、豆类、油料、棉花、生麻、糖料、未加工烟叶等，如果进行进一步细分的话，种植业产品则可以分为更多的种类。比如，典型的农产品稻谷、小麦、玉米、马铃薯、甘薯、花生、油菜籽、大豆、绿豆、红小豆、蚕豆、芸豆等都属于种植业产品。从世界范围内种植业发展的历史来看，作为农业的重要组成部分，种植业的发展会在很大程度上受多方面因素的制约和影响。

（一）种植业产品价格波动影响因素的理论分析

在市场经济条件下，商品的价格由商品的价值决定，并受供求关系的影响；当供大于求时，商品价格多会下降；反之，商品价格则会上涨。这一规律对于分析种植业产品仍然是适用的。当种植业健康发展时，种植业产品供给均衡，则市场上种植业产品的价格不会出现大幅度的波动；反之，当种植业发展难以满足需要时，种植业产品供求失衡，市场上种植业产品价格自然会发生大幅度的波动。很显然，种植业能否健康发展直接决定着种植业产品的价格波动。从中国的实际情况来看，影响种植业健康发展的因素主要表现在以下几个方面：

第一，以区域种植业播种面积的大小和区域基础设施建设状况的优劣为代表的区域硬件条件，制约区域种植业的发展，进而直接影响种植业产品价格的波动。随着科学技术的进步，种植业单位面积亩产显著增多，即便如此，在种植业播种面积有限的条件下，单靠提高种植业单位面积亩产是难以满足需要的；也就是说，种植业播种面积的多寡作为区域硬件条件，会在一定程度上制约种植业产品的供给，影响种植业产品的价格。即便是在区域间种植业产品互通有无的条件下，部分特殊的种植业产品仍然是无法满足需要的。同时，区域基础设施建设的状况也会对区域种植业产品的运输产生直接的影响，在区域基础设施建设滞后的情况下，区域种植业产品难以通过有效的运输方式及时被运输到销售地，也会影响销售地市场上种植业产品的供给，进而影响销售地种植业产品的价格。

　　第二，以区域人力资本水平、对外开放水平、城镇化水平、财政支农水平和农业机械使用水平为代表的区域软件条件，决定着区域种植业的发展，进而直接影响种植业产品的价格使其出现波动。以区域人力资本水平为例，在当前经济形势下，传统的耕作方式难以满足需要，种植业生产需要具备一定生产技能的劳动力，区域人力资本水平低，熟练掌握生产技能的劳动力就少，自然区域种植业发展就难以与时俱进；反之，区域人力资本水平高，熟练掌握生产技能的劳动力多，区域种植业发展迅速，区域种植业产品供求均衡，区域种植业产品价格就稳定。区域对外开放水平和财政支农水平的提升，可以为区域种植业融资提供便利，有利于区域种植业的发展和种植业产品的供给，有利于确保区域种植业产品价格的稳定；而区域城镇化水平和农业机械使用水平的提升，不仅可以促进区域城乡一体化，还可以提高区域种植业生产的效率，有利于区域种植业产品供给，可以确保区域种植业产品价格的稳定。特别是区域农业机械使用水平的提升，可以显著地提升区域种植业的产出效率，有利于区域种植业"产—供—销"一体化的发展，对于平抑区域种植业价格大幅度波动的影响显著。

　　（二）种植业产品价格波动影响因素的实证分析

　　上文的分析已经表明，种植业产品价格波动会在很大程度上受诸如区域种植业播种面积、基础设施建设状况、人力资本水平、对外开放水平、城镇化水平、财政支农水平和农业机械使用水平等的制约，这些因素对于种植业产品价格到底有多大的影响？到底有什么样的影响？对这一问题的回答，必须用实证分析的办法来解决。

1. 指标选择与模型设定

（1）被解释变量

由于种植业所包括的种类众多，基于研究的实际需要，本书不可能逐一研究每一类种植业产品价格的波动的原因，本书拟从宏观视角出发，以种植业产品生产价格指数来测度种植业产品价格的波动情况，从整体上把握种植业价格波动的影响因素，并将其记为 zzyjg。

（2）解释变量

基于前文的理论分析，本书所界定的影响种植业产品价格变动的影响因素有区域种植业播种面积、区域基础设施建设状况、区域人力资本水平、区域对外开放水平、区域城镇化水平、区域财政支农水平和区域农业机械使用水平。其中，区域种植业播种面积，本书拟以各地区主要农作物播种面积来测度，记为 zzymj；区域基础设施建设状况，本书拟以各地区固定资产投资额来测度，记为 zzyss；区域人力资本水平，本书拟借鉴朱承亮等（2011）的做法，用 6 岁及以上人口平均受教育年数来表示，若以 prim、mid、hig、uni 分别表示小学、初中、高中和大专及以上教育程度居民占省市 6 岁及以上人口的比重，以 0 年、6 年、9 年、12 年和 16 年分别表示文盲半文盲、小学、初中、高中、大专以上教育程度的居民平均受教育年限，记区域人力资本水平为 zzyrl，则有 $zzyrl = 6prim + 9\ mid + 12\ hig + 16uni$；区域对外开放水平，本书拟用各地区实际吸收和使用 FDI 的数量来表示，记为 zzyfdi；区域城镇化水平，本书拟用各地区城镇化率（各地区城镇化人口比重）来表示，记为 zzyczh；区域财政支农水平和区域农业机械使用水平，本书分别记为 zzyczzn 和 zzyjxh，前者用各地区人均地方政府财政支农支出来表示（用各地区财政支农支出与各地区农村人口数的比值来表示），后者用各地区农业机械总动力来表示。

基于以上分析，充分考虑到种植业农产品价格波动受前期影响的现实，本书设定动态面板数据模型如下：

$$
\begin{aligned}
\ln zzyjg_{it} = {} & \gamma_0 + \gamma_1 \ln zzyjg_{it-1} + \gamma_2 \ln zzymj_{it} + \gamma_3 \ln zzyss_{it} + \\
& \gamma_4 \ln zzyrl_{it} + \gamma_5 \ln zzyfdi_{it} + \gamma_6 \ln zzyczh_{it} + \gamma_7 \ln zzyczzn_{it} + \\
& \gamma_8 \ln zzyjxh_{it} + c_t + \varepsilon_{it}
\end{aligned}
\tag{4-1}
$$

在上式中，为减轻异方差所带来的负面影响，所有指标均取对数，

it 表示 i 时期 t 地区，c_i 表示个体异质性，ε_{it} 表示随机误差项。

2. 数据来源及相关说明

基于研究的实际需要，充分考虑到实际数据资料的可得性，本书研究所确定的样本区间为 2003—2013 年，样本为中国 31 个省级单位。其中，被解释变量种植业产品生产价格指数原始数据来源于《中国农产品价格调查年鉴（2004—2014）》；解释变量区域种植业播种面积和区域农业机械使用水平原始数据资料来源于《新中国农业 60 年统计资料》及中经网统计数据库，其他解释变量如区域基础设施建设状况、区域人力资本水平、区域对外开放水平、区域城镇化水平和区域财政支农水平原始数据资料来源于中经网统计数据库。对于部分地区部分指标的缺失数据，本书一律采取插值法进行补齐。另外，由于本书样本时间跨度较大，为使不同年份的数据具有可比性，所有涉及价格度量的指标，本书均采用 GDP 平减指数剔除物价因素的影响。

3. 实证结果及相关解释

在上述分析的基础上，本书拟采用 Stata10.0 对所有的变量进行单位根检验。在实证研究过程中，本书拟同时采用 Levin，Lin & Chu 检验、Im Pesaran and Shin 检验、ADF-Fisher Chi-square 检验和 PP-Fisher Chi-square 检验。为增强检验结果的可信度，本书取四种方法均一致的结果，实证结果如表 4.1 所示。从表 4.1 中不难看出，虽然所有变量的原始序列没有同时通过上述四种检验，但是，所有变量的一阶差分序列均同时通过检验，这说明本书所选择的变量都是一阶单整的。[①]

---

① 在各变量一阶单整的前提条件下，采用 Pedroni（1999，2004）、Kao（1999）的检验方法，对变量间的协整关系进行检验，结果发现变量间的协整关系是存在的。受篇幅限制，有关面板协整检验的结果此处不提供，有兴趣的读者，可以直接向作者索取。相关英文文献参见 Pedroni, P., "Critical Values for Cointegration Tests in Heterogeneous Panels with Multiple Regressors," *Oxford Bulletin of Economics and Statistics*, 1999, 61 (S1), 653 – 670. Pedroni, P., "Panel Cointegration: Asymptotic and Finite Sample Properties of Pooled Time Series Tests with An Application to the PPP Hypothesis," *Econometric Theory*, 2004, 20 (3): 597 – 625. Kao, C., "Spurious Regression and Residual-Based Tests for Cointegration in Panel Data," *Journal of Econometrics*, 1999, 90 (1): 1 – 44. 需要特别说明的是，在下文中类似问题一律采取与此相同的办法进行处理，不再做单独说明。

表4.1　　　　　　　　　　　　单位根检验结果

变量名称	Levin，Lin & Chu	Im Pesaran and Shin	ADF-Fisher Chi-square	PP-Fisher Chi-square
$\ln zzyjg_{it-1}$	10.1257（0.1267）	17.6517 （0.3217）	36.3697 （0.6217）	54.5219 （0.5527）
$D\ln zzyjg_{it-1}$	-3.3617*** （0.0000）	0.2317*** （0.0007）	3.3637*** （0.0000）	12.2657*** （0.0001）
$\ln zzymj_{it}$	-102.2317 （0.2627）	-75.5627 （0.3537）	-36.3217 （0.4127）	-19.3617 （0.1227）
$D\ln zzymj_{it}$	-22.2367*** （0.0000）	-11.2157*** （0.0000）	-0.2317*** （0.0000）	12.2337*** （0.0000）
$\ln zzyss_{it}$	-220.2367 （0.2317）	-195.5617 （0.2127）	-165.3617 （0.1017）	-110.0217 （0.1267）
$D\ln zzyss_{it}$	-102.2317*** （0.0000）	-98.9657*** （0.0001）	-65.2657*** （0.0000）	-36.3697*** （0.0000）
$\ln zzyrl_{it}$	-126.2667 （0.5127）	-100.2317 （0.3617）	-95.2617 （0.4127）	-75.6218 （0.3657）
$D\ln zzyrl_{it}$	-100.2317*** （0.0000）	-85.6517*** （0.0000）	-57.5657*** （0.0000）	-36.3147*** （0.0000）
$\ln zzyfdi_{it}$	-100.2157 （0.4127）	-88.6217 （0.3217）	-65.6257 （0.2417）	-45.5657 （0.3037）
$D\ln zzyfdi_{it}$	-55.5617*** （0.0000）	-35.2617*** （0.0000）	-15.2617*** （0.0000）	1.2357*** （0.0000）
$\ln zzyczh_{it}$	-29.3617 （0.3637）	-11.2367 （0.4041）	-1.2357 （0.2327）	3.3657 （0.2667）
$D\ln zzyczh_{it}$	-44.5657*** （0.0000）	-30.2171*** （0.0012）	-10.2317*** （0.0000）	-5.2658*** （0.0000）
$\ln zzyczzn_{it}$	-126.3527 （0.6025）	-110.3621 （0.5217）	-100.2319 （0.3227）	-98.5627 （0.3211）
$D\ln zzyczzn_{it}$	-100.2317*** （0.0000）	-85.2617*** （0.0000）	-52.3217*** （0.0000）	-35.3217*** （0.0001）
$\ln zzyjxh_{it}$	12.2317 （0.3217）	26.3657 （0.2541）	39.3621 （0.2317）	69.3217 （0.5327）

变量名称	Levin, Lin & Chu	Im Pesaran and Shin	ADF-Fisher Chi-square	PP-Fisher Chi-square
$Dlnzzyjxh_{it}$	− 11. 0215 *** (0. 0000)	10. 2317 *** (0. 0012)	32. 3017 *** (0. 0000)	66. 3217 *** (0. 0000)

注：*、**、*** 分别表示 10%、5% 和 1% 的显著性。

在确保本书所选择的变量均为一阶单整的前提条件下，可对影响种植业产品价格波动的动态面板数据模型进行回归分析，实证回归结果如表 4. 2 所示。从表 4. 2 中第 3 列 Sargan 检验概率值 p（$p = 0.0062$）可知，差分 GMM 工具变量无效，这说明工具变量与误差项相关或误差项存在异方差的可能；为了纠正由异方差所带来的系数估计偏差问题，进一步分析第 4 列的结果。在第 4 列中，m_2 即 AR（2）的概率值 p（$p = 0.4852$）表明差分的误差项存在二阶自相关且不显著，同时，Sargan 检验的概率值 p（$p = 0.5987$）也表明二阶差分 GMM 工具变量是有效的。从理论上说，当因变量一期滞后项系数为 0.8—0.9 时，差分 GMM 估计的系数相对于系统 GMM 来说不准确性要大。基于此，通过对比表 4. 2 中第 5 列和第 6 列中 Sargan 检验和差分 Sargan 检验的概率值 p 可知：第 6 列即系统 GMM（SYS GMM）的估计量具有更好的一致性和有效性。

基于上述分析，本书选择表 4. 2 中第 6 列的回归结果来分析种植业产业价格波动的影响因素。具体来说，（1）当期种植业产品价格与前一期种植业产品价格负相关。这主要是因为在市场经济并不发达的情况下，农产品供应者特别是个体农户难以有效抵御市场风险，农业生产盲从跟风的情况十分常见。当前一年种植业产品价格高涨时，第二年种植业产品供给在很大程度上会显著增加，种植业产品供求状况会得到改善，这会直接导致种植业产品价格的急剧下降。（2）区域种植业播种面积的多寡与种植业产品价格负相关。这主要是因为在目前农业生产阶段，种植业产品的供给在很大程度上会受到种植面积的直接制约；当种植面积急剧扩大时，种植业产品供给量会增加，种植业产品价格会下降；反之，在市场供求规律的作用下，种植业产品价格会上升。（3）区域基础设施建设状况的好坏与种植业产品价格负相关。这主要是因为良好的

表 4.2　　　　　　　　种植业产品价格波动影响因素的回归结果

估计方法　自变量	工具变量法（IV）		差分广义矩法（DIF GMM）		系统广义矩法（SYS GMM）	
	一阶差分 2SLS（1）	Baltagi 随机效应（2）	一步（3）	二步（4）	一步（5）	二步（6）
$lnzzyjg_{it-1}$	-0.5214** (0.0335)	-0.5547** (0.0214)	-0.4957*** (0.0000)	-0.5021*** (0.0085)	-0.5857*** (0.0047)	-0.6025*** (0.0079)
$lnzzymj_{it}$	-0.0125*** (0.0000)	-0.0127*** (0.0019)	-0.0117*** (0.0033)	-0.0167*** (0.0022)	-0.0132*** (0.0021)	-0.0145*** (0.0012)
$lnzzyss_{it}$	-0.1015*** (0.0011)	-0.1127*** (0.0017)	-0.1137*** (0.0032)	-0.1425*** (0.0019)	-0.1324*** (0.0017)	-0.1367*** (0.0016)
$lnzzyrl_{it}$	-0.1227** (0.0125)	-0.1301** (0.0321)	-0.1015*** (0.0011)	-0.1221*** (0.0026)	-0.1402*** (0.0029)	-0.1447*** (0.0017)
$lnzzyfdi_{it}$	-0.0163*** (0.0000)	-0.0172*** (0.0012)	-0.0155*** (0.0019)	-0.0162*** (0.0000)	-0.0166*** (0.0036)	-0.0172*** (0.0022)
$lnzzyczh_{it}$	0.1657** (0.0127)	0.1725*** (0.0035)	0.1625*** (0.0016)	0.1734*** (0.0019)	0.1821*** (0.0058)	0.1833*** (0.0044)
$lnzzyczzn_{it}$	-0.2025*** (0.0019)	-0.2329*** (0.0012)	-0.2425*** (0.0027)	-0.2502*** (0.0019)	-0.2621*** (0.0027)	-0.2667*** (0.0016)
$lnzzyjxh_{it}$	-0.0057*** (0.0042)	-0.0067*** (0.0017)	-0.0052*** (0.0026)	-0.0059*** (0.0078)	-0.0061*** (0.0051)	-0.0067*** (0.0057)
常数项	0.0125*** (0.0011)	0.0135*** (0.0031)	0.0142*** (0.0037)	0.0152*** (0.0021)	0.0149*** (0.0015)	0.0151** (0.0117)
m_2	—	—	—	0.4852 [0.6227]	0.4913 [0.6012]	0.7851 [0.4271]
Sargan 检验	—	—	[0.0062]	[0.5987]	[0.0079]	[0.9125]
差分 Sargan 检验	—	—	—	—	[0.0000]	[1.0000]

注：①*、**、***分别表示10%、5%和1%的显著性。②小括号内数据为标准差，方括号内数据为 p 值。③在同方差假设条件下，用 Sargan 检验统计量来检验矩条件是否存在过度识别；差分 Sargan 检验统计量是用来验证系统 GMM（SYS GMM）工具变量的有效性的。④ m_2 代表 AR（2）的检验统计量。

基础设施建设有利于种植业产品的快速流通，从而为种植业产品在不同区域之间的有效均衡供给创造条件，为种植业产品价格的平稳夯实基础；相反，滞后的基础设施建设则不利于种植业产品的流通，种植业产品不能够在全国范围内实现有效均衡供给，这在很大程度上会直接导致谷贱伤农现象的发生。（4）区域人力资本水平的高低与种植业产品价格负相关。这主要是因为种植业产品的有效均衡供给与区域人力资本水平密切相关，区域人力资本水平越高，种植业水平也越高，种植业产品供给自然会得到保障，种植业产品的价格在稳定的供求关系作用下不会出现大幅度畸形波动；反之，种植业产业价格则会保持相对平稳。（5）区域对外开放水平与种植业产品价格负相关。随着区域对外开放水平的稳步提升，大量流入的 FDI 可以在一定程度上满足种植业发展的资金需求，有利于种植业的发展；但是，从现实来看，流入种植业的 FDI 并不多（事实上，整个农业领域吸收和使用 FDI 的数量相对较少），相反，随着进口种植业产品的大量增多，特别是在当前开放的经济条件下，国内种植业产品价格会在很大程度上受到进口种植业产品的直接影响。（6）区域城镇化水平与种植业产品价格正相关。与国外相比，中国种植业生产效率并不占优势。随着城镇化进程的加快，中国种植业生产形势严峻，农村劳动力大量流入城镇，农村撂荒地不断增多，这直接影响了种植业的发展，影响种植业产品的有效均衡供给，在某种程度上直接导致了种植业产品价格的上涨。（7）区域财政支农水平与种植业产品价格负相关。财政支农水平直接影响种植业主种植相关农产品的积极性，当政府财政支农力度不断加大时，种植业主从事农业生产的激情高涨，会不断改进农业生产技术，引进农产品良种，增加种植业产品供给，这会直接导致种植业产品价格的下降；反之，种植业产品价格则会上涨。（8）区域农业机械使用水平与种植业产品价格负相关。这主要是因为随着农业机械使用水平的稳步提升，种植业生产效率会得到显著提高，种植业产品的供给在其他条件不变的情况下会得到改善，市场上种植业产品供求问题能够得到有效解决，种植业产品价格往往会比较平稳；反之，农业机械使用水平低，种植业生产效率不高，种植业产品的供给会在很大程度上受到影响，种植业产品价格可能会出现波动，甚至是价格不断高涨。

二　畜牧业产品价格波动的影响因素分析

作为农业的重要组成部分，畜牧业和种植业并列为农业生产的两大支柱，畜牧业产品是农产品的重要来源。从现实来看，畜牧业有三种方式，分别是放牧方式、圈养方式或两者的有机结合方式。无论是放牧方式、圈养方式还是两者有机结合的方式，畜牧业生产仍然是容易受到外在因素影响的，没有哪一种方式能够确保畜牧业生产万无一失，确保畜牧业产品的长期、均衡、稳定供给。换句话说，畜牧业生产的不确定性，必然会影响畜牧业产品供给的长期、均衡、稳定供给，进而会导致畜牧业产品价格的畸形波动。

（一）畜牧业产品价格波动影响因素的理论分析

在经济发展的早期阶段，畜牧业往往表现为农作物生产的副业，即"后院畜牧业"；当经济发展到一定阶段后，畜牧业逐渐从某些部门独立出来，发展成为相对独立的产业。作为独立的产业，畜牧业的发展逐步受到更多因素的制约，这些影响因素主要包括以下几个方面：

第一，以区域主要农作物播种面积大小和区域基础设施建设状况的优劣为代表的区域硬件条件，制约着区域畜牧业的发展，进而直接导致畜牧业产品价格的波动。尽管畜牧业有三种发展方式，但从中国绝大多数省份的实际情况来看，圈养、放牧与圈养相结合仍然是畜牧业发展的两种主要方式。换句话来说，这两种方式都必须给所饲养的家畜家禽添加辅料。虽然国内一些地区畜牧业发展所添加的辅料是购买的饲料，但从国内整体情况来看，除大规模养殖外，大多数养殖户养殖家畜家禽添加的辅料是粮食作物，而粮食作物的多寡在一定程度上仍受主要农作物播种面积的大小的制约。也就是说，区域主要农作物播种面积的大小会间接影响区域畜牧业产品的价格。此外，畜牧业的产—供—销一体化还会受到区域基础设施建设的影响，区域基础设施建设好，区域畜牧业产品供给通畅，区际畜牧业产品互通有无速度快，畜牧业产品供求失衡容易在短期内得到有效解决，畜牧业产品价格自然会相对稳定；反之，区域畜牧业产品价格则有出现畸形波动的可能。

第二，以区域技术支撑条件、对外开放水平、城镇化水平、财政支农水平和农业机械使用水平为代表的区域软件条件，制约着区域畜牧业的发展，进而直接影响畜牧业产品价格，使其出现波动。与其他产业发展相比，畜牧业的发展有其特殊性，这主要表现在畜牧业的发展离不开兽医的支持上，没有兽医提供技术保障的话，畜牧业的发展难以获得健康、稳定、可持续发展。同时，区域对外开放水平和区域财政支农水平的提升，不仅可以为畜牧业的发展提供资金保障，还可以为畜牧业产品的供给提供保障，为畜牧业产品价格的基本稳定创造条件。此外，城镇化水平和农业机械使用水平的提升，可以为畜牧业的发展夯实基础。前者可以为畜牧业产品的销售开辟广阔的市场，后者则可以显著提升畜牧业发展的生产效率，两者都可以为畜牧业的健康发展和畜牧业产品的稳定供给创造条件，有利于平抑畜牧业产品的价格，防止其出现大幅度波动。

（二）畜牧业产品价格波动影响因素的实证分析

上文的分析已经表明，畜牧业产品价格波动会在很大程度上受诸如区域主要农作物播种面积、基础设施建设状况、技术支撑条件、对外开放水平、城镇化水平、财政支农水平和农业机械使用水平等的制约，这些因素共同决定着区域畜牧业农产品价格的波动情况。这种分析从理论上看是成立的，那么在实证过程中是否成立呢？还有必要作进一步的验证。

1. 指标选择与模型设定

（1）被解释变量。基于研究的实际需要，本书拟从宏观视角出发，用畜牧业产品生产价格指数来度量畜牧业产品价格波动情况，并记为 $xmyjg$。从《中国畜牧业年鉴》统计资料来看，畜牧业产品不仅包括肉类产品（猪、牛、羊肉和禽肉等）、奶类、蛋类，还包括蜂蜜、羊毛（山羊毛和绵羊毛）以及蚕茧（桑蚕茧和柞蚕茧）等；虽然不同种类的畜牧业产品价格长期处于波动状态，但是，研究农产品价格波动问题，对所有的畜牧业产品一一进行研究既不可能也不现实，本书只从宏观视角出发，研究畜牧业产品价格波动的影响因素问题。

（2）解释变量。基于前文的理论分析，本书认为，影响畜牧业产品价格波动的解释变量主要有区域种植业播种面积、区域基础设施建设状况、区域技术支撑条件、区域对外开放水平、区域城镇化水平、区域财政支农水平和区域农业机械使用水平。其中，区域种植业播种面积，本书拟采用各地区主要农作物播种面积来测度，并将其记为 $xmymj$；区域基础设施建设状况，本书拟采用各地区固定资产投资额来测度，记为 $xmyss$；区域技术支撑条件，本书拟采用各省级、地（市）级、区（县）级畜牧站、家畜繁育改良站、草原工作站、饲料监察所在编干部职工中高级技术职称人数之和来表示，并记为 $xmyzc$；区域对外开放水平，本书拟采用各地区实际吸收和使用 FDI 的数量来表示，记为 $xmyfdi$；区域城镇化水平，本书拟采用各地区城镇化率（各地区城镇化人口比重）来表示，记为 $xmyczh$；区域财政支农水平和区域农业机械使用水平，本书分别记为 $xmyczzn$ 和 $xmyjxh$，前者采用各地区人均地方政府财政支农支出来表示（用各地区财政支农支出与各地区农村人口数的比值来表示），后者采用各地区农业机械总动力来表示。

在确定了被解释变量和解释变量后，充分考虑到当期畜牧业产品价格会受到前期畜牧业产品价格的影响，本书设定 i 时期 t 地区畜牧业产品价格变动的动态面板数据模型如下：

$$
\begin{aligned}
\ln xmyjg_{it} = {} & \gamma_0 + \gamma_1 \ln xmyjg_{it-1} + \gamma_2 \ln xmymj_{it} + \gamma_3 \ln xmyss_{it} + \\
& \gamma_4 \ln xmycz_{it} + \gamma_5 \ln xmyfdi_{it} + \gamma_6 \ln xmyczh_{it} + \\
& \gamma_7 \ln xmyczzn_{it} + \gamma_8 \ln xmyjxh_{it} + c_t + \varepsilon_{it}
\end{aligned} \qquad (4-2)
$$

在上式中，为减轻异方差所带来的负面影响，所有指标均取对数，c_i 表示个体异质性，ε_{it} 表示随机误差项。

2. 数据来源及相关说明

通过查阅国家图书馆馆藏年鉴资料发现，能够找到的较为完整的《中国畜牧业年鉴》是 1999 年的；因此，受数据来源的限制，本书研究的样本区间为 1998—2013 年，样本为中国 31 个省级单位。其中，被解释变量畜牧业产品生产价格指数原始数据来源于《中国畜牧业年鉴（1999—2014）》；解释变量区域种植业播种面积和区域农业机械使用水平原始数据资料来源于《新中国农业 60 年统计资料》及中经网统计数据库，解释变量区域技术支撑条件指标原始数据资料来源于相关年份的《中国畜牧业年鉴》，其他解释变量如区域基础设施建设状况、区域对外开放水平、区域城镇化水平和区域财政支农水平原始数据资料来源于中经网统计数据库。对于部分地区部分指标的缺失数据，本书一律采取插值法进行补齐。另外，由于本书样本时间跨度较大，为使不同年份的数据具有可比性，所有涉及价格度量的指标，本书均采用 GDP 平减指数剔除物价因素的影响。

3. 实证结果及相关解释

与前文的分析相类似，为避免伪回归的存在，此处仍然采用 Stata10.0 对变量进行单位根检验。在实际检验过程中，为了强化检验结果的可靠性，本书同时采用 Levin，Lin & Chu 检验、Im Pesaran and Shin 检验、ADF-Fisher Chi-square 检验和 PP-Fisher Chi-square 检验对变量进行单位根验证，结果如表 4.3 所示。从表 4.3 中可以看出：所有变量的原始序列没有同时通过 Levin，Lin & Chu 检验、Im Pesaran and Shin 检验、ADF-Fisher Chi-square 检验和 PP-Fisher Chi-square 检验，但是，所有变量的一阶差分序列均同时通过检验，这充分说明了本书所选择的变量都是一阶单整的。

表 4.3　　　　　　　　　　　单位根检验结果

变量名称	Levin，Lin & Chu	Im Pesaran and Shin	ADF-Fisher Chi-square	PP-Fisher Chi-square
$\ln xmyjg_{it-1}$	− 115.2617 (0.3637)	− 100.2315 (0.3031)	− 75.5777 (0.2125)	− 52.5621 (0.2725)
$D\ln xmyjg_{it-1}$	− 10.0017 *** (0.0000)	15.5617 *** (0.0000)	20.2317 *** (0.0000)	39.3617 *** (0.0000)
$\ln xmymj_{it}$	− 125.3617 (0.1257)	− 100.2617 (0.1337)	− 92.2317 (0.1657)	− 72.2617 (0.2027)
$D\ln xmymj_{it}$	23.3617 *** (0.0000)	47.5617 *** (0.0000)	55.2617 *** (0.0000)	75.5617 *** (0.0000)
$\ln xmyss_{it}$	− 71.2617 (0.2627)	− 63.3617 (0.2026)	− 50.2317 (0.2527)	− 36.3147 (0.3021)
$D\ln xmyss_{it}$	− 136.3617 *** (0.0000)	− 115.2617 *** (0.0000)	− 100.1217 *** (0.0000)	− 95.5217 *** (0.0000)
$\ln xmycz_{it}$	− 156.3667 (0.1217)	− 125.2317 (0.1127)	− 115.2517 (0.2127)	− 100.3111 (0.3037)
$D\ln xmycz_{it}$	− 100.2317 *** (0.0000)	− 90.2317 *** (0.0000)	− 85.5617 *** (0.0000)	− 75.5617 *** (0.0000)

续表

变量名称	Levin, Lin & Chu	Im Pesaran and Shin	ADF-Fisher Chi-square	PP-Fisher Chi-square
$\ln xmyfdi_{it}$	- 56. 6517 (0. 5657)	- 25. 3617 (0. 5052)	11. 2317 (0. 5152)	29. 3617 (0. 5652)
$D\ln xmyfdi_{it}$	- 56. 6321 *** (0. 0000)	- 45. 2517 *** (0. 0000)	- 30. 3217 *** (0. 0000)	- 22. 2317 *** (0. 0000)
$\ln xmyczh_{it}$	- 198. 2637 (0. 1527)	- 157. 5627 (0. 1027)	- 133. 2027 (0. 1772)	- 110. 1217 (0. 2027)
$D\ln xmyczh_{it}$	- 50. 2317 *** (0. 0000)	- 15. 3621 *** (0. 0000)	- 5. 2317 *** (0. 0000)	6. 6317 *** (0. 0000)
$\ln xmyczzn_{it}$	- 165. 3621 (0. 2227)	133. 2617 (0. 2127)	- 115. 2317 (0. 3035)	- 100. 0325 (0. 3117)
$D\ln xmyczzn_{it}$	3. 3627 *** (0. 0000)	15. 2367 *** (0. 0000)	20. 2127 *** (0. 0000)	35. 2317 *** (0. 0000)
$\ln xmyjxh_{it}$	- 100. 2317 (0. 6327)	- 90. 2317 (0. 5047)	- 75. 2617 (0. 5051)	- 60. 3219 (0. 5217)
$D\ln xmyjxh_{it}$	10. 2317 *** (0. 0000)	25. 3617 *** (0. 0000)	42. 1217 *** (0. 0000)	55. 5697 *** (0. 0000)

注：*、**、***分别表示10%、5%和1%的显著性。

在上述分析的基础上，本书继续对畜牧业农产品价格波动影响因素的动态面板数据模型进行实证分析，实证回归结果如表4.4所示。表4.4中第3列Sargan检验概率值p为0.0052，这说明差分GMM工具变量无效，进一步讲，也就是工具变量与误差项相关或误差项存在异方差的可能；为了纠正由异方差所带来的系数估计偏差问题，进一步分析第4列的结果。在第4列中，m_2即AR（2）的概率值p为0.3657，这说明差分的误差项存在二阶自相关且不显著，同时，Sargan检验的概率值p（$p = 0.6211$）也表明二阶差分GMM工具变量是有效的。从理论上说，当因变量一期滞后项系数为0.8—0.9时，差分GMM估计的系数相对于系统GMM来说不准确性要大。因此，通过对比表4.4中第5列和第6列中Sargan检验和差分Sargan检验的概率值p可知：第6列即系

表 4.4　　　　　　　　　畜牧业产品价格波动影响因素的回归结果

估计方法　　自变量	工具变量法（IV）		差分广义矩法（DIF GMM）		系统广义矩法（SYS GMM）	
	一阶差分 2SLS（1）	Baltagi 随机效应（2）	一步（3）	二步（4）	一步（5）	二步（6）
$\ln xmyjg_{it-1}$	− 0.2527 *** (0.0000)	− 0.2627 *** (0.0000)	− 0.2423 *** (0.0000)	− 0.2469 *** (0.0000)	− 0.2557 *** (0.0000)	− 0.2603 *** (0.0000)
$\ln xmymj_{it}$	− 0.0015 *** (0.0000)	− 0.0017 *** (0.0000)	− 0.0014 *** (0.0000)	− 0.0016 *** (0.0000)	− 0.0019 *** (0.0000)	− 0.0021 *** (0.0000)
$\ln xmyss_{it}$	− 0.0012 *** (0.0000)	− 0.0011 *** (0.0000)	− 0.0016 *** (0.0000)	− 0.0019 *** (0.0000)	− 0.0021 *** (0.0000)	− 0.0026 *** (0.0000)
$\ln xmycz_{it}$	− 0.3032 *** (0.0000)	− 0.3231 *** (0.0000)	− 0.3039 *** (0.0000)	− 0.3221 *** (0.0000)	− 0.3321 *** (0.0000)	− 0.3521 *** (0.0000)
$\ln xmyfdi_{it}$	− 0.1011 *** (0.0000)	− 0.1014 *** (0.0000)	− 0.1111 *** (0.0000)	− 0.1221 *** (0.0000)	− 0.1331 *** (0.0000)	− 0.1339 *** (0.0000)
$\ln xmyczh_{it}$	0.1215 *** (0.0000)	0.1321 *** (0.0000)	0.1401 *** (0.0000)	0.1415 *** (0.0000)	0.1501 *** (0.0000)	0.1557 *** (0.0000)
$\ln xmyczzn_{it}$	− 0.2024 *** (0.0000)	− 0.2126 *** (0.0000)	− 0.2121 *** (0.0000)	− 0.2324 *** (0.0000)	− 0.2425 *** (0.0000)	− 0.2501 *** (0.0000)
$\ln xmyjxh_{it}$	− 0.0125 *** (0.0000)	− 0.0129 *** (0.0000)	− 0.0111 *** (0.0000)	− 0.0127 *** (0.0000)	− 0.0131 *** (0.0000)	− 0.0142 *** (0.0000)
常数项	0.1017 *** (0.0000)	0.1112 *** (0.0000)	0.1221 *** (0.0000)	0.1225 *** (0.0000)	0.1301 *** (0.0000)	0.1337 *** (0.0000)
m_2	—	—	—	0.4857 [0.3657]	0.4905 [0.4115]	0.8551 [0.5455]
Sargan 检验	—	—	[0.0052]	[0.6211]	[0.0007]	[0.9357]
差分 Sargan 检验	—	—	—	—	[0.0000]	[1.0000]

注：① *、**、*** 分别表示 10%、5% 和 1% 的显著性。② 小括号内数据为标准差，方括号内数据为 p 值。③ 在同方差假设条件下，用 Sargan 检验统计量来检验矩条件是否存在过度识别；差分 Sargan 检验统计量用来验证系统 GMM（SYS GMM）工具变量的有效性。④ m_2 代表 AR（2）的检验统计量。

统 GMM（SYS GMM）的估计量具有更好的一致性和有效性。

基于上述分析，本书选择表4.4中第6列的回归结果来分析畜牧业产品价格的影响因素。具体来说，（1）当期畜牧业产品价格与前一期畜牧业产品价格负相关。从现实来看，畜牧业产品与种植业产品相类似，绝大多数畜牧业产品的生长周期都较短。因此，前一期畜牧业产品的价格上涨时，必然会吸引更多的畜牧业生产者扩大生产经营规模，增加畜牧业产品的供给，直接改变当期畜牧业产品的供给，必然会导致当期畜牧业产品价格的下调。反之，前一期畜牧业产品价格低迷的话，畜牧业生产者必然会缩减生产经营规模，直接减少畜牧业产品的供给，必然会导致当期畜牧业产品价格的上涨。（2）区域主要农作物播种面积与畜牧业产品价格负相关。前文的理论分析表明，圈养、放牧与圈养相结合是中国畜牧业发展的两种主要方式，这两种方式对饲料要求较高，没有主要农作物播种面积做保证的话，饲料来源无法得到保证，畜牧业发展必然会受限，畜牧业产品供给也会失衡，畜牧业产品价格必然会发生大的波动。如果主要农作物播种面积大，畜牧业所需要的饲料有保障，畜牧业发展迅速，畜牧业产品供给稳定，畜牧业产品价格也就稳定；反之，畜牧业产品价格会因为供给的失衡而发生畸形波动。（3）基础设施建设状况与畜牧业产品价格负相关。这主要是因为基础设施建设的好坏，直接关系到畜牧业产—供—销一体化的发展，直接影响畜牧业产品的有效、均衡、稳定供给，对畜牧业产品价格会带来直接冲击。如果基础设施建设好，畜牧业产—供—销一体化发展快，畜牧业产品供给稳定，畜牧业产品价格就稳定；反之，基础设施建设差，畜牧业产—供—销一体化发展慢，畜牧业产品供给难以满足需要，畜牧业产品价格必然会高涨。（4）技术支撑条件与畜牧业产品价格负相关。这主要是因为技术支撑条件越强，畜牧业发展越快，畜牧业产品供给越有保障，畜牧业产品价格就越低；反过来，技术支撑条件越弱，畜牧业发展受到限制，畜牧业产品供给无法得到保障，畜牧业产品价格自然会持续走高。（5）对外开放水平与畜牧业产品价格负相关。随着对外开放水平的稳步提升，伴随 FDI 大量涌入国内的是国外的畜牧业产品，这会在很大程度上改变国内畜牧业产品供求状态，甚至会造成市场上畜牧业产品的过量供给，直接导致畜牧业产品价格的下降。（6）城镇化水平与畜牧业产品价格正相关。随着城镇化进程的加快，大量农村富余劳动力流入城市，在农民工市民化的过程中，城市生活习惯也会被广泛接受，比如，留守城市的农民工会习惯对畜牧业产品（如牛奶）的消费，这必然会增加对畜牧业产品的需求，无形中会改变畜牧业产品供求失衡的状态，导致畜牧业产品价格的上涨。或者说，随着需求量的不断扩大，当畜牧业产品成为广大市民的生活必需品时，其价格必然会接受政府的监管，不可能像奢侈品一样价格无限暴涨。（7）财政支农水平与畜牧业产品价格负相关。财政支出水平的扩大，有利于促进畜牧业的发展，确保畜牧业产品的稳定供给，这可以为畜牧业产品价格的下降直至平稳创造条件；反过来，财政支农水平的缩减，会对畜牧业的发展带来消极影响，会减少畜牧业产品的供给，导致畜牧业产品价格的上涨。（8）农业机械使用水平与畜牧业产品价格负相关。随着农业机械使用水平的稳步提升，畜牧业生产效率会显著提高，在其他条件不变的情况下，畜牧业产品供给量会增加，这会使畜牧业产品供求关系发生变化，导致畜牧业产品价格下降，反之亦然。

三　林业产品价格波动的影响因素分析

通过前文对农产品的界定不难看出，农产品概念内涵极为广泛，原木、原竹、原木与原竹的下脚料、生漆与天然树脂以及其他的林业副产品均属于农产品的范畴。也就是说，不经过加工的林业产品都可以被认为是农产品。因此，分析农产品价格波动的影响因素问题无法避免对林业产品价格波动问题的分析，林业产品价格波动问题是农产品价格波动问题的重要组成部分。与上文对种植业产品和畜牧业产品的分析一样，林业产品价格波动最终是由林业产品供给均衡所决定的，林业产品供给大于需求，则林业产品价格多会下降；反之，林业产品供给小于需求，则林业产品价格往往会上涨。故分析林业产品价格波动问题，必须先分析影响林业发展的相关因素。

（一）林业产品价格波动影响因素的理论分析

作为国民经济的重要组成部分，林业的健康、稳定、可持续发展，可以保证林业产品的稳定供给，确保林业产品价格的基本稳定。与其他农牧产业一样，林业的发展也会受到多方面因素的影响，有些因素是可以在短期之内发生变化的，而有些因素则较难改变。比如，森林覆盖率的高低会对林业产品的供给产生直接影响；尽管可以通过提高单位面积林地产量，增加林业产品的供给，但是，这种产量的提升是有限度的，且充分考虑到林业产品成材时间的限制，要在较短时期内提升单位林地林业产品的数量往往是不现实的。比如，林地周边的棚户区改造状况与社会性基础设施状况对林业产品价格也会产生直接影响，与种植业产品和畜牧业产品不同的是，林业产品具有自身的特殊性，它对周边环境的依赖性尤为明显；林地周边棚户区的改造会直接影响林业生产人员的生活质量，对其工作积极性会产生直接影响，而林地周边社会性基础设施建设，则直接关系着林业初级产品的运输与销售。再比如，林业自然灾害、林业实际吸收和使用 FDI 的数量以及林业人力资本等也都会从不同方面影响林业产品的价格，因为林业自然灾害直接关系着林业产品的有效供给，林业实际吸收和使用 FDI 的数量多寡直接关系着林业资金投入的多少，林业人力资本直接关系着林业自身的可持续发展，林业从业人员是确保各项林业工作顺利开展的重要保障。

（二）林业产品价格波动影响因素的实证分析

前文的理论分析表明，森林覆盖率的大小、林地周边的棚户区改造状况与社会性基础设施状况、林业自然灾害、林业实际吸收和使用 FDI 的数量以及林业人力资本等都会直接影响林业的发展，影响林业产品的有效、均衡、稳定供给，进而会影响林业产品的价格。这种影响到底如何？理论分析部分并未给出明确解释，有必要进行实证分析，进一步验证这些因素对林业产品价格到底有什么样的影响。

1. 指标选择与模型设定

（1）被解释变量。与前文的分析相类似，林业产品价格波动情况，本书拟采用林业产品生产价格指数来表示，记为 *lcpjg*。虽然与种植业产品和畜牧业产品相比，林业产品的数量相对较少，理论上可以直接研究每一种林业产品价格波动影响因素问题；但是，不同省级单位之间具体林产品价格波动情况并不具有可比性，比如，受地域自身条件的制约，相当部分省份并不生产油桐籽，相关生产价格指数也就无从查实。基于此，本书拟从宏观视角出发，直接用林业产品生产价格指数来测度林业产品价格波动情况，并以此探究林业产品价格波动的影响因素。

（2）解释变量。在研究林业产品价格波动影响因素方面，依据前文的理论分析，本书设定的解释变量有森林覆盖率、林地周边的棚户区改造状况与社会性基础设施状况、林业自然灾害、林业实际吸收和使用FDI的数量以及林业人力资本。其中，森林覆盖率，本书拟采用各地区森林覆盖率来表示，记为 $slfgl$；林地周边的棚户区改造状况与社会性基础设施状况，本书拟采用各地区林业民生工程实际投资额来表示，这主要是因为《中国林业统计年鉴》，明确将林地周边的棚户区改造与社会性基础设施建设归为林业民生工程，记为 $lymszc$；林业自然灾害，本书拟采用各地区林业有害生物防治费用支出来表示，记为 $lyzrzh$；林业实际吸收和使用FDI的数量，本书拟采用各地区林业实际吸收和使用的FDI数量来表示，记为 $lyfdi$；林业人力资本，本书拟采用各地区林业系统单位在岗职工年末人数来表示，记为 $lyrlzb$。

在确定了被解释变量和解释变量后，充分考虑到当期林业产品价格受前期林业产品价格影响的现实，本书设定林业产品价格波动影响因素的动态面板数据模型如下：

$$\ln lcpjg_{it} = \gamma_0 + \gamma_1 \ln lcpjg_{it-1} + \gamma_2 \ln slfgl_{it} + \gamma_3 \ln lymszc_{it} +$$
$$\gamma_4 \ln lyzrzh_{it} + \gamma_5 \ln lyfdi_{it} + \gamma_6 \ln lyrlzb_{it} + c_t + \varepsilon_{it} \quad (4-3)$$

在上式中，为减轻异方差所带来的负面影响，所有指标均取对数，c_i 表示个体异质性，ε_{it} 表示随机误差项。

2. 数据来源及相关说明

基于实际数据资料的可得性，本书研究样本区间为1997—2013年，研究样本为中国31个省级单位。除林业产品生产价格指数原始数据资料来源于《中国农产品价格调查年鉴（1998—2014）》外，本书研究所采用的其他指标原始数据资料来源于《中国林业统计年鉴（1998—2014）》以及中经网统计数据库。对于部分地区部分指标的缺失数据，本书一律采取插值法进行补齐。需要特别说明的是，由于本书样本时间跨度较大，为使不同年份的数据具有可比性，所有涉及价格度量的指标，本书均采用GDP平减指数剔除物价因素的影响。

3. 实证结果及相关解释

为避免伪回归结果的出现，本书采用Stata10.0软件对所有的变量进行单位根检验。虽然面板数据单位根检验的方法较多，基于研究的实际需要，充分考虑到检验结果的可信度，本书拟采用 Levin，Lin & Chu 检验、Im Pesaran and Shin 检验、ADF-Fisher Chi-square 检验和 PP-Fisher Chi-square 检验，检验结果如表 4.5 所示。对于检验结果，本课题取四

表4.5　　　　　　　　　　　　　　　单位根检验结果

变量名称	Levin，Lin & Chu	Im Pesaran and Shin	ADF-Fisher Chi-square	PP-Fisher Chi-square
$\ln lcpjg_{it-1}$	– 117.6214 (0.6857)	– 100.2317 (0.5152)	– 98.6217 (0.5547)	– 56.6211 (0.5059)
$D\ln lcpjg_{it-1}$	– 100.2315 *** (0.0000)	– 85.5621 *** (0.0000)	– 56.6211 *** (0.0000)	– 20.2317 *** (0.0000)
$\ln slfgl_{it}$	– 236.3621 (0.2327)	– 175.2617 (0.2667)	– 159.3657 (0.3015)	– 122.2317 (0.3235)
$D\ln slfgl_{it}$	– 200.3211 *** (0.0000)	– 175.2617 *** (0.0000)	– 158.3621 *** (0.0000)	– 125.3622 *** (0.0000)
$\ln lymszc_{it}$	– 145.5617 (0.1557)	– 125.3621 (0.1664)	– 100.3231 (0.2025)	– 85.5621 (0.3021)
$D\ln lymszc_{it}$	– 112.2627 *** (0.0000)	– 100.2317 *** (0.0000)	– 85.3621 *** (0.0000)	– 71.2317 *** (0.0000)
$\ln lyzrzh_{it}$	– 100.2617 (0.4012)	– 80.2317 (0.4521)	– 58.6217 (0.5012)	– 30.3221 (0.5221)
$D\ln lyzrzh_{it}$	– 85.5617 *** (0.0000)	– 55.2621 *** (0.0000)	– 30.2317 *** (0.0000)	– 15.2311 *** (0.0000)
$\ln lyfdi_{it}$	– 125.2617 (0.2567)	– 100.0327 (0.3027)	– 85.6217 (0.2027)	– 55.5621 (0.2527)
$D\ln lyfdi_{it}$	– 100.2317 *** (0.0000)	– 80.3217 *** (0.0000)	– 60.2317 *** (0.0000)	– 36.3211 *** (0.0000)
$\ln lyrlzb_{it}$	– 98.3627 (0.3231)	– 75.3211 (0.4047)	– 62.2317 (0.3237)	– 50.3222 (0.3039)
$D\ln lyrlzb_{it}$	– 125.2317 *** (0.0000)	– 100.0217 *** (0.0000)	– 75.6527 *** (0.0000)	– 50.3111 *** (0.0000)

注：*、**、*** 分别表示10%、5%和1%的显著性。

种方法均一致的结果。从表 4.5 的检验结果来看，尽管所有变量的原始序列都没有同时通过 Levin，Lin & Chu 检验、Im Pesaran and Shin 检验、ADF-Fisher Chi-square 检验和 PP-Fisher Chi-square 检验，但是，所有变量的一阶差分序列均同时通过检验，这说明本书所选择的变量都是一阶单整的。

　　上文的分析已经表明，本书所选择的变量都满足一阶单整的条件。以此为基础，本书对林业产品价格波动影响因素的面板动态数据模型进行回归分析，回归结果如表 4.6 所示。从表 4.6 中第 3 列 Sargan 检验概率值 p（$p = 0.0057$）可知，本书的差分 GMM 工具变量无效，这会导致工具变量与误差项相关或误差项有存在异方差的可能。为了纠正由异方差所带来的系数估计偏差问题，进一步分析表 4.6 中第 4 列的结果。在第 4 列中，m_2 即 AR（2）的概率值 p（$p = 0.6225$）表明差分的误差项存在二阶自相关且不显著，同时，Sargan 检验的概率值 p（$p = 0.6012$）也表明二阶差分 GMM 工具变量是有效的。从理论上说，当因变量一期滞后项系数为 0.8—0.9 时，差分 GMM 估计的系数相对于系统 GMM 来说不准确性要大。基于此，通过对比表 4.6 中第 5 列和第 6 列中 Sargan 检验和差分 Sargan 检验的概率值 p 可知：第 6 列即系统 GMM（SYS GMM）的估计量具有更好的一致性和有效性。

　　基于上述分析，本书选择表 4.6 中第 6 列的回归结果来分析林业产品价格波动的影响因素。具体来说，（1）当期林业产品价格与前一期林业产品价格正相关。作为农产品的特殊种类，林业产品的生产周期都较长，因此，当期林业产品价格会在很大程度上受前一期林业产品价格的直接影响。一旦林业产品出现大的缺口，林业产品的供求关系无法在短期内得到扭转，林业产品价格会呈现持续走高的趋势。（2）森林覆盖率与林业产品价格负相关。森林覆盖率是测度林业资源是否丰富的重要指标，高比例的森林覆盖率是林业产品来源的重要基础，森林覆盖率高，林业产品有保障，林业产品供求关系不会出现失衡状态，林业产品价格将会保持稳定甚至是走低的态势；反之，林业产品价格会上涨。（3）林地周边的棚户区改造状况、社会性基础设施状况与林业产品价格负相关。林地周边的棚户区改造状况与社会性基础设施状况是林业民生发展的重要内容，也是确保林业产品持续、稳定、有效供给的重要保

表 4.6　　　　　　　　　林业产品价格波动影响因素的回归结果

估计方法　　自变量	工具变量法（IV）		差分广义矩法（DIF GMM）		系统广义矩法（SYS GMM）	
	一阶差分 2SLS（1）	Baltagi 随机效应（2）	一步（3）	二步（4）	一步（5）	二步（6）
$\ln lcpjg_{it-1}$	0.4041 *** （0.0000）	0.4111 *** （0.0000）	0.4214 *** （0.0000）	0.4321 *** （0.0000）	0.4411 *** （0.0000）	0.4457 *** （0.0000）
$\ln slfgl_{it}$	−0.0021 *** （0.0000）	−0.0022 *** （0.0000）	−0.0017 *** （0.0000）	−0.0019 *** （0.0000）	−0.0026 *** （0.0000）	−0.0031 *** （0.0000）
$\ln lymszc_{it}$	−0.2125 *** （0.0000）	−0.2236 *** （0.0000）	−0.2401 *** （0.0000）	−0.2521 *** （0.0000）	−0.2621 *** （0.0000）	−0.2711 *** （0.0000）
$\ln lyzrzh_{it}$	−0.3012 *** （0.0000）	−0.3111 *** （0.0000）	−0.3222 *** （0.0000）	−0.3321 *** （0.0000）	−0.3411 *** （0.0000）	−0.3511 *** （0.0000）
$\ln lyfdi_{it}$	−0.1111 *** （0.0000）	−0.1125 *** （0.0000）	−0.1221 *** （0.0000）	−0.1222 *** （0.0000）	−0.1301 *** （0.0000）	−0.1333 *** （0.0000）
$\ln lyrlzb_{it}$	−0.2561 *** （0.0000）	−0.2621 *** （0.0000）	−0.2527 *** （0.0000）	−0.2601 *** （0.0000）	−0.2701 *** （0.0000）	−0.2712 *** （0.0000）
常数项	0.3035 *** （0.0000）	0.3325 *** （0.0000）	0.3014 *** （0.0000）	0.3321 *** （0.0000）	0.3415 *** （0.0000）	0.3501 *** （0.0000）
m_2	—	—		0.4725 [0.6225]	0.4801 [0.6012]	0.8021 [0.4417]
Sargan 检验	—	—	[0.0057]	[0.6012]	[0.0007]	[0.9365]
差分 Sargan 检验	—	—	—	—	[0.0000]	[1.0000]

注：①*、**、***分别表示10%、5%和1%的显著性。②小括号内数据为标准差，方括号内数据为 p 值。③在同方差假设条件下，用 Sargan 检验统计量来检验矩条件是否存在过度识别；差分 Sargan 检验统计量用来验证系统 GMM（SYS GMM）工具变量的有效性。④m_2代表 AR（2）的检验统计量。

障，是确保林业产品价格稳定的重要条件；反之，林业产品供给得不到有效保障，林业产品供求失衡，林业产品价格将会出现上涨的态势。（4）林业自然灾害与林业产品价格负相关。林业自身的特性决定其非常容易受到自然灾害的影响。当自然灾害发生时，林业产品供给会在很大程度上受到影响，林业产品价格往往会上涨；反之，林业产品价格则不会上涨。（5）林业实际吸收和使用 FDI 的数量与林业产品价格负相关。随着林业大量吸收和使用 FDI，林业资金短缺问题会在一定程度上得到缓解，这有利于林业自身的发展，有利于林业产品的稳定供给，会确保林业产品价格的相对稳定甚至是价格下降；反之，受资金短缺的影响，林业发展会受到限制，林业产品供给失衡，林业产品价格会上涨。（6）林业人力资本与林业产品价格负相关。林业的发展离不开林业人力资本的投入，林业人力资本的大量投入，是确保林业快速发展的保障，是确保林业产品稳定供给的前提，更是确保林业产品价格稳定的法宝；反之，林业发展会受到限制，林业产品供求会出现失衡的局面，在绝大多数时候，林业产品价格会不断上涨。

四　渔业产品价格波动的影响因素分析

作为重要的农业经济部门，渔业指的是以捕捞和养殖鱼类以及其他水生动植物以获取水产品的社会生产部门；从理论上说，渔业可以分为海洋渔业和淡水渔业，前者更多的是指海洋捕捞，后者更多的是指淡水养殖。作为渔业发展的最直接产出物，渔业产品的价格波动在很大程度上受渔业发展状况的制约；渔业发展得好，渔业产品供给越充分，渔业产品价格就越稳定；反之，渔业发展滞后，渔业产品供给难以满足需求，渔业产品价格必然会上涨。当然，渔业产品价格最终还是由渔业产品自身价值所决定的。

（一）渔业产品价格波动影响因素的理论分析

无论是海洋捕捞，还是淡水养殖，都与其他产业一样，会受到多方面因素的影响。有些因素是无法预料的，而有些因素则可以通过努力予以避免。结合中国渔业发展的历史来看，影响渔业发展进而影响渔业产品供给和渔业产品价格的主要因素有：

第一，自然灾害会对渔业发展带来直接冲击，影响渔业产品供给，甚至在某些时候会直接导致渔业产品价格的大幅度畸形波动。对渔业生产来说，自然灾害主要有台风、洪涝、干旱、病害、污染等。虽然随着科技的发展，一些自然灾害可以预测，但是，不可预测的自然灾害一旦发生，往往会带来极为严重的后果。一旦台风和洪涝没有得到准确预测，渔业设施将会被严重损毁，如池塘、网箱（鱼排）、围栏、堤坝、泵站、涵闸、码头、护岸、防波堤、苗种繁殖场等都将彻底遭到损坏，甚至在一些时候大量的渔船也将沉没，这对渔业生产的冲击是巨大的。旱灾的发生虽不如台风和洪涝猛烈，但是，持续的旱灾一样可以给渔业生产带来毁灭性打击。病害和污染如不能够及时处理，也会直接冲击渔业生产。渔业生产遭到破坏，自然会影响渔业产品的有效供给，进而会冲击渔业产品的市场价格，导致渔业产品价格的畸形波动。

第二，政府有限的资金投入，在一定程度上会影响渔业产品的供给，从而导致渔业产品价格的畸形波动。随着中国渔业资源的不断枯竭，传统意义上的养殖和捕捞难以满足实际需要，需要采取更为科学的方式来大力发展现代渔业，养殖需要采取现代化的方式进行，捕捞也需要采取科学方式进行。为此，大力推广科学的水产技术（养殖技术和捕捞技术）尤为必要。从政府以往推广水产技术的实际经验来看，推广这些技术，不仅需要在人员经费方面进行投入，还需要在业务费方面进行投入，也就是说，充足的经费保障是确保先进的水产技术稳步推广的关键。据《中国渔业统计年鉴》的统计资料，与过去相比，特别是近些年来，面对日益枯竭的渔业资源，政府在水产技术推广方面进行了大量的投入，这些投入在推广先进的养殖和捕捞技术方面成效显著。

第三，水产养殖面积的多寡和专业从事渔业生产人员数量的多少，在一定程度上会影响渔业产品的供给，从而导致渔业产品价格的畸形波动。在依靠捕捞无法满足需要的前提下，必须加快水产养殖。尽管随着科学技术的发展，水产养殖的单产稳步提升，但是，仍然难以满足国内市场需要，水产养殖面积的多寡仍然在一定程度上制约着渔业产品的供给，对渔业产品价格也会产生影响。当然，水产养殖本身不仅需要大量从事渔业生产的劳动者，还需要大量专业水产技术推广人员。实践已经证明，缺乏先进技术支持的水产养殖，成果往往不明显，甚至相当部分养殖场会破产倒闭；反过来，只有得到先进技术支持的养殖场才能够更快更好地发展。与畜牧业养殖相比，水产养殖更为复杂，没有专业的仪器检测设备，即便是常见的鱼类疾病，可能也会导致养殖场的灭顶之灾。

第四，水产品进口数量的多寡，也会对国内渔业产品产生直接影响，进而直接影响渔业产品价格，使其产生波动。在开放的条件下，任何国家或地区都是不可能闭关锁国的，商品的互通有无在一定程度上也可以满足彼此的需要；当然，商品的进口也必然会给国内的商品供给带来冲击。如果国外的进口商品有限，则不会对国内商品价格产生冲击；如果国外商品进口数量大的话，必然会冲击国内市场上商品的价格。水产品的进口也不例外。也就是说，分析渔业产品价格波动情况，必须考虑水产品的进口数量问题。

（二）渔业产品价格波动影响因素的实证分析

前文的分析已经表明，渔业产品价格的波动会受到多方面因素的影响，如自然灾害、政府和渔民自身投入、水产养殖面积和专业从事渔业生产人员数量以及水产品进口量。那么，这种影响到底有多大？不同因素对渔业产品价格的影响是不是一样的呢？对此有必要进行进一步的实证研究。

1. 指标选择与模型设定

（1）被解释变量。与前文相类似，本书拟采用渔业产品生产价格指数来表示渔业产品价格波动情况，并记为 $yycpjg$。渔业产品既包括海水养殖与捕捞的产品，也包括淡水养殖与捕捞的产品；同时，无论是海水养殖与捕捞的产品，还是淡水养殖与捕捞的产品，都包括种类繁多的具体品种，对其进行一一研究来探究渔业产品价格波动情况并不现实；基于此，本书直接从宏观视角出发来探究渔业产品价格波动的影响因素。

（2）解释变量。基于前文的理论分析，本书研究所选择的解释变量有自然灾害、政府资金投入、水产养殖面积、专业从事渔业生产人员的数量以及水产品进口数量。其中，自然灾害，本书记为 $zrzh$，用自然灾害所导致的各地区水产品与损毁渔业设施金额之和来表示；政府的资金投入，记为 $zjtr$，用各地区水产技术推广机构业务经费与人员经费之和来表示；水产养殖面积，分别用各地区海水养殖面积和淡水养殖面积来表示，分别记为 $hsyz$ 和 $dsyz$；专业从事渔业生产人员的数量，分别用各地区渔业从业人员数量和各地区水产技术推广人员实有人数来表示，分别记为 *yyry* 和 *jsry*；水产品进口数量，本书用各地区水产品进口金额来表示，记为 *jkje*。

在确定了被解释变量和解释变量后，充分考虑到当期渔业产品价格受前期渔业产品价格影响的现实，本书设定渔业产品价格波动影响因素的动态面板数据模型如下：

$$\ln yycpjg_{it} = \gamma_0 + \gamma_1 \ln yycpjg_{it-1} + \gamma_2 \ln zrzh_{it} + \gamma_3 \ln zjtr_{it} + \gamma_4 \ln hsyz_{it} +$$
$$\gamma_5 \ln dsyz_{it} + \gamma_6 \ln yyry_{it} + \gamma_7 \ln jsry_{it} + \gamma_8 \ln jkje_{it} + c_t + \varepsilon_{it}$$

$$(4-4)$$

在上式中，为减轻异方差所带来的负面影响，所有指标均取对数，c_i 表示个体异质性，ε_{it} 表示随机误差项。

2. 数据来源及相关说明

基于实际数据资料的可得性，本书研究样本区间为 1997—2013 年，研究样本为中国 31 个省级单位。除渔业产品生产价格指数原始数据资料来源于《中国农产品价格调查年鉴（1998—2014）》外，本书研究所采用的其他指标原始数据资料来源于《中国渔业统计年鉴（1998—2014）》以及中经网统计数据库。对于部分地区部分指标的缺失数据，本书一律采取插值法进行补齐。由于本书样本时间跨度较大，为使不同年份的数据具有可比性，所有涉及价格度量的指标，本书均采用 GDP 平减指数剔除物价因素的影响。

3. 实证结果及相关解释

为避免伪回归结果的出现，本书采用 Stata10.0 对所有变量进行面板单位根检验。

基于增强检验结果可信度的考虑，本书拟采用 Levin，Lin & Chu 检验、Im Pesaran and Shin 检验、ADF-Fisher Chi-square 检验和 PP-Fisher Chi-square 检验，取四种检验方法均一致的结果，结果如表 4.7 所示。从表 4.7 中可以看出，虽然所有变量的原始序列没有同时通过上述四种检验，但是，所有变量的一阶差分序列均同时通过检验，这充分说明了本书所选择的变量都是一阶单整的。

表 4.7   单位根检验结果

变量名称	Levin, Lin & Chu	Im Pesaran and Shin	ADF-Fisher Chi-square	PP-Fisher Chi-square
$lnyycpjg_{it-1}$	-200.3147 (0.8951)	-170.2317 (0.7557)	-145.2612 (0.5054)	-100.2159 (0.1687)
$Dlnyycpjg_{it-1}$	-125.2327*** (0.0000)	-100.0237*** (0.0000)	-75.2617*** (0.0000)	-45.5617*** (0.0000)
$lnzrzh_{it}$	-122.3527 (0.7553)	-100.2111 (0.6887)	-80.2317 (0.5557)	-36.3633 (0.6062)
$Dlnzrzh_{it}$	-100.2329*** (0.0000)	-75.2511*** (0.0000)	-50.2319*** (0.0000)	-15.2317*** (0.0000)
$lnzjtr_{it}$	-23.3627 (0.4517)	-10.3214 (0.3037)	-0.3217 (0.3317)	15.6222 (0.2027)
$Dlnzjtr_{it}$	-10.2317*** (0.0000)	-0.0017*** (0.0000)	12.2367*** (0.0000)	25.3617*** (0.0000)
$lnhsyz_{it}$	-120.2327 (0.6065)	-101.2321 (0.6221)	-70.3147 (0.5227)	-50.3211 (0.5569)
$Dlnhsyz_{it}$	-96.3617*** (0.0000)	-75.5621*** (0.0000)	-50.3322*** (0.0000)	-41.1217*** (0.0000)
$lndsyz_{it}$	-32.3217 (0.3237)	-14.2314 (0.3435)	-0.3321 (0.3537)	6.3621 (0.3337)
$Dlndsyz_{it}$	-100.0321*** (0.0000)	-50.3211*** (0.0000)	-15.5621*** (0.0000)	-0.3633*** (0.0000)
$lnyyry_{it}$	-165.6527 (0.1552)	-135.3621 (0.1367)	-100.3621 (0.1157)	-85.5621 (0.1367)
$Dlnyyry_{it}$	-100.2317*** (0.0000)	-80.2367*** (0.0000)	-50.3321*** (0.0000)	-15.3667*** (0.0000)
$lnjsry_{it}$	-36.3621 (0.2527)	-12.2337 (0.3032)	-0.3321 (0.3337)	11.2317 (0.4417)
$Dlnjsry_{it}$	-10.2317*** (0.0000)	0.0017*** (0.0000)	12.3677*** (0.0000)	36.3211*** (0.0000)
$lnjkje_{it}$	-136.3631 (0.4045)	-100.2127 (0.4147)	-85.2317 (0.3637)	-65.2317 (0.2027)
$Dlnjkje_{it}$	-100.0327*** (0.0000)	-80.2333*** (0.0000)	-60.3211*** (0.0000)	-35.3633*** (0.0000)

注：*、**、***分别表示10%、5%和1%的显著性。

在确保本书所选择的变量一阶单整前提下，可对回归结果进行分析，结果如表 4.8 所示。从表 4.8 中第 3 列 Sargan 检验概率值 p（$p = 0.0034$）可知，本书的差分 GMM 工具变量是无效的，进一步讲，工具变量与误差项相关或误差项有存在异方差的可能。为了纠正由异方差所带来的系数估计偏差问题，进一步分析表 4.8 中第 4 列的结果。从第 4 列结果来看，m_2 即 AR（2）的概率值 p（$p = 0.5667$）表明差分的误差项存在二阶自相关且不显著，同时，Sargan 检验的概率值 p（$p = 0.6205$）也表明二阶差分 GMM 工具变量是有效的。从理论上说，当因变量一期滞后项系数为 0.8—0.9 时，差分 GMM 估计的系数相对于系统 GMM 来说不准确性要大。基于此，通过对比表 4.8 中第 5 列和第 6 列中 Sargan 检验和差分 Sargan 检验的概率值 p 可知：第 6 列即系统 GMM（SYS GMM）的估计量具有更好的一致性和有效性。

基于上述分析，本书选择表 4.8 中第 6 列的回归结果来分析渔业产品价格波动的影响因素。具体来说，（1）当期渔业产品价格与前一期渔业产品价格负相关。从总体上来看，渔业产品生产周期都相对较短，当前一期渔业产品价格高涨时，渔业生产者必然会调整生产经营策略，强化对渔业产品的供给，这必然会导致当期渔业产品价格的下降；反之，当前一期渔业产品滞销时，渔业生产者会调整渔业产品的供给，这在绝大多数时候会导致当期渔业产品价格的上涨。（2）自然灾害与渔业产品价格负相关。像所有的农产品一样，渔业产品非常容易受到自然灾害的影响。当自然灾害发生时，渔业生产往往会遭到破坏，渔业产品供给量会减少，这将改变市场上渔业产品的供给，导致渔业产品价格的上涨；反之，市场上渔业产品价格则不会出现上涨。（3）政府资金投入与渔业产品价格负相关。政府资金投入是确保渔业生产顺利进行的重要保证，当政府资金投入持续增大时，渔业生产规模亦会扩大，渔业产品供给量会增加，这必然会导致市场上渔业产品价格的下跌；反之，受市场上渔业产品供给减少的影响，市场上渔业产品的价格会上涨。（4）水产养殖面积与渔业产品价格负相关。从表 4.8 中的回归结果来看，各地区海水养殖面积和淡水养殖面积变量的系数均显著为负。从中国的实际情况来看，无论是海水养殖，还是淡水养殖，都是中国渔业产品供给的重要来源。随着养殖面积的扩大，渔业产品供给往往会增多，市场上

表 4.8　　　　　　　　　　渔业产品价格波动影响因素的回归结果

估计方法 自变量	工具变量法 （IV）		差分广义矩法 （DIF GMM）		系统广义矩法 （SYS GMM）	
	一阶差分 2SLS（1）	Baltagi 随机效应（2）	一步 （3）	二步 （4）	一步 （5）	二步 （6）
$lnyycpjg_{it-1}$	- 0.3234 *** （0.0000）	- 0.3325 *** （0.0000）	- 0.3031 *** （0.0000）	- 0.3117 *** （0.0000）	- 0.3411 *** （0.0000）	- 0.3425 *** （0.0000）
$lnzrzh_{it}$	- 0.4041 *** （0.0000）	- 0.4111 *** （0.0000）	- 0.4211 *** （0.0000）	- 0.4235 *** （0.0000）	- 0.4321 *** （0.0000）	- 0.4412 *** （0.0000）
$lnzjtr_{it}$	- 0.1227 *** （0.0000）	- 0.1301 *** （0.0000）	- 0.1227 *** （0.0000）	- 0.1331 *** （0.0000）	- 0.1229 *** （0.0000）	- 0.1401 *** （0.0000）
$lnhsyz_{it}$	- 0.0125 *** （0.0000）	- 0.0131 *** （0.0000）	- 0.0111 *** （0.0000）	- 0.0122 *** （0.0000）	- 0.0131 *** （0.0000）	- 0.0141 *** （0.0000）
$lndsyz_{it}$	- 0.1011 *** （0.0000）	- 0.1111 *** （0.0000）	- 0.1221 *** （0.0000）	- 0.1237 *** （0.0000）	- 0.1401 *** （0.0000）	- 0.1445 *** （0.0000）
$lnyyry_{it}$	- 0.1325 *** （0.0000）	- 0.1401 *** （0.0000）	- 0.1444 *** （0.0000）	- 0.1457 *** （0.0000）	- 0.1501 *** （0.0000）	- 0.1552 *** （0.0000）
$lnjsry_{it}$	- 0.2021 *** （0.0000）	- 0.2222 *** （0.0000）	- 0.2321 *** （0.0000）	- 0.2401 *** （0.0000）	- 0.2501 *** （0.0000）	- 0.2557 *** （0.0000）
$lnjkje_{it}$	- 0.0032 *** （0.0000）	- 0.0045 *** （0.0000）	- 0.0025 *** （0.0000）	- 0.0031 *** （0.0000）	- 0.0041 *** （0.0021）	- 0.0047 *** （0.0000）
常数项	0.3124 *** （0.0000）	0.3327 *** （0.0000）	0.3125 *** （0.0000）	0.3337 *** （0.0000）	0.3635 *** （0.0000）	0.3715 *** （0.0000）
m_2	—	—	—	0.4787 [0.5667]	0.4885 [0.6211]	0.8003 [0.4557]
Sargan 检验	—	—	[0.0034]	[0.6205]	[0.0006]	[0.9367]
差分 Sargan 检验	—	—	—	—	[0.0000]	[1.0000]

注：①*、**、*** 分别表示 10%、5% 和 1% 的显著性。②小括号内数据为标准差，方括号内数据为 p 值。③在同方差假设条件下，用 Sargan 检验统计量来检验矩条件是否存在过度识别；差分 Sargan 检验统计量用来验证系统 GMM（SYS GMM）工具变量的有效性。④m_2 代表 AR（2）的检验统计量。

渔业产品价格会降低；反之，市场上渔业产品价格会上涨。（5）专业从事渔业生产人员的数量与渔业产品价格负相关。从表 4.8 中的回归结果来看，各地区渔业从业人员数量和各地区水产技术推广人员实有人数变量的系数均显著为负。增加专业从事渔业生产人员的数量，在其他条件不变的情况下，有利于促进渔业自身的发展，有利于渔业产品的大量供给，这必然会导致渔业产品价格的下降；反之，则会导致渔业产品价格的上涨。（6）水产品进口数量与渔业产品价格负相关。随着水产品进口数量的不断扩大，市场上渔业产品会急剧增多，这会在一定程度上改变市场上渔业产品的供给情况，导致市场上渔业产品价格的下降；反之，渔业产品价格会上涨。

第五章　农产品价格波动的影响效应分析

作为特殊的商品，农产品价格的波动影响效应极为显著。与其他的商品不一样，农产品价格的波动不仅直接与农民收入的增长相关，还与城镇居民的消费和农村产业结构的调整紧密相关。也就是说，农产品价格的波动不仅事关普通老百姓的生活，还关系着国民经济的健康、稳定、可持续发展。第四章将定性分析与定量分析结合起来，探究了农产品价格波动的原因；本章将进一步探究农产品价格波动的影响效应。基于实际研究的需要，本章拟从农民收入增长、城镇居民消费和农村产业结构调整等方面探究农产品价格波动的影响效应。

第一节　农产品价格波动对农民收入增长的影响

改革开放以来，随着中国经济的持续高速增长，农民工数量显著增多，农民"离农""弃农"现象也越来越常见。即便是留守农村的劳动力，专业从事农产品生产的也不多见，兼业经营的现象极为普遍，农户或多或少都与农产品产—供—销一体化产业链相关。换句话说，正是基于农户与农产品产—供—销一体化产业链的联系，农产品价格的波动，尤其是农产品价格的畸形波动，均会对农民收入增长带来直接的影响。本节拟在弄清楚农产品价格波动影响农民收入增长理论机理的基础上，通过设定数理模型，采用中国的实际数据，实证分析农产品价格波动对农民收入增长的影响。

一　农产品价格波动影响农民收入增长的理论分析

要从理论上弄清楚农产品价格波动影响农民收入增长的理论机理，就必须明确农民收入的具体组成部分。据政府公开的统计数据，按照经济来源进行划分，农民收入可以分为工资性收入、家庭经营性收入、财产性收入和转移性收入四个方面；按照农村生产经营方式进行划分，可以分为农民家庭农业生产经营收入、农民家庭在乡从事非农经营收入、农民外出务工收入、农村集体经济收入以及其他收入等。基于研究的实际需要，笔者认为，农产品价格波动对农民收入增长的影响主要体现在农产品价格波动影响农民家庭农业生产经营收入、农民家庭在乡从事非农经营收入和农村集体经济收入增长等方面。

（一）农产品价格波动影响农民家庭农业生产经营收入

从中国的实际情况来看，农民家庭农业生产经营收入主要指的是农民通过出售自己劳动所得，如种植业产品（粮食、蔬菜、水果等）、畜牧业产品（如家畜、家禽等）、林业产品（如原木、原竹等）和渔业产品（如各种水产品），从而获取的收入。尽管随着时代的发展，专业从事农产品生产经营的农民数量显著减少，但是，农村土地规模化、集约化趋势显著增强，农业龙头企业、农民专业合作社和种养殖业大户在带动个体农户增产增收方面的作用也越来越明显。如果农产品价格能够与经济社会发展保持较为稳定的增长速度，农产品价格不发生大幅度的畸形波动，农民家庭农业生产经营收入就会有保障；反之，随着农产品价格的大幅度畸形波动，个体农户无法抵御市场经济所带来的价格风险，往往成为农产品价格波动的直接受害者，其家庭农业生产经营收入无法得到保障；甚至在很多时候，为避免农产品价格波动所带来的风险，个体农户往往会紧跟市场行情来组织农业生产，面对市场风险，个体农户只能是被动适应，而不能够积极主动应对。笔者曾于2015年1月对重庆市合川区部分农户进行实地调研，结果发现：从事种养殖业农户的家庭农业生产经营收入与市场上农产品价格正相关，市场上农产品价格高涨，农户则会增产增收；反之，谷贱伤农的现象必将出现。可以这样说，农户的家庭农业生产经营收入并不是农户自身可以控制的，而完全是由外在市场力量所掌控的。

（二）农产品价格波动影响农民家庭在乡从事非农经营收入

从中国的实际情况来看，农民家庭在乡从事非农经营收入，主要是通过从事与农产品产—供—销一体化相关工作所获取的。对绝大多数个体农户来说，在农业劳动生产空闲之际，多会选择到离家较近的农业龙头企业和大型种养殖专业户从事短期的兼业劳动，进而获取相应的劳动报酬。如果农产品价格保持相对稳定，不发生大幅度的畸形波动，农业龙头企业和大型种养殖专业户的收益会相对稳定，这有利于他们稳步扩大生产经营规模，从而为农村个体农户提供短期的兼业机会，为他们获取非农经营收入创造条件；反之，如果农产品价格经常发生大幅度畸形波动，在面对农产品价格风险面前，无论是农业龙头企业，还是大型种养殖专业户都会比较谨慎，不大可能冒农产品价格波动所带来的风险，更不愿意积极扩大产销规模，甚至在极端的情况下，农业龙头企业和大型种养殖专业户还会压缩产销规模，裁剪工作岗位，这都会直接影响农户的非农经营收入。也就是说，农产品价格的相对稳定，不仅有利于农业龙头企业和大型种养殖专业户的稳步发展，还可以为农户兼业从事非农经营创造条件。2015 年 1 月，笔者曾对重庆市江津区部分花椒种植企业和种植大户进行实地调研，结果发现：花椒价格稳定年份，花椒种植企业和种植大户就近雇工数量多，雇佣时间相对也长；反之，花椒价格不稳定的年份，花椒种植企业和种植大户雇工数量少，且雇佣时间较短，仅仅是为了维护花椒树的最低限度生长需要。很显然，雇工时间越长、雇工数量越多，兼业农户所得到的收入就越多；反之，则越少。

（三）农产品价格波动影响农村集体经济收入

1991 年，中共十三届八中全会胜利召开。在会上，《中共中央关于进一步加强农业和农村工作的决定》正式通过，以家庭联产承包为主的责任制、统分结合的双层经营体制作为中国集体经济组织的基本制度长期稳定下来。与此相适应的是，农村各种基础性资源逐步分配给个体农户。尽管如此，中国相当部分乡镇和村社仍然掌握着一定的资源，如未分配的集体耕地、林地、牧场等，这些资源成为农村集体经济收入的重要来源。从中国的实际情况来看，未分配的耕地、林地、牧场等资源多是集体自营或者是转租给其他经营者经营，这些资源的属性决定其最终用途是与农产品生产经营紧密相关的。很显然，农产品价格如果能够与经济社会发展保持一致的话，以耕地、林地、牧场等为生产基础的各级各类经营主体收入就稳定，农村集体经济收入来源就有保障；反之，农村集体经济的来源则无法得到有效保障。作为农村集体经济发展的重要受益者，农民收入是与农村集体经济发展直接相关的。换句话说，当农产品价格基本稳定的时候，未分配的集体耕地、林地、牧场等资源能够为农村集体经济创造更高的效益，农民自然也就会得到更多的回报；反之，农民回报则会受到影响。据笔者 2015 年 2 月对湖北省部分农村所作的实地调研发现，当农产品价格稳定，农产品产销收益稳步增长时，农村未分配的各种资源就更容易受各级各类投资主体的青睐，农村集体经济收入就会显著增多，农民收入也会随之增长；反之，当农产品价格出现大幅度畸形波动，农产品产销收益不稳定时，农村未分配的各种资源则不容易出租，农村集体经济收入会显著减少，农民收入也会随之减少。

二　农产品价格波动影响农民收入增长的实证分析

上述理论分析充分表明，农产品价格波动对农民收入增长会产生影响，这种影响主要体现在农产品价格波动会影响农民家庭农业生产经营收入、农民家庭在乡从事非农经营收入和农村集体经济收入增长等方面。充分考虑到中国不同省级单位之间经济社会发展的差距，农产品价格波动对农民收入增长的影响是否存在差异呢？对此还有必要进行进一步的研究。

（一）指标选择与模型设定

1. 被解释变量。要研究农产品价格波动对农民收入增长的影响，就需要确定被解释变量即农民收入增长，本书将其记为 *nmsrzz*。对于如何测度农民收入增长，基于不同的研究目的，学者们实际采用的指标存在差异。比如，喻平（2003）用农村居民家庭人均纯收入指数的环比增长率来表示农民收入增长，宋元梁和肖卫东（2005）以 1978 年为基期（1978 = 100）的农民人均纯收入指数来表示农民收入增长，温涛等（2005）和余新平等（2010）用扣除价格因素影响后的农村居民家庭人均纯收入来表示农民收入增长，沈坤荣、张璟（2007）用农村家庭人均可支配收入来表示农民收入增长，冒佩华和徐骥（2015）用从事农业生产的经营性收入、财产性收入以及非农工资性收入之和来表示农民收入增长。基于研究的实际需要，本书拟借鉴温涛等人（2005）和余新平等人（2010）的做法，采用扣除价格因素影响后的农村居民家庭人均纯收入来表示农民收入增长。

2. 核心解释变量。前文的分析已经表明，农产品的概念内涵极其丰富，且农产品所包含的种类繁多，若按照农产品所包含的种类——研究农产品价格波动对农民收入增长的影响，既没有必要，也不现实。基于此，本书拟从宏观视角出发，用农产品生产价格指数的变动来表示农产品价格波动，并以此为核心解释变量来实证其对农民收入增长的影响。在实证过程中，将其记为 $ncpjg$。

3. 其他控制变量。从学者们的研究成果来看，影响农民收入增长的因素除农产品价格波动外，还有其他诸多因素。

（1）农村金融发展水平。学者们的研究成果表明，经济决定金融，金融服务经济；农村经济直接决定农村金融，农村金融反过来影响农村经济，作为农村经济重要体现的农民收入自然会受到农村金融发展的影响。在具体测度农村金融发展水平方面，学者们存在显著不同的看法。部分学者认为，金融发展应该包括金融规模的扩张、金融结构的优化和金融效率的提高，相应地，测度农村金融发展水平也应该从规模、结构和效率三维度出发；部分学者则认为，充分考虑到中国农村金融体系的不健全以及不同省级单位之间经济金融发展差距，从规模、结构和效率三维度测度农村金融发展水平没有必要，完全可以从规模和效率维度甚至直接从规模维度进行测度即可。基于研究的实际需要，本书沿袭大多数学者的做法，直接用农村人均贷款（农村贷款除以农村就业人口来表示）作为农村金融发展水平的代理变量，记为 $ncjrfz$。其中，农村贷款用农业贷款额与乡镇企业贷款额之和表示。

（2）农村固定资产投资。农民收入增长与农村基础设施建设密切相关，路、水、电等农村基础设施建设，直接关系着农业生产的顺利进行，关系着农民生活质量的提升，关系着农民收入的实际增长情况。在本书中，用农村固定资产投资额来表示农村固定资产投资，记为 $ncgdzc$。

（3）农村产业结构状况。随着改革开放的逐步深入，农村产业结构发生了显著变化，农村第一产业在农村产业结构中所占的比重逐步下降，而农村第二产业和第三产业的发展则极为迅速。特别是随着农村工业化进程的加快，农村第二、三产业发展对整个农村经济发展的影响巨大，专业农户逐步减少，兼业农户逐步增多，农村第二、三产业成为农民收入增长的重要来源。需要特别说明的是，在 2002 年以前，农业部乡镇企业局明确公布了农村第一产业、第二产业和第三产业的增加值，因此，2002 年以前的农村产业结构状况直接用农村第一产业增加值与农村第二、三产业增加值之比来表示；2002 年以后，特别是 2013 年 11月，中央机构编制委员会将农业部乡镇企业局更名为农业部农产品加工局，有关农村第一产业、第二产业和第三产业相关统计数据资料并未直接公开，故本书直接用农林牧渔产业增加值与非农产业增加值之比来表示。本书将农村产业结构状况记为 *nccyjg*。

（4）农村人力资本水平。从现有文献资料来看，学者们都不否认农村人力资本水平对农民收入增长的影响。本书借鉴岳书敬和刘朝明（2006）、张超（2007）、姚先国和张海峰（2008）、骆永民和樊丽明（2014）的做法，用平均受教育年限来表示农村人力资本水平，将文盲或半文盲、小学、初中、高中、中专、大专以上以 1 年、6 年、9 年、12 年、12 年和 17 年为权重进行计算，并将农村人力资本水平记为 *ncrlzb*。

（5）财政支农支出水平。农业是国民经济的基础，通过财政支农的方式促进农业发展、农民增收和农村繁荣是世界上绝大多数国家的通常做法，中国也不例外。从 1949 年新中国成立至今，财政支农支出占国家财政支出的比重最高年份为 13.60%（1979 年），最低年份为5.30%（1952 年）。在财政支农测度方面，笔者借鉴毛其淋（2011）的做法，用人均地方政府财政支农支出来表示，尽管财政支农支出方面统计口径发生了变化，但统计口径发生变化前后，财政支农支出的数据基本上保持一致，因此，可以用各地区财政支农支出与各地区农村人口数的比值来表示各地区人均地方政府财政支农支出，记为 *czzn*。

（6）城镇化水平。陈钊和陆铭（2004）的研究成果已经表明，城镇化水平对于城乡居民的收入具有重要的影响作用。充分考虑到城镇居民并非都有城镇户籍，若采用城镇人口占总人口的比重测度城镇化水平,可能会低估城镇化水平,故本书采用非农业人口占总人口的比重来表示城镇化水平,并记为 czh。

在明晰了被解释变量、解释变量及其他控制变量的基础上,充分考虑到当期农民收入增长受前期农民收入增长影响的现实,本书设定农产品价格波动影响农民收入增长的动态面板数据模型如下:

$$
\begin{aligned}
\ln nmsrzz_{it} = {} & \gamma_0 + \gamma_1 \ln nmsrzz_{it-1} + \gamma_2 \ln ncpjg_{it} + \gamma_3 \ln ncjrfz_{it} + \\
& \gamma_4 \ln ncgdzc_{it} + \gamma_5 \ln nccyjg_{it} + \gamma_6 \ln ncrlzb_{it} + \\
& \gamma_7 \ln czzn_{it} + \gamma_8 \ln czh_{it} + c_t + \varepsilon_{it}
\end{aligned} \qquad (5-1)
$$

上式中,为减轻异方差所带来的负面影响,所有指标均取对数,it 表示 i 时期 t 地区,c_t 表示个体异质性,ε_{it} 表示随机误差项。

(二) 数据来源及相关说明

基于研究的实际需要,充分考虑到实际数据资料的可得性,本书研究所确定的样本区间为 1999—2013 年,样本为中国 31 个省级单位。农民收入增长指标的原始数据资料来源于《新中国六十年统计资料汇编》和中经网统计数据库,农产品价格波动指标的原始数据资料来源于《中国农产品价格调查年鉴 (2000—2014)》,本书其他指标原始数据资料来源于中经网统计数据库。对于部分地区部分指标的缺失数据,本书一律采取插值法进行补齐。需要特别说明的是,由于本书样本时间跨度较大,为使不同年份的数据具有可比性,所有涉及价格度量的指标,本书均采用 GDP 平减指数剔除物价因素的影响。

(三) 实证结果及相关解释

为了避免伪回归结果的出现,确保实证回归结果的可靠性,本书采用 Stata10.0 对变量进行面板单位根检验。在实际检验过程中,本书同时采用 Levin, Lin & Chu 检验、Im Pesaran and Shin 检验、ADF-Fisher Chi-square 检验和 PP-Fisher Chi-square 检验,取这四种检验均一致的结果,检验结果如表 5.1 所示。从表 5.1 中可以看出,虽然所有变量的原始序列没有同时通过上述四种检验,但是,所有变量的一阶差分序列均同时通过检验,这说明本书所选择的变量都是一阶单整的。

表 5.1　　　　　　　　　　　　　单位根检验结果

变量名称	Levin，Lin & Chu	Im Pesaran and Shin	ADF-Fisher Chi-square	PP-Fisher Chi-square
$\ln nmsrzz_{it-1}$	− 255. 3217 （0. 5257）	− 235. 3215 （0. 6063）	− 195. 3617 （0. 5657）	− 150. 0027 （0. 5557）
$D\ln nmsrzz_{it-1}$	− 200. 0067 *** （0. 0075）	− 170. 3517 *** （0. 0026）	− 140. 3321 ** （0. 0127）	− 130. 3311 *** （0. 0031）
$\ln ncpjg_{it}$	12. 3511 （0. 2557）	25. 3621 （0. 3627）	40. 2314 （0. 2529）	65. 6322 （0. 2637）
$D\ln ncpjg_{it}$	23. 622 *** （0. 0014）	39. 3637 *** （0. 0039）	56. 3621 *** （0. 0015）	76. 6511 *** （0. 0026）
$\ln ncjrfz_{it}$	− 100. 2317 （0. 4041）	− 85. 6517 （0. 4547）	− 56. 2177 （0. 4643）	− 30. 2145 （0. 4127）
$D\ln ncjrfz_{it}$	− 75. 5617 *** （0. 0013）	− 60. 2317 *** （0. 0025）	− 35. 3617 *** （0. 0033）	− 10. 2311 *** （0. 0017）
$\ln ncgdzc_{it}$	− 125. 3621 （0. 5267）	− 100. 2111 （0. 2637）	− 75. 5617 （0. 3035）	− 52. 2157 （0. 3447）
$D\ln ncgdzc_{it}$	− 115. 2122 *** （0. 0021）	− 100. 0367 *** （0. 0026）	− 81. 2617 *** （0. 0027）	− 62. 2147 *** （0. 0025）
$\ln nccyjg_{it}$	− 158. 6217 （0. 1557）	− 125. 3621 （0. 2017）	− 100. 3217 （0. 3217）	− 75. 3617 （0. 1097）
$D\ln nccyjg_{it}$	− 125. 3321 *** （0. 0065）	− 110. 2327 *** （0. 0023）	− 102. 3217 *** （0. 0042）	− 86. 6857 *** （0. 0011）
$\ln ncrlzb_{it}$	− 158. 3627 （0. 2527）	− 135. 2617 （0. 2621）	− 115. 2317 （0. 2714）	− 100. 3321 （0. 2803）
$D\ln ncrlzb_{it}$	− 125. 6214 *** （0. 0002）	− 110. 2317 *** （0. 0035）	− 100. 3622 *** （0. 0041）	− 95. 5617 *** （0. 0006）
$\ln czzn_{it}$	12. 3621 （0. 3032）	25. 3621 （0. 3535）	36. 3621 （0. 4215）	45. 6957 （0. 3637）
$D\ln czzn_{it}$	11. 2317 *** （0. 0015）	26. 3627 *** （0. 0027）	36. 3621 *** （0. 0031）	47. 5147 *** （0. 0011）
$\ln czh_{it}$	− 100. 2317 （0. 4015）	− 85. 5621 （0. 4233）	− 55. 2621 （0. 3567）	− 32. 3211 （0. 3725）

变量名称	Levin, Lin & Chu	Im Pesaran and Shin	ADF-Fisher Chi-square	PP-Fisher Chi-square
$Dlnczh_{it}$	-158.6351^{***} (0.0017)	-135.3621^{***} (0.0021)	-110.2327^{***} (0.0067)	-100.2317^{***} (0.0019)

注: *、**、*** 分别表示10%、5% 和1% 的显著性。

在确保所有变量均是一阶单整的前提条件下，可对本书所设定的农产品价格波动影响年收入增长的动态面板数据模型进行实证回归分析，回归结果如表5.2所示。从表5.2中第3列 Sargan 检验概率值 p（$p=$ 0.0057）可知，差分 GMM 工具变量无效，这说明工具变量与误差项相关或误差项有存在异方差的可能；为了纠正由异方差所带来的系数估计偏差问题，进一步分析第4列的结果，很显然，m_2 即 AR（2）的概率值 p（$p=0.5021$）表明差分的误差项存在二阶自相关且不显著，同时，Sargan 检验的概率值 p（$p=0.6217$）也表明二阶差分 GMM 工具变量是有效的。从理论上说，当因变量一期滞后项系数为 0.8—0.9 时，差分 GMM 估计的系数相对于系统 GMM 来说不准确性要大。基于此，通过对比表5.2中第5列和第6列中 Sargan 检验和差分 Sargan 检验的概率值 p 可知：第6列即系统 GMM（SYS GMM）的估计量具有更好的一致性和有效性。

基于上述分析，本书选择表5.2中第6列的回归结果来分析农产品价格波动对农民收入增长的影响。

1. 农民收入增长的滞后项与农民收入增长显著正相关。之所以会如此，主要是因为影响农民收入增长的因素众多，既有农民自身的主观因素，也有外在环境的客观因素，主客观因素的共同作用将会直接影响农民收入的增长。从现实来看，影响农民收入增长的农民自身的主观因素往往是难以在短期内得到快速提升的[①]，即便是影响农民收入增长的外在客观环境相对来说较为容易改变，但考虑到政策执行的实际成效，

---

① 政府采取的短、平、快方式，虽然在短期内对于提升农民收入有效果，但从长期来看，没有掌握相关的专业技能，当面临产业结构调整时，农民仍然无法摆脱失业的困境，其收入增长自然也无从谈起。

表 5.2　　　　　农产品价格波动影响农民收入增长的回归结果

估计方法／自变量	工具变量法（IV）		差分广义矩法（DIF GMM）		系统广义矩法（SYS GMM）	
	一阶差分 2SLS（1）	Baltagi 随机效应（2）	一步（3）	二步（4）	一步（5）	二步（6）
$lnnmsrzz_{it-1}$	0.2526*** (0.0021)	0.2621*** (0.0056)	0.2425*** (0.0022)	0.2501*** (0.0036)	0.2624*** (0.0047)	0.2701*** (0.0039)
$lnncpjg_{it}$	−0.3031*** (0.0017)	−0.3235*** (0.0021)	−0.3321*** (0.0036)	−0.3421*** (0.0041)	−0.3632*** (0.0051)	−0.3721*** (0.0056)
$lnncjrfz_{it}$	0.3222*** (0.0015)	0.3321*** (0.0011)	0.3035*** (0.0026)	0.3112*** (0.0024)	0.3635*** (0.0087)	0.3835*** (0.0031)
$lnncgdzc_{it}$	−0.0215*** (0.0028)	−0.0231*** (0.0039)	−0.0233*** (0.0042)	−0.0245*** (0.0009)	−0.0255*** (0.0017)	−0.0267*** (0.0026)
$lnnccyjg_{it}$	0.5224*** (0.0052)	0.5269*** (0.0012)	0.5321*** (0.0052)	0.5412*** (0.0098)	0.5521*** (0.0021)	0.5621*** (0.0017)
$lnncrlzb_{it}$	0.1225*** (0.0047)	0.1321*** (0.0029)	0.1401*** (0.0032)	0.1422*** (0.0038)	0.1501*** (0.0041)	0.1522*** (0.0053)
$lnczzn_{it}$	0.2121*** (0.0036)	0.2221*** (0.0024)	0.2301*** (0.0031)	0.2401*** (0.0026)	0.2501*** (0.0061)	0.2601*** (0.0057)
$lnczh_{it}$	0.1257*** (0.0031)	0.1264*** (0.0019)	0.1335*** (0.0021)	0.1401*** (0.0026)	0.1501*** (0.0015)	0.1551*** (0.0026)
常数项	0.2125*** (0.0011)	0.2326*** (0.0016)	0.2123*** (0.0079)	0.2425*** (0.0083)	0.2021*** (0.0074)	0.2621*** (0.0068)
m_2	—	—	—	0.4785 [0.5021]	0.4643 [0.5017]	0.7887 [0.3571]
Sargan 检验	—	—	[0.0057]	[0.6217]	[0.0065]	[0.9632]
差分 Sargan 检验	—	—	—	—	[0.0000]	[1.0000]

注：① *、**、*** 分别表示 10%、5% 和 1% 的显著性。② 小括号内数据为标准差，方括号内数据为 p 值。③ 在同方差假设条件下，用 Sargan 检验统计量来检验矩条件是否存在过度识别；差分 Sargan 检验统计量用来验证系统 GMM（SYS GMM）工具变量的有效性。④ m_2 代表 AR（2）的检验统计量。

外在客观环境的改变要直接转变为农民收入的增长，也是需要较长时间的。也就是说，无论从哪个方面来考虑，要切实有效地稳步提升农民收入，不仅需要农民自身持续不断的努力，还需要政府营造良好的政策环境，农民收入增长是一项长期的国策，需要国家长期的重视。从中国的实际来看，国家对农民增产增收是高度重视的，国家在全面提升农民综合素质，培育新型农民方面进行了大量的投入，也出台并落实了一系列支农惠农政策，即便如此，从目前的实际情况来看，农民收入增长仍然是难题。以城乡收入差距为例，尽管近些年来随着国家投入的增加，农民收入稳步提升，城乡收入差距在缩小；但是，城乡收入差距问题仍然是制约国民经济健康、稳定、可持续发展的重要问题之一。特别是在经济新常态的背景下，开拓农村消费市场，切实有效地提升农民收入尤为迫切。也就是说，农民收入的增长会直接受到其自身前期收入状况的制约。

2. 农产品价格波动与农民收入增长显著负相关。从现实来看，农产品价格波动对农民收入增长的负面影响是极其显著的。当农产品价格出现大幅度畸形上涨时，必然会吸引大量的个体农户盲目跟风扩大生产经营规模，这样就会改变市场上农产品供求失衡的状态，在绝大多数时候，会在来年导致市场上农产品供给过剩。受供求关系的直接影响，农产品价格必然会快速下跌，个体农户抵御市场风险的能力差，绝大多数农产品滞销，个体农户往往成为农产品价格畸形波动的最直接受害者。当农产品价格畸形下跌时，个体农户无法承受价格下跌所带来的影响，必然会迅速缩减生产规模，这就会直接导致来年农产品供给的下降；即便是来年农产品价格上涨，因为农户已经缩减了生产规模，无法提供更多的农产品，自然也就无法从农产品价格上涨中获得收益。也就是说，在当前中国农业生产经营模式下，个体农户受信息不对称的直接影响，往往是农产品价格畸形波动的最直接受害者；无论是农产品价格上涨，还是农产品价格下跌，个体农户都不可能获得多少实际收益，农民收入增长自然会受到直接的影响。实际上，这也在某种程度上解释了尽管国家支农惠农政策不断出台，农业税也已经取消了，但是，留守农村真正从事农业生产的农民却越来越少的原因。

3. 农村金融发展水平与农民收入增长显著正相关。实际上，农村金融发展与农民收入增长的正相关关系，已经被温涛等人（2005）、余新平等人（2010）所证实。之所以会如此，主要是因为农村金融发展水平的稳步提升，不仅可以显著改善农民融资难的现实问题，通过促进农业经济的发展来提高农民收入，还可以为农户投资理财提供极大的便利，直接增加农民收入。笔者于2015年12月在重庆市渝东南生态保护发展区部分区县进行调研时发现，凡是农村金融发展水平高的区县，新金融业态发展好（比如有些区县 P2P 网络借贷发展较快，有力地促进了农产品电商的发展），农业经济发展融资难的问题表现得不明显，农业经济发展速度快，农民收入增长就快；反之，凡是农村金融发展水平低的区县，新金融业态发展差，各级各类新型农业经营主体融资困难，农业经济发展慢，农民收入增长就迟缓。

4. 农村固定资产投资与农民收入增长显著负相关。在 20 世纪 80 年代，基础设施建设严重制约经济社会发展的现象尤为常见，为此，国家和相当部分地区提出了"要致富、先修路"的发展理念。在此理念的指引下，国内尤其是中西部欠发达地区基础设施建设得到飞速发展，制约经济社会发展的"路、水、电"等硬件条件得到了显著改善；进入 21 世纪，特别是近些年来，随着国家对基础设施建设持续不断的投入，基础设施建设在制约经济社会发展方面的作用逐步弱化。事实上，这对农村地区的发展来说也是如此。随着农村固定资产投资的持续增加，制约农民增产增收的障碍逐步被扫除，农村固定资产投资在影响农民收入增长方面的作用进一步弱化，相反，在部分地区，受道路通畅的影响，农村治安恶化问题开始出现，农民财产受到损失。

5. 农村产业结构状况与农民收入增长显著正相关。从中国的现实来看，个体农户通过小规模种养殖业的发展，往往难以实现家庭人均纯收入的显著增加；相反，种养殖业专业大户、家庭农场、农民专业合作社和农业龙头企业的发展，往往会给农民带来更多的实惠。也就是说，如果从事单纯的种养殖业的话，个体农户并不能够获得额外的更多回报。相反，随着农村产业结构的日益优化，个体农户可以选择从事非农产业或者是兼业经营，在确保粮食自给自足的前提条件下，个体农户是可以获得更多的实惠的。进一步讲，农村产业结构的优化，可以为农民提供更多的获利机会，有利于农民收入的增长。笔者对四川省成都市下属区县进行的实地调研发现，凡是单纯的种养殖业占地区经济比重大的区县，经济社会发展速度慢，农业经济整体水平不高，农村面貌落后，农民收入水平低；反之，农村第二、三产业发展速度快的区县，整个区域经济活跃，农民就业机会多，农民家庭人均可支配收入增长快，农民收入增长就快。

6. 农村人力资本水平与农民收入增长显著正相关。从中国的实际情况来看，在激烈的竞争环境中，大学毕业生找到理想工作的难度较大，尤其是农村大学毕业生在找工作中面临的困境更多；即便是找到了工作，刚参加工作的大学生也很少有人能够得到理想的工资待遇。受此影响，在部分农村地区流行"读书无用论"的观点，认为接受教育并不能够为自身的职业晋升带来显著优势，部分农村地区人力资本水平呈现出下降的趋势。事实上，如果从全社会就业群体的整个职业生涯发展历程来看，绝大部分接受教育的群体所获得的就业机会和薪酬待遇要比没有接受教育的群体好，当然，也不排除极少数个别的未接受良好教育的个体获得了很好的发展机遇。笔者曾于 2015 年 10 月对浙江 NH 县和重庆 XS 县进行调研，结果发现：NH 县职业技术教育发展水平高，未进入高中就读的绝大部分初中毕业生往往会选择接受职业技术教育，而不是选择匆匆忙忙步入社会，正式步入社会的年轻人基本上都接受了九年义务教育外加两到三年的职业技术教育，全县农村人力资本水平高；而与之相反的是，XS 县相当部分未进入高中就读的初中毕业生绝大部分选择直接步入社会，全县农村人力资本水平低。与之相对应的是，NH 县农民收入增长速度是 XS 县农民收入增长速度的 3 倍以上。

7. 财政支农支出水平与农民收入增长显著正相关。农业自身的特点决定其发展离不开国家财政的支持，发达国家的农业现代化发展历程也早已证实这一点。作为国家支持农业发展的重要手段，财政支农的概念内涵极其丰富。财政支农，包括重点生态工程建设、抗灾救灾、扶贫开发、农业产业结构转型升级、农业综合开发、农村卫生服务体系建设等。以农业综合开发为例，土地整治和农业产业化经营是其最核心的内容。无论是土地整治，还是农业产业化经营，对于促进农业生产发展，保障国家粮食安全，稳步提升农民收入具有显著的积极意义。改革开放以来，随着国家全面推广统分结合的双层经营体制，农村大集体时期的农田水利设施修葺、完善工作日益滞后，难以满足农业生产经营发展的现实需要；随着农业综合开发力度的逐步强化，制约农业发展的诸多硬件问题逐步得到缓解，农民收入稳步增长。

8. 城镇化水平与农民收入增长显著正相关。即便是近些年来，国家高度重视支持、鼓励和引导返乡农民工创新创业，出台相关的支农惠农政策来支持农业、农村和农民的发展。但是，与城镇相比，农村发展的机会相对来说仍然较少。随着城镇化水平的提高，城镇必然会加快向城乡接合部、农村扩张的步伐，这必然会为农民的就业增收创造条件。一方面，随着城镇的扩张，农民可以更方便、快捷地在城镇找到工作，而不再需要像以往那样只能去沿海发达地区找工作。比如，城镇对家政服务人员的需求就可以为农民工提供更多的就业机会，城镇快速发展的过程中对建筑工人的需求一样可以为农民工提供更多的就业机会。另一方面，随着城镇的扩张，城镇居民对蔬菜等农产品的需要会进一步加大，这可以直接为农民增收提供条件。从现实来看，与偏僻的山区相比，城乡接合部或者是离城镇相对较近的农村经济都会更为活跃，城镇经济社会发展的溢出效应成效显著；而偏僻的山区农民，无论是就业就会，还是出售农产品的机会都相对较少，收入增长也往往更为缓慢。

第二节　农产品价格波动对城镇居民消费的影响

从现实来看，农产品价格波动不仅会直接影响农民收入的增长，还会影响城镇居民的消费。借用税收理论中税负转嫁的理论可知，农产品价格的上涨，必然会导致城镇居民家庭消费支出的增多，必然会直接影响城镇居民的消费，城镇居民最终会为农产品价格波动买单。如果农产品价格波动与整个经济社会的发展保持一致的话，城镇居民的消费从理论上讲不会受很大的影响；如果农产品价格出现大幅度畸形波动的话，城镇居民的正常消费必然会在一定程度上受到影响。本节拟在弄清楚农产品价格波动影响城镇居民消费的理论基础上，设定数量模型，运用中国的现实数据，实证分析农产品价格波动对城镇居民消费的影响。

一　农产品价格波动影响城镇居民消费的理论分析

作为社会再生产过程中的一个重要环节，也是最终环节，消费指的是利用社会产品来满足人们多种需要的过程；在现实生活中，消费可以分为生产消费和个人消费。很显然，城镇居民消费不属于生产消费，而是属于个人消费。作为个人消费的重要客体，农产品价格的波动反过来必然会影响作为消费主体的城镇居民的切身利益；换句话说，农产品价格波动会影响城镇居民的消费。从现实来看，农产品价格波动对城镇居民消费的影响主要体现在影响城镇居民家庭消费支出、家庭消费预期和家庭消费习惯等方面。

（一）农产品价格波动影响城镇居民家庭消费支出

从理论上看，城镇居民家庭消费支出主要包括购买商品支出和文化生活、服务等多方面的非商品性支出；通俗地说，城镇居民家庭消费支出主要就是与城镇居民生活密切相关的衣、食、住、行等多方面支出的统称。即便随着经济社会的发展，食品支出在城镇居民家庭消费支出中所占的比重在下降，但是，食品支出对城镇居民家庭生活的重要性并没有降低，"柴、米、油、盐、酱、醋、茶"等生活必需品始终是与城镇居民生活密切相关的。如果农产品价格能够保证相对稳定的话，则在城镇居民工资水平不断增长的前提下，城镇居民家庭消费支出不会发生显著的变化；也就是说，农产品价格的基本稳定是不会显著地影响城镇居民家庭消费支出的；反之，如果农产品价格出现大幅度畸形波动的话，城镇居民家庭消费支出则会受到较大的影响。从目前中国农产品市场价格形成机制来看，农产品市场价格往往主要由农产品的生产成本、运输成本和农产品产销过程中各利益主体的适当利润组成；在农产品价格形成机制中，除了政府的宏观调控作用外，城镇居民作为农产品最直接的、最终的消费者，往往是没有议价权的，只能被动接受市场上农产品的价格。充分考虑到相当部分农产品可替代性不强，农产品价格的波动必然会直接影响城镇居民的家庭消费支出。

（二）农产品价格波动影响城镇居民家庭消费预期

所谓的消费预期，指的是消费主体以个人自身经济状况为基础，在对市场行情和经济形势作出判断条件下的消费倾向。在个人自身经济状况既定的前提下，当消费主体预期市场活跃、商品价格会上涨时，消费者往往具有消费的冲动倾向；反之，消费者的消费倾向则会被抑制。对于城镇居民来说，绝大多数家庭的实际收入是既定的，是可以预期的，因此，当农产品价格出现大幅度畸形波动且未来农产品价格走势并不明朗时，理性的城镇居民往往会选择抑制家庭消费，强化储蓄预期；反过来看，如果农产品价格保持基本稳定，在城镇居民家庭实际收入既定条件下，城镇居民往往会沿袭既有消费倾向来安排正常的家庭消费支出，城镇居民的正常消费不会被抑制。为科学研判农产品价格波动的影响，笔者曾于 2014 年 11 月至 2015 年 1 月对重庆市、四川省、云南省和湖北省四省市部分城镇居民家庭进行调研，结果发现：城镇居民家庭尤其是中低收入的城镇居民家庭对农产品价格波动反应极为敏感，当农产品价格基本稳定或农产品价格有细微的波动时，城镇居民家庭消费不会发生大的变化；但是，当因农产品价格上涨而导致城镇居民家庭食品（农产品）每月消费多支出 100 元以上的时候，中低收入城镇居民家庭则会明显强化储蓄需求，抑制消费需求。因为对中低收入城镇居民家庭来说，农产品价格的上涨会直接影响其家庭支出计划，受此影响，他们的消费预期自然而然会发生改变。

（三）农产品价格波动影响城镇居民家庭消费习惯

从理论上说，消费习惯多指消费主体在长期的消费实践中所形成的、对特定消费客体的稳定性心理偏好。消费习惯的形成，不仅仅与消费客体的自身特色、营业场所的服务质量相关，也与消费主体自身特殊的生理和心理原因紧密相连。在现实生活中，消费主体的消费习惯可以表现为消费主体自身对某种商品的偏好、对某种商品品牌的偏好以及对某种消费行为方式的偏好等。对于城镇居民家庭来说，长期固定消费某些农产品也会逐渐养成家庭的消费习惯。以川渝等地的绝大多数城镇居民家庭为例，餐桌上花椒和辣椒几乎是必需品，某些菜离不开花椒和辣椒，很显然，对花椒和辣椒的消费自然成为川渝等地城镇居民家庭的消费习惯；如果花椒和辣椒的价格基本稳定的话，即便是涨价，价格也保持在城镇居民家庭可以接受的范围内，则城镇居民对花椒和辣椒的消费不会发生大的变化；反之，如果所有的花椒和辣椒都以"有机食品"的品牌来进行销售的话，则花椒和辣椒价格都会上涨数倍，相当部分城镇居民家庭特别是中低收入城镇居民家庭肯定是无法消费的，在经济压力下，他们的消费习惯必然会发生改变。尽管对于消费主体来说，短期内改变消费习惯存在多方面的困难，但在现实的经济压力下，长此以往消费主体的某些消费习惯必然会发生改变。只有在消费客体（农产品）价格相对稳定的前提下，消费主体多年养成的消费习惯才能够不断地延续下去而不发生改变。

二　农产品价格波动影响城镇居民消费的实证分析

上文的理论分析已经表明，农产品价格波动会对城镇居民消费产生影响，这主要体现在影响城镇居民家庭消费支出、家庭消费预期和家庭消费习惯等方面。充分考虑到中国不同省级单位之间经济社会发展的显著差异，这种影响在不同省级单位间是否存在？如果存在的话，这种影响到底会如何变化呢？对此类问题的研究，必须借助定量分析方法进行进一步的证实。

（一）指标选择与模型设定

1. 被解释变量。要研究农产品价格波动对城镇居民消费的影响，必须科学地界定被解释变量即城镇居民消费，本书将其记为 $czjmxf$。从现有文献资料来看，罗楚亮（2004）用食物消费、衣着支出、家庭设备用品及服务支出、居住支出（不包括购房支出，指的是房租、水电燃料等日常性支出）以及杂项商品与服务支出来表示城镇消费，罗知和郭熙保（2010）用居民消费结构数据和海关月度数据中可以相互匹配的食品、衣着、家庭设备、医药和交通五类商品来表示城镇居民消费，杭斌和申春兰（2004）、胡永刚和郭长林（2012）、鲁钊阳（2015）等人采用城镇居民人均消费支出来表示城镇居民消费。基于数据来源的考虑，本书亦采用城镇居民人均消费支出来表示城镇居民消费。

2. 核心解释变量。要科学认识农产品价格波动变量，需要强化对农产品自身的认识；前文的分析已经表明，农产品的概念内涵极为丰富，农产品所包含的种类众多。在本书中，研究某一小类农产品价格波动对城镇居民消费的影响既不可能也不现实。基于此，本书拟从宏观视角出发，用农产品生产价格指数的变动来表示农产品价格波动，并以此为核心解释变量来实证其对农民收入增长的影响。在实证过程中，将其记为 $ncpjg$。

3. 其他解释变量。从学者们的研究成果来看，影响城镇居民消费的因素除农产品价格波动外，还有其他诸多因素。具体来说，（1）区域经济发展水平。从现有文献资料来看，学者们都不否认收入对消费的影响，比如，Keynes（1936）的绝对收入假说、Duesenberry（1949）的相对收入假说、Friedman（1957）的持久收入假说、Albert Ando & Franco Modigliani（1964）的生命周期假说以及 Hall（1978）的随机游走假说，虽然在收入如何影响消费方面存在不同意见，但是，都不否认收入自身对消费的影响。区域经济发展水平的高低，直接决定着区域居民实际可支配收入的多寡，它对区域城乡居民消费具有重要影响。沿袭学者们的通常做法，本书拟以区域人均 GDP 作为区域经济发展水平的代理变量，并记为 $jjfzsp$。（2）区域金融发展水平。前文分析已经表明，金融发展主要体现在金融规模的扩大、结构的改善与效率的提升等方面。因此，在具体测度区域金融发展水平方面，本书借鉴王征和鲁钊阳（2011）的做法，从规模、结构和效率三个维度来进行测度，并分别记为 $jrgm$、$jrjg$ 和 $jrxl$。（3）城乡人口负担比例、城乡居民人均医疗支出和城乡居民人均教育支出。从现有文献资料来看，学者们都认为，除受区域经济发展水平和区域金融发展水平的影响外，城镇居民消费还会受到诸如城乡人口负担比例、城乡居民人均医疗支出和城乡居民人均教育支出等因素的影响（方福前，2009；罗知、郭熙保，2010；金晓彤、闫超，2010；毛中根、洪涛，2010；刘纯彬、桑铁柱，2010）。因此，在城乡居民消费影响因素模型中，必须加入城乡人口负担比例、城乡居民人均医疗支出和城乡居民人均教育支出等控制变量。在本书中，借用方福前（2009）的测度方法来测度城乡人口负担比例、城乡居民人均医疗支出和城乡居民人均教育支出，并将其分别记为 $cxrkfd$、$cxylzc$ 和 $cxjyzc$。

在上述研究的基础上，充分考虑到城镇居民当期消费受前期消费的影响，本书将城镇居民消费影响因素的动态面板数据模型设定如下：

$$\ln cxjmxf_{it} = \gamma_0 + \gamma_1 \ln cxjmxf_{it-1} + \gamma_2 \ln ncpjg_{it} + \gamma_3 \ln jjfzsp_{it} +$$
$$\gamma_4 \ln jrgm_{it} + \gamma_5 \ln jrjg_{it} + \gamma_6 \ln jrxl_{it} + \gamma_7 \ln cxrkfd_{it} +$$
$$\gamma_8 \ln cxylzc_{it} + \gamma_9 \ln cxjyzc_{it} + c_t + \varepsilon_{it} \qquad (5-2)$$

在上式中，为减轻异方差所带来的负面影响，所有指标均取对数，it 表示 i 时期 t 地区，c_t 表示个体异质性，ε_{it} 表示随机误差项。

（二）数据来源及相关说明

基于研究的实际需要，充分考虑到实际数据资料的可得性，本书研究所确定的样本区间为 1999—2013 年，样本为中国 31 个省级单位。城乡居民消费指标的原始数据资料来源于《新中国六十年统计资料汇编》和中经网统计数据库，农产品价格波动指标的原始数据资料来源于《中国农产品价格调查年鉴（2000—2014）》，本书其他指标原始数据资料来源于中经网统计数据库。对于部分地区部分指标的缺失数据，本书一律采取插值法进行补齐。需要特别说明的是，由于本书样本时间跨度较大，为使不同年份的数据具有可比性，所有涉及价格度量的指标，本书均采用 GDP 平减指数剔除物价因素的影响。

（三）实证结果及相关解释

为了避免伪回归结果的出现，本书采用 Stata10.0 软件对变量进行面板单位根检验。在具体检验过程中，本书采用的检验方法是 Levin, Lin & Chu 检验、Im Pesaran and Shin 检验、ADF-Fisher Chi-square 检验和 PP-Fisher Chi-square 检验，取四种方法均一致的结果，结果如表 5.3 所示。从表 5.3 中可以看出，虽然所有变量的原始序列没有同时通过上述的四种检验，但是，所有变量的一阶差分序列均同时通过检验，这说明本书所选择的变量都是一阶单整的。

在确保所有变量均是一阶单整的前提条件下，本书对农产品价格波动影响城镇居民消费进行实证，实证结果如表 5.4 所示。从表 5.4 中第 3 列 Sargan 检验概率值 p（$p=0.0057$）可知，差分 GMM 工具变量无效，这说明工具变量与误差项相关或误差项有存在异方差的可能；为了纠正由异方差所带来的系数估计偏差问题，进一步分析第 4 列的结果，很显然，m_2 即 AR（2）的概率值 p（$p=0.5662$）表明差分的误差项存在二阶自相关且不显著，同时，Sargan 检验的概率值 p（$p=0.5667$）也

表5.3 单位根检验结果

变量名称	Levin, Lin & Chu	Im Pesaran and Shin	ADF-Fisher Chi-square	PP-Fisher Chi-square
$\ln cxjmxf_{it-1}$	-114.2627 (0.6557)	-100.0027 (0.2327)	-85.3627 (0.1567)	-65.3621 (0.3667)
$D\ln cxjmxf_{it-1}$	-100.0327*** (0.0016)	-85.2627*** (0.0045)	-76.3621*** (0.0012)	-45.5211*** (0.0069)
$\ln ncpjg_{it}$	-169.3627 (0.1115)	-145.5621 (0.2127)	-120.3217 (0.3217)	-100.3621 (0.1059)
$D\ln ncpjg_{it}$	-156.6987*** (0.0013)	-135.3621*** (0.0026)	-100.3237*** (0.0037)	-85.6517*** (0.0041)
$\ln jjfzsp_{it}$	-155.2521 (0.2367)	-135.3621 (0.3637)	-115.3521 (0.4157)	-100.0267 (0.5052)
$D\ln jjfzsp_{it}$	-145.5657*** (0.0016)	-130.3657*** (0.0021)	-110.0256*** (0.0011)	-100.0069*** (0.0025)
$\ln jrgm_{it}$	-100.3621 (0.3637)	-85.3667 (0.4045)	-62.3621 (0.4142)	-45.2617 (0.4345)
$D\ln jrgm_{it}$	-125.3657*** (0.0031)	-110.2627*** (0.0042)	-100.3635*** (0.0041)	-85.5627*** (0.0032)
$\ln jrjg_{it}$	-165.3636 (0.3735)	-140.2317 (0.3836)	-120.3621 (0.4012)	-100.3669 (0.4367)
$D\ln jrjg_{it}$	-185.6957*** (0.0011)	-166.6527*** (0.0015)	-154.2511*** (0.0045)	-132.3211*** (0.0031)
$\ln jrxl_{it}$	-186.6925 (0.5567)	-160.3627 (0.5527)	-140.3621 (0.1227)	-120.3667 (0.2027)
$D\ln jrxl_{it}$	-150.3621*** (0.0027)	-132.3217*** (0.0021)	-117.2627*** (0.0036)	-100.3627*** (0.0051)
$\ln cxrkfd_{it}$	-190.3632 (0.6857)	-170.3632 (0.5052)	-150.3621 (0.4557)	-120.3677 (0.5221)
$D\ln cxrkfd_{it}$	-189.6521*** (0.0021)	-167.5624*** (0.0037)	-140.0267*** (0.0042)	-120.3657*** (0.0019)
$\ln cxylzc_{it}$	-150.3621 (0.3637)	-140.3625 (0.3035)	-110.2511 (0.4142)	-100.0312 (0.4527)

变量名称	Levin, Lin & Chu	Im Pesaran and Shin	ADF-Fisher Chi-square	PP-Fisher Chi-square
$Dlncxylzc_{it}$	-140.3667^{***} (0.0016)	-120.3367^{***} (0.0065)	-100.0037^{***} (0.0017)	-80.3627^{***} (0.0037)
$lncxjyzc_{it}$	-135.3633 (0.5227)	-100.3621 (0.4527)	-85.6321 (0.3748)	-65.3621 (0.3127)
$Dlncxjyzc_{it}$	-115.3657^{***} (0.0021)	-100.3521^{***} (0.0029)	-85.5657^{***} (0.0067)	-68.6255^{***} (0.0053)

注：$*$、$**$、$***$分别表示10%、5%和1%的显著性。

表明二阶差分 GMM 工具变量是有效的。从理论上说，当因变量一期滞后项系数为 0.8—0.9 时，差分 GMM 估计的系数相对于系统 GMM 来说不准确性要大。基于此，通过对比表 5.4 中第 5 列和第 6 列 Sargan 检验和差分 Sargan 检验的概率值 p 可知：第 6 列即系统 GMM（SYS GMM）的估计量具有更好的一致性和有效性。

基于上述分析，本书选择表 5.4 中第 6 列的回归结果来分析农产品价格波动对城乡居民消费的影响。

1. 城镇居民消费滞后项与城镇居民消费正相关。从现实来看，城镇居民消费既与城镇居民自身的消费习惯有关，又与城镇居民自身的消费能力有关。从消费习惯的角度来看，消费习惯的形成与城镇居民自身的成长环境密切相关，且消费习惯一经形成往往难以在短期内被改变。对城镇居民而言，每个个体都具有自身独特的成长环境，在不同的成长环境下，逐步形成了根深蒂固的消费习惯，比如，城镇居民对某种商品的偏好、对某种商品品牌的偏好、对某种消费行为方式的偏好都具有稳定性的特点。从城镇居民自身消费能力的角度来看，城镇居民自身的消费能力与其自身的实际收入状况是紧密相连的。对于绝大多数城镇居民来说，要在短期内提升自身的实际可支配收入水平，增强自身的实际消费能力，往往是不现实的。也就是说，受城镇居民消费习惯及其自身消费能力的影响，城镇居民当期消费会在很大程度上受前一期消费的影响和制约。

表 5.4　　　　　　农产品价格波动影响城镇居民消费的回归结果

估计方法＼自变量	工具变量法（IV）		差分广义矩法（DIF GMM）		系统广义矩法（SYS GMM）	
	一阶差分 2SLS（1）	Baltagi 随机效应（2）	一步（3）	二步（4）	一步（5）	二步（6）
$\ln cxjmxf_{it-1}$	0.4015 *** (0.0011)	0.4112 *** (0.0042)	0.4211 *** (0.0069)	0.4321 *** (0.0051)	0.4412 *** (0.0042)	0.4514 *** (0.0009)
$\ln ncpjg_{it}$	−0.3735 *** (0.0028)	−0.3805 *** (0.0031)	−0.3635 *** (0.0046)	−0.3721 *** (0.0051)	−0.3932 *** (0.0059)	−0.4011 *** (0.0012)
$\ln jjfzsp_{it}$	0.4524 *** (0.0021)	0.4621 *** (0.0037)	0.4421 *** (0.0018)	0.4521 *** (0.0027)	0.4635 *** (0.0031)	0.4721 *** (0.0045)
$\ln jrgm_{it}$	0.1524 *** (0.0016)	0.1601 *** (0.0024)	0.1425 *** (0.0031)	0.1502 *** (0.0067)	0.1468 *** (0.0051)	0.1521 *** (0.0042)
$\ln jrjg_{it}$	0.1625 *** (0.0019)	0.1668 *** (0.0015)	0.1557 *** (0.0046)	0.1601 *** (0.0041)	0.1569 *** (0.0038)	0.1621 *** (0.0016)
$\ln jrxl_{it}$	0.1225 *** (0.0025)	0.1301 *** (0.0046)	0.1421 *** (0.0039)	0.1522 *** (0.0041)	0.1536 *** (0.0042)	0.1569 *** (0.0037)
$\ln cxrkfd_{it}$	0.1225 *** (0.0015)	0.1332 *** (0.0021)	0.1125 *** (0.0027)	0.1321 *** (0.0031)	0.1368 *** (0.0042)	0.1401 *** (0.0051)
$\ln cxylzc_{it}$	−0.1125 *** (0.0015)	−0.1201 *** (0.0036)	−0.1025 *** (0.0042)	−0.1129 *** (0.0046)	−0.1225 *** (0.0051)	−0.1321 *** (0.0037)
$\ln cxjyzc_{it}$	−0.1021 *** (0.0012)	−0.1125 *** (0.0025)	−0.1321 *** (0.0031)	−0.1421 *** (0.0041)	−0.1501 *** (0.0045)	−0.1558 *** (0.0056)
常数项	0.2125 *** (0.0017)	0.2521 *** (0.0021)	0.2125 *** (0.0036)	0.2227 *** (0.0041)	0.2336 *** (0.0017)	0.2227 *** (0.0026)
m_2	—	—		0.4757 [0.5662]	0.4859 [0.4527]	0.8025 [0.4367]
Sargan 检验	—	—	[0.0057]	[0.5667]	[0.0007]	[0.9687]
差分 Sargan 检验	—	—	—	—	[0.0000]	[1.0000]

注：① ＊、＊＊、＊＊＊ 分别表示10%、5%和1%的显著性。② 小括号内数据为标准差，方括号内数据为 p 值。③ 在同方差假设条件下，用 Sargan 检验统计量来检验矩条件是否存在过度识别；差分 Sargan 检验统计量用来验证系统 GMM（SYS GMM）工具变量的有效性。④ m_2 代表 AR（2）的检验统计量。

2. 农产品价格波动与城镇居民消费负相关。从现实来看，农产品价格的波动，既与农民收入水平密切相关，又与城镇居民的生活紧密相连。对于城镇居民来说，农产品价格波动与其消费是负相关的。这主要是因为，当农产品价格在当年大幅度上涨时，城镇居民为应对农产品价格上涨会增加农产品消费方面的支出，在收入既定的前提条件下，会相应减少其他方面的支出；如果城镇居民的实际收入水平不能够随着农产品价格的上涨而上涨的话，那他们的生活水平将会下降。事实上，从国内公务员单位和企事业单位工作人员的工资涨幅来看，作为城镇居民的重要组成部分，他们的工资上涨有严格的规定，不可能随着农产品价格的上涨而上涨，换句话说，城镇居民工资的涨幅与农产品价格的涨幅并不是同步的。也就是说，当农产品价格上涨特别是大幅度上涨时，城镇居民对未来农产品价格走势并不清楚，为了应付正常的各种支出，他们会减少相应的消费。当农产品价格大幅度下降时，城镇居民在农产品消费方面的支出会减少，相应地在其他方面的支出会增加；在收入既定的前提条件下，城镇居民可能会从其他方面来提升自己的生活品质，增加自身在消费方面的支出。也就是说，农产品价格波动与城镇居民消费之间是负相关关系。

3. 区域经济发展水平与城镇居民消费正相关。在经济发展水平较低的阶段，不同地区城镇居民消费的差异可能主要体现在对初级农产品的消费方面；随着经济发展水平的稳步提升，不同地区城镇居民消费的差异不仅体现在对高品质农产品的消费方面，还体现在对其他消费品的购买方面。从中国不同地区经济社会发展水平来看，东部沿海发达省份城镇居民购买力相对较强，这不仅体现在购买高品质农产品方面，还体现在购买汽车、奢侈品以及其他消费品方面；而中西部地区整体经济实力相对较弱，城镇居民在各方面的消费都相对较弱。即便是对于同一省级单位来说，不同经济发展水平的城市在对不同品质农产品的消费方面也是存在差异的。笔者 2015 年 11 月对四川省和重庆市相关大型农贸市场所作的调研发现，绿色有机蔬菜主要销往中心城区各大大型超市，而价格相对低廉的普通蔬菜则更多地销往周边城市，即便是相同品种的蔬菜，两者价格相差悬殊。很明显，受经济发展水平的制约，周边城市城镇居民消费更多的是普通蔬菜，而没有能力消费有机绿色蔬菜；相反，中心城区城镇居民由于自身经济条件较好，更多地选择的是消费绿色有机蔬菜。

4. 区域金融发展水平与城镇居民消费正相关。从现实来看，金融发展水平的稳步提升，不仅可以为城镇居民实际可支配收入的增加创造条件，还可以有效挖掘城镇居民潜在的消费能力。一方面，随着区域金融发展水平的提升，城镇居民投资理财的渠道日益拓宽。在过去，城镇居民投资理财主要就是银行存款，利率低，存贷手续复杂，交易成本高；随着区域金融发展水平的提升，各种新的金融业态开始大量涌现，虽然这些金融新业态具有风险，但是，这些金融新业态也确实给城镇居民投资理财带来了便利，增加了城乡居民可支配收入。另一方面，随着区域金融发展水平的提升，个性化的多种金融服务开始出现，城镇居民完全可以在自身资金储备不足的前提条件下，购买相应的商品，满足自身的需要，这也在很大程度上挖掘了城镇居民的消费潜力。也就是说，金融发展水平越高，城镇居民消费的欲望往往越强；反之，城镇居民的消费则会被抑制。

5. 城乡人口负担比例与城镇居民消费正相关。从现实来看，城镇居民家庭 14 岁以下和 65 岁以上人口数量的多寡，对其家庭消费的影响是尤为明显的。从理论上说，14 岁以下的往往是学生，是典型的消费者，并不能够为家庭增加收入；65 岁以上的老年人，绝大多数也是典型的消费者，也不能够为家庭创造更多的财富。对于城镇居民来说，人口负担比越重，意味着要养活的未成人和老年人数量越多，他们都是典型的消费者，诸如生活方面的支出是刚性支出，是无法减免的，必然会增加城镇居民的消费支出；相反，对于人口负担比轻的家庭来说，因为家庭需要负担的未成年人和老年人相对较少，自然会减少在相关方面的支出。也就是说，城乡人口负担比与城镇居民消费是正相关的，家庭人口负担比越重，家庭对农产品等基本生活必需品的消费就越多；反之，家庭人口负担比越轻，家庭在农产品等生活必需品等方面的消费就越少。

6. 城乡居民人均医疗支出与城镇居民消费负相关。从实际情况来看，虽然城镇居民基本医疗保险已经基本上覆盖了所有的城镇居民，但是，这并不等于城镇居民在个人医疗方面就不需要再支出了。从城镇居民基本医疗保险制度来看，该保险制度在基本医疗保险药品、起付标准、就医管理、支付比例、支付保额等具体方面都有详细的规定，相当部分城镇居民仍需要在个人医疗方面支付相应的费用。在家庭收入既定的前提条件下，个人医疗支出方面的增加，必然会导致其在其他方面消费支出的减少；反过来说，个人医疗支出方面减少了，也会增加其在其他方面的支出。也就是说，城乡居民人均医疗支出与城镇居民消费是负相关的。

7. 城乡居民人均教育支出与城镇居民消费负相关。从实际情况来看，城镇居民要跟上时代的步伐，必然要终生学习；即便是获得了相应的学位，要与时俱进，仍然是需要不断培训进修的，为此，城镇居民需要在此方面进行相应的支出。在收入既定的前提条件下，城乡居民加大人均教育支出，必然会减少其他方面的消费；相反，减少在教育方面的支出，意味着城镇居民可以将教育方面节约的资金用于其他方面的消费。也就是说，在收入既定的前提条件下，城乡居民人均教育支出与城镇居民消费是此消彼长的。

第三节 农产品价格波动对农村产业结构调整的影响

从现实来看，每一次农产品价格的畸形波动都会给分散的农户带来直接的损失。因为在现实中，大量农户都会根据前一年农产品价格行情安排下一年的农产品生产，如果前一年农产品价格比较高的话，分散的农户多会选择在下一年增加生产这种农产品；反之，则会减少该种农产品的生产。很显然，分散农户的这种安排农产品生产的行为，会在很大程度上直接影响农产品的均衡稳定供给，自然会导致农产品价格的波动，特别是在人为炒作的情况下，农产品价格更容易出现大幅度畸形波动情况。单个农户根据市场行情安排农业生产的行为不会改变农村产业结构，但当大部分农户选择根据农产品价格波动来安排农业生产的时候，农村产业结构自然会发生变化。需要特别说明的是，尽管分散的农户通过农民专业合作社的方式可以在一定程度上对抗农产品价格大幅度畸形波动所带来的风险，但从目前的实际情况来看，农民专业合作社并不足以组织起所有的分散农户，因此，农民专业合作社在抵御农产品价格波动、影响农村产业结构调整方面的作用还不是十分明显。本节拟在弄清楚农产品价格波动影响农村产业结构调整的理论基础上，设定数量模型，运用中国的现实数据，实证分析农产品价格波动对农村产业结构调整的影响。

一　农产品价格波动影响农村产业结构调整的理论分析

所谓的产业结构，又可以称为国民经济的部门结构，是国民经济各产业部门之间以及各产业部门内部的构成。依据不同的分类标准，可以将产业结构分为不同的类型。比如，依据三次产业分类法，可以将产业结构分为第一产业、第二产业和第三产业。相应地，农村产业结构也可以分为农村第一产业、第二产业和第三产业，农产品价格波动对农村产业结构的影响也主要体现在对农村第一产业、第二产业和第三产业的影响方面。

（一）农产品价格波动影响农村第一产业的发展

农村第一产业的发展，主要指的就是农村种养殖业的发展，包括农村种植业的发展、畜牧业的发展、林业的发展和渔业的发展等。当然，无论是农村种植业的发展、畜牧业的发展，还是农村林业的发展、渔业的发展，每一类行业下面都可以分出较多的细分产业。以农村种植业为例，可以分为种植粮食作物、蔬菜作物以及中药材等经济作物。如果农产品价格能够保持基本稳定，不发生大幅度畸形波动，那么，农村第一产业发展会较为平稳，从事农村第一产业发展的农业经营主体在正常情况下会随着经济社会的发展而不断扩大农业生产规模，先进的农业生产技术将得到广泛使用，良种推广率也会显著提高，高水平专业技术人才也会逐步引进，从而可以进一步促进农村第一产业的发展；反之，面对农产品价格大幅度畸形波动所带来的价格风险，农业经营主体基于避险性考虑，往往会采取较为保守的方式对待农业生产，不仅不愿意扩大农业生产规模，对于需要更多投入的先进农业生产技术和良种也会持保守态度，也不会引进高水平专业人才，农村第一产业发展必然会受到限制。也就是说，从农村产业结构调整的角度来看，农产品价格保持基本稳定，农村第一产业发展平稳，农村整个产业结构调整就相对较快；反之，农产品价格出现大幅度畸形波动，农村第一产业发展受到限制，农村整个产业结构的调整就会相对迟缓。

（二）农产品价格波动影响农村第二产业的发展

农村第二产业的发展，主要包括四个方面的内容：对自然资源的开采（不包括禽兽捕猎和水产捕捞）、对农副产品的加工与再加工、对采掘品的加工与再加工、对工业品的修理与翻新等。从现实来看，农产品价格波动影响最大的是农副产品的加工与再加工。当农副产品市场行情好的时候，农村农副产品加工业的发展会加快，各种先进的农副产品加工技术将会广泛使用；当农副产品市场行情欠佳的时候，如农副产品市场价格出现大幅度畸形波动时，从事农副产品加工与再加工的农业经营主体收入无法得到保障，他们往往不愿意扩大生产规模，甚至会减少农副产品的收购量、压缩农副产品加工与再加工的供给量，更不愿意投入大量资金以引入各种先进的生产技术。笔者与课题组成员曾于 2014 年7 月对四川省成都市周边区（如龙泉驿区、温江区）县（如郫县、双流县）进行了实地调研，结果发现：如果市场上农产品价格基本稳定而不发生大幅度畸形波动的话，那么农村各种农副产品加工与再加工产业则发展迅速，甚至在部分特殊节假日之前，部分农副产品加工厂还会加班加点，增加农副产品供给量，确保市场上农副产品的有效、均衡、稳定供给；如果连续五年及以上某种农产品价格不发生大的波动的话，那么该地区该产品的加工会进一步细化，自主品牌将逐步形成，农产品再加工的产业链会进一步延伸，各种配套农副产品加工与再加工产业将产生，农副产品附加值也会更多地留在产地与加工地附近。

（三）农产品价格波动影响农村第三产业的发展

农村第三产业的发展，主要包括农产品贸易、农产品运输与配送及与之相关的其他产业的发展。从现实来看，农村第三产业的发展对于整个农业经济的发展意义重大。没有农村第三产业的发展，农产品贸易会在很大程度上受影响，农产品的运输与配送也无法实现。在正常年份，农产品价格保持基本稳定、不发生大的价格波动时，从事农产品贸易、农产品运输与配送的各类农业经营主体会依据往年的业务量来组织农产品的运输和销售，甚至会在资金充裕的情况下，不断扩大业务范围，新购现代化的农产品运输工具，抢占农产品产销市场中的份额，显然，这是有利于农村第三产业发展的；反过来，如果农产品价格经常发生大幅度畸形波动，那么各级各类农业经营主体都无法预测未来的农产品价格，为了减少不必要的风险，这些农业经营主体对待农产品贸易、农产品运输与配送等都会比较谨慎，很少会积极主动扩大业务范围，加强对诸如购买机械设备等方面的投入，这自然会影响农村第三产业的发展。在农村第三产业的发展过程中，在不排除各级各类农村经营主体承担社会责任的前提下，各级各类农村经营主体扮演更多的是"经济人"角色；作为"经济人"，他们更多地考虑的是自身利益的最大化，而不是整个农村第三产业的发展。作为"经济人"，当有利可图的时候，他们会竭力扩大业务范围，积极主动投入农产品产—供—销一体化过程中；反之，他们则会远离与农产品产—供—销一体化相关的各种业务。

二　农产品价格波动影响农村产业结构调整的实证分析

上文的理论分析已经表明，农产品价格波动会对农村产业结构调整产生影响，这种影响主要体现在农产品价格波动会影响农村第一产业、第二产业和第三产业发展方面。充分考虑到中国不同省级单位之间经济社会发展的显著差异，这种影响在不同省级单位间是否存在？如果存在的话，这种影响到底会如何呢？对此类问题的研究，有必要进一步深入。

（一）指标选择与模型设定

1. 被解释变量。要研究农产品价格波动对农村产业结构调整的影响，需要科学界定这一被解释变量，即农村产业结构调整。借鉴三次产业划分的方法，可以将农村的产业也划分为农村第一产业、第二产业和第三产业；相应地，农村产业结构的调整主要表现为农村第一产业、第二产业和第三产业结构的变动。考虑到 2002 年以前，农业部乡镇企业局明确公布了农村第一产业、第二产业和第三产业的产业增加值，因此，2002 年以前的农村产业结构状况直接用农村第一产业增加值与农村第二、三产业增加值之比来表示；2002 年以后，特别是 2013 年 11 月，中央机构编制委员会将农业部乡镇企业局更名为农业部农产品加工局，有关农村第一产业、第二产业和第三产业相关统计数据资料并未直接公开，故本书直接用农林牧渔业产业增加值与非农产业增加值之比来表示（赵晶晶、孙根年，2011；牛凯，2012；李万超等，2013）。本课题将农村产业结构状况记为 ncсyjg。

2. 核心解释变量。前文的分析已经表明，农产品的概念内涵极为丰富，农产品所包含的种类众多。在本书中，一一研究某一小类农产品价格波动对城镇居民消费的影响既不可能也不现实。基于此，本课题拟从宏观视角出发，用农产品生产价格指数的变动来表示农产品价格波动，并以此为核心解释变量来实证分析其对农民收入增长的影响。在实证中，将其记为 ncpjg。

3. 其他解释变量。从学者们的研究成果来看，影响农村产业结构调整的因素除农产品价格波动外，还有其他诸多因素：

（1）农村金融发展水平。从现有文献资料来看，虽然国外学者鲜有直接研究农村金融发展与产业结构之间关系的，但是，相关研究成果则较多。比如，Boot 和 Thankor（1997）、Allen（1993）、Levine（1998，2002）都研究了金融与产业结构之间的关系。与国外学者不同，国内学者这方面的研究成果则较多，有学者认为，金融是可以有效促进产业结构升级的（施卫东，2010；孙晶、李涵硕，2012；邓向荣、刘文强，2013）；有学者认为，金融并不能有效促进产业结构升级（何海霞，2013）；还有部分学者认为，金融能否促进产业结构升级应该具体问题具体分析，不能一概而论（范方志、张立军，2003；鲁钊阳、李树，2015）。也就是说，有必要将农村金融发展水平作为控制变量纳入模型中。沿袭前文的分析，本书直接用农村人均贷款（农村贷款除以农村就业人口）作为农村金融发展水平的代理变量，记为 ncjrfz。其中，农村贷款用农业贷款额与乡镇企业贷款额之和来表示。

（2）农村固定资产投资。改革开放以来，虽然中国农村基础设施建设取得了显著成效，制约农村经济发展的路、水、电等问题在很大程度上得到了解决，但是，区际之间农村基础设施建设仍然存在较大的差距，受此影响，区际之间农村产业结构也存在较大的差异（耿修林，2010；任彦军等，2012；王军礼、徐德举，2012；吴福象、沈浩平，2013；杨孟禹、张可云，2015）。在本书研究中，拟采用农村固定资产投资额来表示农村固定资产投资，并记为 ncgdzc。

（3）农村人力资本水平。发达国家产业结构转型升级的历史已经表明，人力资本是影响产业结构转型升级的重要影响因素，高质量的人力资本储备，可以有效推动区域产业结构转型升级。也就是说，在研究产业结构转型升级问题时，人力资本变量是不得不考虑的因素。沿袭前文的分析，本书借鉴岳书敬和刘朝明（2006）、张超（2007）、姚先国和张海峰（2008）、骆永民和樊丽明（2014）的做法，用平均受教育年限来表示农村人力资本水平，将文盲或半文盲、小学、初中、高中、中专、大专以上以 1 年、6 年、9 年、12 年和 17 年为权重进行计算，并将农村人力资本水平记为 $ncrlzb$。

（4）财政支农支出水平。财政支农是国家财政资金对农业、农村和农民的支持，是国家财政支持农业、农村和农民的重要手段。从财政支农资金的实际使用情况来看，财政支农资金主要有支援农村生产支出、农业综合开发支出、农林水利气象等部门事业费，支援不发达地区支出，农口基本建设支出，企业挖潜改造资金，农业科技三项费用，农业研究经费，社会福利救济费，政策性补贴支出等。很显然，财政支农资金对于促进农村第一产业、第二产业和第三产业的发展均具有十分重要的影响作用。沿袭前文的分析，本书借鉴毛其淋（2011）的做法，用人均地方政府财政支农支出来表示财政支农支出水平；尽管财政支农支出方面的统计口径发生了变化，但统计口径变化前后，财政支农支出的数据基本上保持一致，因此，可以用各地区财政支农支出与各地区农村人口数的比值来表示各地区人均地方政府财政支农支出，记为 $czzn$。

（5）区域对外开放水平。改革开放以来，中国吸收和使用 FDI 的数量显著增多，吸收和使用 FDI 的质量也得到显著提升；特别是进入新世纪，随着国家整体经济实力的壮大，国家开始引导 FDI 流向中西部地区，流向农业领域。FDI 的使用，在有效促进中国第二、三产业发展的同时，也有力地促进了农村第一、二、三产业的发展（鲁钊阳，2015）。基于此，本书以区域吸收和使用 FDI 的数量来测度区域对外开放水平，并将其作为控制变量纳入模型中，且将其记为 $dwkf$。

基于上述分析，充分考虑到农村当期产业结构调整受前一期影响的现实，本书设定农村产业结构调整影响因素的动态面板数据模型如下：

$$\ln nccyjg_{it} = \gamma_0 + \gamma_1 \ln nccyjg_{it-1} + \gamma_2 \ln ncpjg_{it} + \gamma_3 \ln ncjrfz_{it} +$$

$$\gamma_4 \mathrm{ln}ncgdzc_{it} + \gamma_5 \mathrm{ln}ncrlzb_{it} + \gamma_6 \mathrm{ln}czzn_{it} + \gamma_7 \mathrm{ln}dwkf_{it} +$$
$$c_t + \varepsilon_{it} \tag{1}$$

上式中，为减轻异方差所带来的负面影响，所有指标均取对数，it 表示 i 时期 t 地区，c_t 表示个体异质性，ε_{it} 表示随机误差项。

（二）数据来源及相关说明

基于研究的实际需要，充分考虑到实际数据资料的可得性，本书研究所确定的样本区间为 1999—2013 年，样本为中国 31 个省级单位。农民收入增长指标的原始数据资料来源于《新中国六十年统计资料汇编》和中经网统计数据库，农产品价格波动指标的原始数据资料来源于《中国农产品价格调查年鉴（2000—2014）》，本书其他指标原始数据资料来源于中经网统计数据库。对于部分地区部分指标的缺失数据，本书一律采取插值法进行补齐。需要特别说明的是，由于本书样本时间跨度较大，为使不同年份的数据具有可比性，所有涉及价格度量的指标，本书均采用 GDP 平减指数剔除物价因素的影响。

（三）实证结果及相关解释

为避免伪回归结果的出现，本书采用 Stata10.0 对变量进行面板数据的单位根检验。为确保检验结果的可靠性，本书先后采用四种检验方法同时进行检验，取四种方法均一致的结果，这四种检验方法分别是 Levin, Lin & Chu 检验、Im Pesaran and Shin 检验、ADF-Fisher Chi-square 检验和 PP-Fisher Chi-square 检验，检验结果如表 5.5 所示。从表 5.5 中可以看出，虽然所有变量的原始序列没有同时通过上述四种检验，但是，所有变量的一阶差分序列均同时通过检验，这说明本书所选择的变量都是一阶单整的。

在确保所有变量均为一阶单整的前提条件下，进一步实证农产品价格波动对农村产业结构调整的影响，实证回归结果如表 5.6 所示。从表 5.6 中第 3 列 Sargan 检验概率值 p（$p = 0.0068$）可知，差分 GMM 工具变量无效，这说明工具变量与误差项相关或误差项有存在异方差的可能；为了纠正由异方差所带来的系数估计偏差问题，进一步分析第 4 列的结果，很显然，m_2 即 AR（2）的概率值 p（$p = 0.5117$）表明差分的误差项存在二阶自相关且不显著，同时，Sargan 检验的概率值 p（$p = 0.6016$）也表明二阶差分 GMM 工具变量是有效的。从理论上说，当因

表 5.5　　　　　　　　　　　　　单位根检验结果

变量名称	Levin, Lin & Chu	Im Pesaran and Shin	ADF-Fisher Chi-square	PP-Fisher Chi-square
$\ln nccyjg_{it-1}$	-256.3621 (0.3637)	-225.3621 (0.4215)	-200.3214 (0.4017)	-185.6511 (0.4221)
$D\ln nccyjg_{it-1}$	-180.3251^{***} (0.0012)	-165.3217^{***} (0.0023)	-150.2317^{***} (0.0014)	-130.3327^{***} (0.0032)
$\ln ncpjg_{it}$	12.3627 (0.2127)	25.3621 (0.2327)	39.3621 (0.3163)	59.6521 (0.2725)
$D\ln ncpjg_{it}$	0.2517^{***} (0.0016)	15.3627^{***} (0.0011)	35.3637^{***} (0.0036)	65.6211^{***} (0.0015)
$\ln ncjrfz_{it}$	12.3667 (0.1225)	36.3637 (0.1557)	45.5627 (0.1015)	59.6957 (0.1667)
$D\ln ncjrfz_{it}$	10.2327^{***} (0.0012)	25.3637^{***} (0.0011)	58.6575^{***} (0.0025)	95.3621^{***} (0.0021)
$\ln ncgdzc_{it}$	-196.3627 (0.2027)	-157.2657 (0.2267)	-130.3217 (0.2125)	-100.3215 (0.2426)
$D\ln ncgdzc_{it}$	-165.6555^{***} (0.0021)	-136.3637^{***} (0.0015)	-125.3217^{***} (0.0031)	-100.0256^{***} (0.0017)
$\ln ncrlzb_{it}$	3.3637 (0.3037)	25.3669 (0.3435)	45.5627 (0.4015)	65.3621 (0.1227)
$D\ln ncrlzb_{it}$	-25.3631^{***} (0.0025)	-10.2317^{***} (0.0013)	3.3631^{***} (0.0027)	36.3621^{***} (0.0011)
$\ln cczn_{it}$	-100.0207 (0.3527)	-85.6251 (0.1425)	-56.6211 (0.1527)	-33.3621 (0.1638)
$D\ln cczn_{it}$	-75.3657^{***} (0.0016)	-35.3621^{***} (0.0024)	-15.3621^{***} (0.0011)	-0.2157^{***} (0.0019)
$\ln dwkf_{it}$	-252.0026 (0.1125)	-200.3215 (0.1367)	-1965.3214 (0.1025)	-157.2514 (0.7527)
$D\ln dwkf_{it}$	-157.5627^{***} (0.0059)	-137.3555^{***} (0.0011)	-100.3217^{***} (0.0021)	-85.6321^{***} (0.0015)

注：$*$、$**$、$***$ 分别表示 10%、5% 和 1% 的显著性。

变量一期滞后项系数为 0.8—0.9 时，差分 GMM 估计的系数相对于系统 GMM 来说不准确性要大。基于此，通过对比表 5.6 中第 5 列和第 6

列 Sargan 检验和差分 Sargan 检验的概率值 p 可知：第 6 列即系统 GMM（SYS GMM）的估计量具有更好的一致性和有效性。

表 5.6　　　农产品价格波动影响农村产业结构调整的回归结果

估计方法 自变量	工具变量法（IV）		差分广义矩法（DIF GMM）		系统广义矩法（SYS GMM）	
	一阶差分 2SLS（1）	Baltagi 随机效应（2）	一步（3）	二步（4）	一步（5）	二步（6）
$\ln nccyjg_{it-1}$	0.4214*** （0.0021）	0.4321*** （0.0021）	0.4012*** （0.0017）	0.4111*** （0.0015）	0.4257*** （0.0015）	0.4325*** （0.0021）
$\ln ncpjg_{it}$	−0.3635*** （0.0085）	−0.3701*** （0.0026）	−0.3501*** （0.0025）	−0.3521*** （0.0026）	−0.3457*** （0.0021）	−0.3555*** （0.0015）
$\ln ncjrfz_{it}$	0.2526*** （0.0097）	0.2621*** （0.0028）	0.2501*** （0.0011）	0.2621*** （0.0037）	0.2701*** （0.0036）	0.2725*** （0.0026）
$\ln ncgdzc_{it}$	0.1012*** （0.0065）	0.1111*** （0.0031）	0.1201*** （0.0086）	0.1222*** （0.0016）	0.1301*** （0.0015）	0.1325*** （0.0035）
$\ln ncrlzb_{it}$	0.1567*** （0.0076）	0.1601*** （0.0036）	0.1724*** （0.0074）	0.1725*** （0.0062）	0.1825*** （0.0017）	0.1902*** （0.0041）
$+\, czzn_{it}$	0.2025*** （0.0079）	0.2221*** （0.0045）	0.2321*** （0.0063）	0.2521*** （0.0062）	0.2621*** （0.0019）	0.2742*** （0.0046）
$\ln dwkf_{it}$	0.2007*** （0.0013）	0.2111*** （0.0051）	0.2225*** （0.0056）	0.2325*** （0.0042）	0.2326*** （0.0021）	0.2425*** （0.0051）
常数项	0.1025*** （0.0065）	0.1112*** （0.0016）	0.1325*** （0.0074）	0.1327*** （0.0056）	0.1402*** （0.0026）	0.1445*** （0.0025）
m_2	—	—	—	0.4887 [0.5117]	0.4957 [0.6214]	0.8567 [0.6211]
Sargan 检验	—	—	[0.0068]	[0.6016]	[0.0015]	[0.9631]
差分 Sargan 检验	—	—	—	—	[0.0000]	[1.0000]

注：① *、**、*** 分别表示 10%、5% 和 1% 的显著性。② 小括号内数据为标准差，方括号内数据为 p 值。③ 在同方差假设条件下，用 Sargan 检验统计量来检验矩条件是否存在过度识别；差分 Sargan 检验统计量用来验证系统 GMM（SYS GMM）工具变量的有效性。④ m_2 代表 AR（2）的检验统计量。

　　基于上述分析，本书选择表 5.6 中第 6 列的回归结果来分析农产品价格波动对农村产业结构调整的影响。

　　1. 农村产业结构调整滞后项与农村产业结构调整正相关。农村产业结构包括农村第一产业、第二产业和第三产业，农村第一、二、三产业结构的形成既有历史原因，也与现实经济发展战略紧密相关。从历史的角度来看，"靠山吃山、靠水吃水"的理念深入人心，不同的地区会根据自身的条件选择发展适合自身的产业，有些农村地区第一产业发达，有些农村地区第二、三产业发达，这是在短期内无法改变的。从现实经济发展战略的角度来看，各地区政府也会根据经济社会发展的现实需要，有意识地引导农村第一、二、三产业的协调发展；当然，由于农村第一、二、三产业发展自身的惯性，即便是政府介入，农村第一、二、三产业结构也很难得到迅速扭转。以县级市浙江省义乌市为例，今天义乌市的第二、三产业发展尤为迅速，而义乌市第一产业的发展则十分滞后，或者说，对义乌市而言，第一产业几乎是可以忽略不计的。之所以会如此，义乌市产业结构的形成最早可以追溯到明朝戚继光抗倭时期，当时，大批抗倭将士弃甲归田，无法从事农业生产，必然会从事非农产业，随着时代的发展，重商经商的传统逐步沿袭下来，直至今天形成了义乌市发达的第二、三产业。也就是说，农村产业结构的调整在很大程度上会受到前期产业结构基础的影响和制约，在制度惯性的作用下，农村第一、二、三产业结构的调整往往是非常困难的。

　　2. 农产品价格波动与农村产业结构调整负相关。农产品价格对于农村产业结构的调整具有重要的导向性作用，符合经济发展规律的、平稳的农产品价格，会在很大程度上直接引导农产品产—供—销一体化利益链条上各利益主体的生产经营行为；反之，大幅度畸形波动的农产品价格，则会直接对农产品产—供—销一体化利益链条上各利益主体带来直接的冲击。以种养殖业为代表的农村第一产业为例，当农产品价格较为平稳时，种养殖业主体能够根据实际需要有条不紊地安排农业生产；在此过程中，种养殖业主体还能够不断改进种养殖专业技术，提高农产品品质；而当农产品价格出现大幅度畸形波动时，种养殖业主体往往会大幅度调整生产经营活动，直接冲击正常种养殖业生产的发展，很显然，这是不利于农村第一产业发展的。以农产品加工业为代表的农村第二产业为例，农产品加工产业加工什么、如何加工以及加工的品质如何等都是直接受农产品价格变动影响的；如果农产品价格较为平稳，则农产品加工产业会按部就班地组织农产品加工，并在此过程中，逐步发展壮大自己；反之，农产品加工业的发展则会受到影响。以农产品运输为代表的农村第三产业发展为例，如果农产品价格较为平稳，农产品运输企业能够根据实际需要稳步发展自己；当农产品价格出现畸形波动时，农产品运输企业往往会陷入快速调整自身发展战略的困境中，在无法预期农产品运输前景的情况下，绝大部分农产品运输企业会破产倒闭。很显然，无论是对农村第一产业，还是对农村第二、三产业来说，农产品价格稳定，各产业发展均可以预期，产业结构调整会逐步进行；而当农产品价格发生急剧波动时，产业结构的调整会被中断。

3. 农村金融发展水平与农村产业结构调整正相关。从中国经济社会发展的现实来看，农村金融发展对农村产业结构调整具有显著的促进作用。一方面，农村金融发展水平的稳步提升，可以在很大程度上直接缓解农村各级各类种养殖业融资主体的融资诉求，加快农村第一产业的发展。在农村各级各类种养殖业融资主体融资诉求不断强化的时候，如果农村金融发展跟不上，必然会直接影响农村经济的发展；相反，如果农村金融发展水平稳步提升，相应地，融资主体的融资诉求能够得到有效满足，则农村经济会得到快速发展，农村第一产业发展水平也会提档加速。另一方面，农村第二、三产业的发展也离不开农村金融发展的支持。笔者对《中国银行业农村金融服务分布图集》的分析发现，全国百强县市金融机构的网点密度远远高于非百强县市，百强县市四大国有银行布点的数量更是远远超过非百强县市，并且几乎所有的百强县市第二、三产业在当地经济体中所占的比重都极高，这说明农村金融的发展对农村第二、三产业的发展具有极端重要性。农村产业结构的调整，最终会落实到农村第一、二、三产业的发展方面，只有通过产业的快速发展，产业结构原有状态才有可能被改变；很显然，农村金融发展对农村产业结构调整是具有极端重要性的，两者是正相关关系。

4. 农村固定资产投资与农村产业结构调整正相关。从理论上看，农村固定资产投资可以分为两个部分，分别是农户固定资产投资和非农户固定资产投资。前者投资统计范围包括农户房屋建筑物、机械设备、器具等固定资产价值，后者统计范围是农村各种登记注册类型的企业、事业、行政单位进行的计划总投资 500 万元以上的建设项目。很显然，农户固定资产投资有利于促进农村第二、三产业的发展，可以为农村第一、二、三产业结构的转变创造条件。比如，农户房屋建筑物可以作为农村第二、三产业发展的厂房，机器设备和器具则会促进农村第二、三产业的技术更新换代。非农户固定资产投资从某种意义上讲，对于促进农村第二、三产业发展的意义则更为明显。因为非农户固定资产投资自身所涉及的投资额度大，经济效益和社会效益更为明显。与欠发达的中西部地区相比，东部沿海地区农村固定资产投资增长速度尤为迅速，直接改变了农村传统的第一、二、三产业结构，促成了城乡一体化，在此过程中，农村产业结构调整速度自然也较快；而受自身经济发展水平的制约，中西部欠发达地区农村固定资产投资相对较少，农村第一、二、三产业结构调整尤为缓慢，农村产业结构不合理的局面一直难以从根本上得到彻底有效的解决。

5. 农村人力资本水平与农村产业结构调整正相关。一方面，农村人力资本水平的稳步提升，可以为农村第一、二、三产业的发展提供高素质的劳动力。无论是农村第一产业的发展，还是农村第二、三产业的发展，高素质的劳动力是必不可少的。作为农村人力资本水平重要体现的高素质劳动力，离不开农村教育的发展。与发达国家相比，中国农业领域高素质劳动力是极其欠缺的，这直接制约着先进农业科学技术在农村的推广，制约着以农产品加工业为代表的农村第二产业的发展，也制约着以包装配送为代表的农村第三产业的发展，对农村产业结构的调整自然也有重要影响。另一方面，农村人力资本水平的稳步提升，为农村第一、二、三产业致富带头人的培养和造就夯实了基础。从理论上说，虽然不可能每位接受教育培训的农民都会成为农村第一、二、三产业领域的致富带头人，但是，与不接受教育的农民相比，接受过教育和培训的农民往往更容易成为农村第一、二、三产业领域的致富带头人。受过教育的农民，往往思想更为开放，学习能力更强，能够更好地接受国家各种支农惠农政策，也往往容易自主创业。也就是说，农村人力资本水平的稳步提升，会为农村产业结构调整创造条件。

6. 财政支农支出水平与农村产业结构调整正相关。一方面，农村产业结构调整属于财政支农的重要范畴，财政支农水平的提升，可以直接促进农村产业结构的调整。虽然财政支农政策的概念内涵极其丰富，但在不同地区，财政支农的侧重点是存在差异的。对于经济发展落后的地区，农业产业结构的调整是财政支农的重要内容；通过财政手段的直接介入，可以为农村不合理的第一、二、三产业结构的扭转扫除障碍。另一方面，财政支农水平的提升，可以为农村第一、二、三产业的发展创造条件，为农村产业结构的调整提供保障。除了直接介入农村产业结构的调整外，财政支农还可以为农村第一、二、三产业的发展创造条件。以农田水利基础设施建设为例，通过财政资金投入的方式，强化农村农田水利基础设施建设，可以直接为以种养殖业为代表的农村第一产业的发展提供保障，也为农村产业结构的调整夯实基础。同时，财政支农对农村路、水、电等基础设施建设的投入，可以为农村第二、三产业的发展提供便利。因为农村第二产业的发展离不开便利快捷的路、水、电的支持，而农村第三产业的发展对农村道路的依赖性则更强。很显然，财政支农水平的提升是能够快速促进农村产业结构调整的。

7. 区域对外开放水平与农村产业结构调整正相关。一方面，区域对外开放水平的提高，可以为农村第一、二、三产业发展提供直接的资金支持。随着国家大力引导 FDI 流向中西部欠发达地区，流向农业领域，符合 FDI 融资支持的各级各类新型农业经营主体能够在 FDI 的介入下快速满足自身的融资诉求，有利于促进自身的健康、稳定、可持续发展。在某种程度上可以认为，FDI 向农业领域的渗透，可以有效促进相当部分地区农村第一、二、三产业的发展，有利于这些地区农村产业结构的调整。另一方面，随着区域对外开放水平的提高，FDI 的技术溢出效应也会越来越明显，这对于农村第一、二、三产业的发展具有重要意义，有利于农村产业结构的调整。国内外学者们的研究成果已经表明，FDI 的技术溢出效应是非常明显的，它对于稳步提升区域科技水平具有显著的积极意义。随着 FDI 在农村的发展，相当部分农村第一、二、三产业也会在 FDI 技术溢出的作用下获得迅速发展，在某种程度上会直接改变农村第一、二、三产业的结构。也就是说，区域对外开放水平是有利于促进农村产业结构调整的。

第六章 农产品价格基本稳定的长效机制构建

前面的章节对中国农产品价格波动的历史与现实进行了阐述，对农产品价格波动的原因从定性分析与定量分析相结合的视角出发进行了分析，对农产品价格波动所带来的影响进行了实证研究；通过前文的分析不难看出：农产品价格波动是一项复杂的系统工程，涉及多方面的因素。同时，农产品价格波动，尤其是农产品价格的大幅度畸形波动会对经济社会的健康、稳定、可持续发展带来负面影响。正是基于此，要确保农产品价格的基本稳定，必须构建农产品价格基本稳定的长效机制。在结合现实的基础上，本书认为，要构建农产品价格基本稳定的长效机制，必须构建农产品价格基本稳定的预期目标机制、监测预警机制、应急处理机制、信息引导机制、行政引导约束与行政经济调节机制、社会监督与自律机制等。

第一节 农产品价格基本稳定的预期目标机制构建

作为农产品价格基本稳定长效机制的基础，农产品价格基本稳定的预期目标机制的构建意义重大。因为在现实生活中，农产品价格不可能长期保持不变，而是处于不断变化之中的，并且随着经济社会发展速度的加快，农产品价格上涨的幅度也会呈逐步加大的趋势。要构建农产品价格基本稳定的预期目标机制，不仅需要弄清楚农产品价格基本稳定预期目标机制的概念内涵，还要明晰农产品价格基本稳定预期目标机制构建的原则，了解农产品价格基本稳定预期目标机制构建的路径选择。

一　农产品价格基本稳定预期目标机制的概念内涵

所谓的农产品价格基本稳定预期目标机制，指的是在经济社会发展过程中，在坚持政府宏观调控与遵守市场经济规律的条件下，把农产品价格水平控制在合理区间，消除人民群众对通货膨胀的恐慌，促进农产品价格的基本稳定与经济社会的平稳较快发展的机制。在这里，农产品价格水平的合理区间，应该是在遵循市场规律的前提下，由政府在每年年末根据前一年农产品价格水平，在充分考虑到来年所采取的货币政策条件下，最终经权力机关批准的农产品价格区间。其实，这里的农产品价格区间也就是农产品价格政府宏观调控的目标区间。从概念中不难看出，农产品价格基本稳定预期目标机制具有以下几个方面的特点：

第一，预期性。农产品价格基本稳定预期目标机制的首要特点是预期性。一方面，中央政府需要从全国的宏观层面，对农产品价格的波动幅度进行提前预判，确保农产品价格波动处于政府的宏观调控之下，维护国内农产品价格的基本稳定。对分别为"米袋子"和"菜篮子"工程负首要责任的省级层面政府和市级层面政府来说，也应该在各自职责范围内，以民生为导向，切实维护相关农产品价格的稳定。另一方面，农产品生产者和农产品消费者应该对农产品价格有较为科学的预期。对农产品生产者来说，如果不能够对农产品未来的价格有较为清醒的认识的话，他们可能会盲目安排农业生产经营活动，这样就会直接导致市场上农产品供求失衡，造成市场上农产品价格的大幅度畸形波动。对农产品消费者来说，如果不能够对未来农产品价格有较为科学的预期的话，他们的消费计划就会被打乱，就会在全社会范围内引起消费抑制现象的出现，这对于国民经济的健康、稳定、可持续发展是不利的。

第二，合理性。农产品价格基本稳定的预期应该具有合理性的特点。农产品价格的大幅度畸形波动，不仅会直接影响城乡居民的生产生活，对国民经济的健康发展也会带来直接冲击，因此，农产品价格的基本稳定一直都是政府高度重视的宏观调控内容。考虑到随着经济社会的发展，农产品价格不可能一成不变，而应该与经济社会的发展保持一致，农产品价格应该维持基本稳定。换句话说，政府对农产品价格出现基本稳定应该有合理的预期。当宏观经济形势景气的时候，政府应该采取措施确保农产品价格的基本稳定，避免农产品价格出现大幅度畸形上涨，应将农产品价格的上涨严格控制在政府预期范围内；当宏观经济形势不景气的时候，政府也应该采取措施避免通货紧缩现象的发生，将农产品价格变动的预期与城乡居民工资水平的调整相结合，切实有效地维护经济社会的稳定。事实上，科学合理的农产品价格波动预期，对农村居民和城镇居民也是具有重要意义的。农产品价格波动合理，农村居民能够根据农业生产的实际需要，有条不紊地生产，确保市场上农产品的有效均衡供给；反之，农村居民大幅度调整农产品的生产，亦会对市场上农产品价格带来直接的冲击。对城镇居民而言，合理的农产品价格预期，有利于他们安排正常的消费活动，避免消费抑制现象的发生。

第三，不确定性。要准确地预测未来农产品价格的具体波动情况往往是非常困难的。在当前经济形势下，农产品价格波动会受到诸多方面因素的影响。与工业品价格不同，农产品产—供—销一体化非常容易受到自然灾害的影响，这是不可控的；同时，受市场上农产品价格的影响，作为主要供给者的各级各类农产品产销主体的行为是不可预测的。此外，随着农产品在国际范围内的流通，农产品价格很难被准确预期，或者说，农产品价格的波动往往只能够预测出大概的范围，而不能够预测出丝毫不差的具体数字。从世界上其他国家和地区对农产品价格的调控来看，农产品价格具有显著的不确定性，即便是能够预期，预期结果也往往是大概的范围，或者是较为准确的价格变动方向，甚至在某些极端情况下（如自然灾害），农产品价格变动的方向是难以有效预测的。

二　构建农产品价格基本稳定预期目标机制的原则

在弄清楚农产品价格基本稳定预期目标机制概念内涵的前提下，本课题认为，要构建农产品价格基本稳定预期目标机制，还必须遵循相应的原则。只有在遵循这些原则的前提下，农产品价格基本稳定预期目标机制才可能构建。

第一，实事求是的原则。农产品价格基本稳定预期目标机制的构建必须坚持实事求是的原则。在不同的年份，农产品产销情况必然会存在差异，城乡居民实际可支配收入也是会存在显著差异的，同时，不同年份对国外农产品进口量的多寡也是会存在不同的，这就要求政府在构建农产品价格基本稳定的预期目标机制时，必须坚持实事求是的原则，一切从实际出发。作出农产品价格预期的目标，不能不考虑经济社会发展的实际情况，不仅要考虑国内各方面的实际情况，还要考虑来自国外的影响因素。需要特别说明的是，由于省级层面政府和市级层面政府分别在"米袋子"和"菜篮子"方面扮演着重要决策角色，不同地区基于自身经济发展水平的差异，在对农产品价格作出相应预期的同时，也要考虑本地农产品产销的实际情况。很显然，在某些农产品主产区，农产品的价格肯定会低；而在非农产品主产区，考虑到农产品运输的实际成本，农产品价格必然会高。以大白菜和大葱为例，在山东等主产区，这些产品的价格相对来说较低；而在西藏自治区的拉萨等地，这些产品的价格必然会高。也就是说，不同层级的政府在作出相应的农产品价格预期时，还需要充分考虑当地农产品产销的实际情况。

第二，放眼未来的原则。在市场经济条件下，任何商品的价格都不可能保持不变，应该是围绕着商品自身的价值，受供求关系的影响，价格会出现或高或低的波动。当然，背离商品自身价值的大幅度畸形波动则是不允许的。作为商品，农产品价格的变动基础仍然是其自身的价值。当然，考虑到农产品自身的特殊性，农产品价格的变动还必须接受政府的宏观调控，不可能因为供求关系发生变化而使其出现频繁大幅度的畸形波动。作为政府宏观调控的重要组成部分，农产品价格波动还必须放眼未来，应该随着未来经济形势的变化而变化。以美国为例，虽然美国农产品的价格相对较低，或者说，美国农产品价格上涨的幅度与美国人民工资收入上涨幅度相比，还处于较低的水平。这并不是说美国农产品价格没有上涨。之所以会如此，主要是因为充分考虑到农产品产销一体化过程中各种成本上涨的因素，为平抑农产品价格的过快上涨，美国政府对农产品产销主体给予大量的政府补贴。无论对国家政府还是对国家内部不同层级的政府来说，完全抑制农产品价格的上涨都是不可取的，也是不现实的；相反，为了平抑农产品价格，保障广大人民群众的生活，政府补贴必不可少，政府对农产品价格的补贴需要放眼未来，与时俱进。进一步讲，构建农产品价格基本稳定预期目标机制，必须坚持放眼未来、与时俱进的原则。

第三，遵纪守法的原则。构建农产品价格基本稳定的预期目标机制，还必须坚持遵纪守法的原则。农产品价格的波动，直接涉及农产品产—供—销一体化利益链条上各利益主体的切身利益。换句话说，政府构建的农产品价格基本稳定的预期目标机制会直接涉及农产品产销两头和中间各利益主体的切身利益。从理论上说，如果农产品价格预期目标定得高，则对农产品生产者是有利的，他们会千方百计地扩大生产经营规模，加大农产品市场供给的力度。与此同时，农产品运输和销售主体，也会稳步提升自己的运输和销售能力，力求从农产品价格的上涨中获得相应的利润；而对于农产品消费者来说，考虑到绝大部分农产品是生活必需品，消费的刚性强，他们在农产品价格上涨的过程中可能处于不利的地位。如果农产品价格预期目标定得低，这显然会直接影响农产品生产者、农产品运输和销售者的切身利益，特别是会直接影响农产品生产者的切身利益，使他们不可能根据市场需要来不断扩大自身生产经营规模。在某些情况下，为规避农产品价格下降所带来的损失，他们可能会选择缩减农产品供给规模。当然，在家庭收入既定的条件下，农产品预期目标定得低，则意味着农产品消费者可以节约在此方面的消费支出，直接增加另外方面的支出。也就是说，要构建农产品价格基本稳定的预期目标机制，政府必须坚持遵纪守法的原则，规避人为故意确定的预期目标所造成的社会福利损失。

三　构建农产品价格基本稳定预期目标机制的路径

在弄清楚农产品价格基本稳定预期目标机制概念内涵的基础上，了解了构建农产品价格基本稳定预期目标机制的原则后，要真正构建农产品价格基本稳定的预期目标机制，本书认为，还需进一步从以下几个方面作出努力：

第一，构建农产品价格历史的追溯机制。要构建科学合理的农产品价格基本稳定的预期目标机制，必须构建农产品价格历史的追溯机制。农产品包括的种类非常多，有些种类之间具有互补性的关系，有些种类之间则具有替代性的关系，必须充分考虑这些因素。因此，在构建农产品价格历史追溯机制时，不仅要考虑从大类的角度提供农产品价格历史资料，还需要从中类和小类的角度提供农产品价格历史资料；不仅需要提供具有互补性关系的农产品价格历史资料，还需要提供具有替代性关系的农产品价格历史资料。从这些详尽的农产品价格历史资料中，不仅可以有效地分析农产品价格波动的整体趋势，还可以分析农产品价格之间的内在影响机理。从目前中国市面上可以收集到的农产品价格历史资料来看，国家层面主要农产品价格波动的历史资料则较为丰富，但是，相当部分小类农产品价格波动的历史资料则较为匮乏；而且，不同地区之间农产品价格波动的历史资料也不够完善，尤其是经济欠发达地区农产品价格波动的历史资料残缺不全，这些都不利于科学合理的农产品价格历史追溯机制的构建。要构建科学合理的农产品价格历史追溯机制，不仅需要对过去不同政府部门之间所掌握的农产品价格历史资料的全面收集和整理，还需要注重对当前有关农产品价格波动资料的及时收集，更需要着眼未来，强化对农产品价格信息的重视。

第二，构建农产品产销信息的共享机制。农产品产销信息的共享，从地域的角度，可以分为国内农产品产销信息的共享和国际农产品产销信息的共享。从国内农产品产销信息的共享来说，无论是国家层面、省级层面，还是市级层面，都应该准确及时地将农产品生产、销售情况通过专业的信息平台收集起来，以便政府及其主管部门能够卓有成效地在规避农产品价格大幅度畸形波动中发挥作用；当然，这对于政府及其主管部门科学合理地引导农产品生产、高效使用有限的土地资源也具有十分重要的意义。在市场经济条件下，虽然是以发挥市场机制的作用为主，但是，如果政府不能够科学合理地分享产销信息、引导农产品生产，完全任由市场机制起作用，农产品盲目生产，长久下去，农产品价格必然会出现畸形波动。从国际农产品产销信息的共享来说，在开放的市场环境下，国际农产品的产销对国内农产品价格也具有重要的冲击作用。因此，构建农产品产销信息的共享机制，还必须高度重视国际农产品产销信息的共享。基于各自利益的考虑，虽然国际农产品产销信息的共享比国内农产品产销信息更为复杂，但是，政府及其主管部门必须积极主动与国外政府和相关的国际组织合作，力求真实有效地掌握国家市场上农产品的产销信息。很显然，对国际农产品产销信息的全面了解，不仅对国内农产品产销具有指导意义，而且对国内有关农产品进出口政策的完善和国内农产品价格基本稳定也具有重要的保障作用。

第三，构建农产品价格增长的联动机制。前文的分析已经表明，农产品价格不可能一成不变，必然会随着经济社会的发展而发生变动，这种变动必须保持在国家宏观调控允许的范围内。构建农产品价格基本稳定的预期目标机制，必须高度重视农产品价格增长的联动机制。具体来说，就是要将农产品价格的变动与经济社会的发展紧密结合起来。比如说，在国家宏观调控允许的范围内，农产品价格波动与城乡居民可支配收入必然会存在联动。当城乡居民可支配收入增长幅度很低甚至是出现负增长时，农产品价格不可能出现大的增长，政府必然会严格控制农产品价格的增长；而当城乡居民可支配收入增长幅度较快时，农产品价格必然会在政府宏观调控允许范围内适当增长，农产品价格增长幅度不应该快于城乡居民可支配收入增长幅度。再比如说，农产品价格波动也与农产品生产成本的上涨有着密切联动关系。当农产品生产成本急剧上升时，如无政府的财政补贴，农产品价格必然会上涨；而当农产品生产成本相对稳定时，农产品价格也必然会保持稳定。构建农产品价格增长的联动机制，需要将农产品价格增长与农产品产销情况、农产品生产成本情况、城乡居民可支配收入以及农产品进出口情况等紧密结合起来，综合考虑各方面的因素，在国家宏观调控允许的范围内，适当保证农产品价格的增长，确保农产品价格的基本稳定。

第二节　农产品价格基本稳定的监测预警机制构建

农产品价格基本稳定的监测预警机制，要求对农产品价格波动时刻进行监测，确保农产品价格波动始终处于预期目标范围内；当农产品价格接近预期目标的边界时，政府主管部门应该高度重视，要及时采取措施平抑农产品价格波动，将农产品价格波动及时调整到预期目标范围内。从中国的实际情况来看，对农产品价格波动进行监测预警等是国家统计局调查总队及其分支机构的重要职责。从基层到中央、从下到上，对农产品价格的监测预警是各层级政府高度重视的工作。

一　农产品价格基本稳定监测预警机制的概念内涵

农产品价格基本稳定监测预警机制，指的是在农产品价格大幅度畸形波动的灾难发生前，国家统计局调查总队及其分支机构根据以往农产品价格波动的规律或观测到的可能性前兆，向相关政府部门发出紧急信号，报告农产品价格畸形波动所可能带来的危险，以避免危害在不知情或准备不足的情况下发生，以便最大限度地减轻农产品价格大幅度畸形波动所造成的损失的机制。从农产品价格基本稳定监测预警机制的概念中不难看出，它具有以下几个方面的特点：

第一，客观性。农产品价格基本稳定监测预警机制的首要特点是客观性。从市场上农产品价格波动的实际情况来看，不同地区、不同市场、不同产品的价格始终处于不断变化的过程中，如果对此不能够作出客观判断的话，农产品价格基本稳定监测预警机制将会失去应有的作用。构建农产品价格基本稳定的监测预警机制的最主要原因就是，希望通过监测预警机制，能够随时对市场上农产品价格的变动进行准确的判断，不仅为国家和地方政府在农产品价格宏观调控方面的政策出台提供支持，还可以科学合理地引导广大人民群众对农产品的消费。比如，市场上绿色无公害蔬菜的价格可能是其他同类蔬菜价格的三到五倍，如果简单地从价格上直接判断蔬菜价格大幅度畸形波动的话，显然是不对的，监测预警机制对此应该能够作出客观准确的判断。客观的监测预警机制，其最大的好处就是能够在分析市场上农产品价格变动的同时，得出市场上农产品价格到底有没有出现大幅度畸形波动的基本结论。如果市场上农产品的价格是正常波动的话，则政府不需要介入；如果市场上农产品的价格出现大幅度畸形波动的话，政府基于维护社会稳定的角度考虑，则需要介入。

第二，预期性。农产品价格基本稳定监测预警机制的第二个特点是预期性。监测预警机制可以分为两个阶段：一个阶段是监测；另一个阶段是预警。监测的目的是预警，当然，监测预警的最终目的是确保农产品价格的基本稳定。充分考虑到市场上农产品价格瞬息万变的特征，对这瞬息万变的农产品价格要作出科学判断，作出准确的预期，比如，农产品价格在未来一段时间内到底会如何变动？变动的幅度范围到底有多大？是否在可承受的范围内？一旦农产品价格出现大幅度畸形波动时，预警机制将自动启动，政府需要及时为农产品价格波动出台相应的调控对策。由于市场上农产品种类繁多，要对农产品价格作出科学合理的预期，需要相关政府部门投入相应的人力、物力和财力，特别是对于纳入政府"米袋子""菜篮子"等工程中的农产品,更应该强化监测预警的力度。比如,对面粉、大米、肉蛋类、蔬菜类等农产品,需要每天定时定点去监测,市场情况怎样就该如实汇报,力求准确把握这些农产品价格哪怕是细微的变动情况,力求在这些农产品价格出现大幅度畸形波动之前就掌握相关的信息。

第三,及时性。所谓及时性,指的是农产品价格基本稳定的监测预警机制既不能提前,也不能延后。之所以不能够提前,主要是因为如果对市场上农产品价格的波动不能够作出科学判断的话,提前启动预警机制,势必会造成农产品产销利益链条上各利益主体的恐慌,甚至会引起社会的混乱。之所以不能够延后,主要是因为如果市场上农产品价格早就已经出现畸形波动了,预警机制不能够启动的话,市场上农产品供求失衡的局面就会加剧,农产品价格则越来越难以调控。如何保证农产品价格监测预警机制既不提前,也不延后,最主要的还是要及时掌握市场上农产品价格波动的情况,要及时判断出哪些波动是正常波动,哪些波动是畸形波动的前兆;只有科学把握了农产品价格波动的最新具体信息,才有可能为预警机制的全面启动创造条件。比如,2016 年春节后,主要大城市如广州、重庆等地新鲜蔬菜价格暴涨,新鲜蒜薹每公斤的价格是平时的四五倍,因为政府有关部门已经及时获悉了相关信息,及时启动了预警系统,加大了对市场上价格暴涨蔬菜的供给,在短期内,蔬菜价格就开始回落,逐步趋于正常,并没有出现疯狂的上涨情形。

二　构建农产品价格基本稳定监测预警机制的原则

在弄清楚了农产品价格基本稳定监测预警机制概念的基础上,还要科学有效地构建农产品价格基本稳定监测预警机制,还必须弄明白构建农产品价格基本稳定监测预警机制所要坚持的原则。

第一,实事求是的原则。构建农产品价格基本稳定的监测预警机制,必须坚持实事求是的原则。在监测阶段,需要坚持实事求是的原则;在预警阶段,也需要坚持实事求是的原则;在从监测到预警过程中,更需要坚持实事求是的原则。在监测阶段,无论市场上农产品价格如何变动,都应该如实进行监测汇报。农产品价格相关主管部门应该明白,农产品价格出现大幅度畸形上涨,会对经济社会带来直接冲击;农产品价格出现大幅度畸形回落，也会对经济社会带来极其严重的负面影响。只有如实地监测了农产品价格的波动情况，才有可能为农产品价格预警机制的启动创造条件。在预警阶段，农产品价格相关主管部门应该根据前期农产品价格波动的特征事实，决定到底要不要或者采取什么样的措施来平抑农产品价格的大幅度畸形波动。在从监测到预警的过程中，对有关农产品价格波动的所有信息都必须加以如实反馈，特别是对有关农产品价格有可能出现大幅度畸形波动前期征兆的信息更应该加以如实汇报，力求通过对农产品价格波动信息的科学处理，更好地了解农产品价格波动的具体情况。

第二，快速反应的原则。构建农产品价格基本稳定的监测预警机制，必须坚持快速反应的原则。对市场上农产品价格的监测，要准确及时；对市场上价格的畸形波动，也要快速反应。特别是在市场上农产品价格出现大幅度畸形波动的前兆时，预警机制需要迅速启动，并且实实在在地发挥作用。在信息高度发达的社会里，随着市场经济的发展，价格是极其敏感的话题；由于农产品价格与广大人民群众的生活密切相关，农产品价格就变得更为敏感。当农产品价格发生突变时，市场上哄抬物价、囤积居奇、极度恐慌等现象都会出现，其后果是极其严重的；轻则影响城乡居民的生活，重则影响社会的稳定。通过构建快速有效的农产品价格基本稳定的监测预警机制，在第一时间掌握市场上各种农产品价格的微小变化，有利于为政府调控农产品价格创造条件；如果不能够快速有效地对市场上农产品价格作出反应的话，往往会带来极其严重的后果。

第三，全面协调的原则。在统一开放的市场条件下，农产品价格的上涨绝不可能是全国范围内同一时间的迅速暴涨，农产品价格的上涨有从局部到全面的转变过程。比如，某种农产品在某些年份因自然灾害歉收，可能会导致市场上该种农产品供应量的供求失衡，相应地，该种农产品价格可能会上涨，甚至是暴涨。从农产品可能会歉收到农产品价格的暴涨，显然是有一个缓冲期的。换句话说，在农产品价格基本稳定监测预警机制的作用下，该种农产品价格的可能暴涨这一信息应该会被相关农产品主管部门提前获取；要平抑农产品价格可能出现的大幅度畸形波动，政府部门应该做好相关的协调工作，或进口相关农产品以平抑物价，或加快从其他地区调剂农产品来平抑物价，或通过政府的大力宣传，支持、鼓励和引导消费者购买相关的替代产品来避免市场上该种农产品的过度短缺。当然，在统一开放的市场条件下，不同地区政府部门还应该强化合作，相互交流农产品价格波动的信息，力求让农产品价格基本稳定的监测预警机制发挥作用。

三　构建农产品价格基本稳定监测预警机制的路径

在前文分析的基础上，要确保农产品价格的基本稳定，避免农产品价格出现大幅度畸形波动给经济社会所带来的冲击，还必须探究农产品价格基本稳定监测预警机制的具体路径，也就是要弄清楚应该从哪些方面来构建农产品价格基本稳定监测预警机制的问题。

第一，构建农产品价格信息的有效收集机制。构建农产品价格信息的有效收集机制，需要做好三个方面的工作。一方面，需要强化对国内各地区各大市场相关农产品价格信息的收集。从现实来看，农产品的销售与农产品的生产有类似之处，具有一定的季节性，可能在某些季节价格高，在某些季节价格低，甚至是在某些季节完全脱销，因此，如果不强化平时对相关信息的及时收集，农产品价格信息的有效收集机制是无法有效运行的。另一方面，国家层面要建立专门的农产品价格信息收集中心，高度重视对农产品特别是容易被市场操纵的农产品价格信息的收集。继续加大国家统计局及其社调大队对农产品相关价格信息的收集力度，不仅要重视对常规农产品价格信息的收集，还需要高度重视对非常规农产品价格信息的收集；对所有的农产品价格信息，国家层面要建立相应的数据库，保证农产品价格信息的质量。此外，还需要高度重视对国外主要农产品产区主要农产品价格信息的收集。在收集国外主要农产品产区主要农产品价格信息时，要高度重视国内外相关价格信息的对比分析，高度重视国外相关农产品价格信息的细微波动情况，尽可能对国内外市场上农产品价格信息进行监测；在必要的时候，随时启动预警机制。

第二，构建农产品价格信息的综合分析机制。构建农产品价格信息的综合分析机制，需要从以下三个大的方面来进行：一方面，需要及时掌握农产品生产的情况，从源头上分析农产品的可能供应量。对每一年某种具体的农产品到底种不种植、种植多少，政府及其主管部门应该提前进行摸底，并根据摸底情况随时跟踪，从源头上了解农产品的具体种植情况。虽然在市场经济条件下，农产品生产者必须积极面对市场经济的冲击，但是，政府及其主管部门有责任和义务在源头上引导农产品生产。这不仅有利于稳步增加农民收入，还有利于更好地确保农产品价格的基本稳定。另一方面，需要及时掌握市场上农产品的消费情况，科学分析农产品的消费量。虽然对于农产品消费量比较难以进行科学有效的掌握，但是，在人口规模基本稳定的情况下，政府及其主管部门是可以通过科学预测，较为清晰地掌握农产品大体上的消费量的；通过对消费量的大体掌握，有利于政府及其主管部门及时有效地引导市场上农产品的有效、均衡、稳定供给。此外，需要强化对农产品运输、销售等具体环节的分析，确保市场上农产品供求均衡。与工业品相类似，农产品在运输和销售环节会存在消耗，对此，为确保市场上农产品供给的总体均衡，政府及其主管部门应该对农产品的供销进行科学合理的引导，切实维护农产品价格的基本稳定。

第三，构建农产品价格信息的及时反馈机制。构建农产品价格信息的及时反馈机制，需要做好以下三个方面的工作：其一，农产品生产成本等具体信息需要得到及时反馈。要了解农产品生产成本等具体信息，政府及其主管部门需要对农业生产资料等出厂价格进行调研，对主要的农产品生产资料价格变动情况有清晰的认识；对影响农产品生产成本的相关因素，政府及其主管部门也需要进行调研。通过从源头上对农产品生产价格信息的了解，为农产品价格基本稳定夯实信息基础。其二，农产品运输和销售环节的具体价格信息需要得到及时反馈。不同种类的农产品运输成本存在显著的差异，它在实际销售环节的损耗也千差万别，这都会直接影响农产品的最终价格。对此，政府及其主管部门应该有非常清晰的认识。在此基础上，对价格虚高的农产品进行最高价格限制，对事关广大人民群众切身利益的部分产品加大财政补贴的力度，千方百计地为农产品价格的稳定创造条件。其三，城乡居民实际可支配收入等相关信息需要得到及时反馈。因为农产品价格涉及多方面的具体因素，为确保农产品价格的基本稳定，政府及其主管部门对城乡居民实际可支配收入等相关信息也需要有准确的把握。

第三节　农产品价格畸形波动的应急处理机制构建

要构建农产品价格基本稳定的长效机制，必须高度重视农产品价格畸形波动的应急处理机制构建。在现实生活中，农产品价格波动受多方面因素的制约和影响，农产品价格基本稳定的监测预警机制并不是万能的，在某些因素的突然影响下，农产品价格存在畸形波动的可能性。当农产品价格出现畸形波动时，政府应该充分发挥农产品价格畸形波动的应急处理机制的作用，尽可能减轻因农产品价格畸形波动而给农村居民增收和城镇居民生活所造成的冲击，减轻其对国民经济发展和社会稳定所带来的冲击。

一　农产品价格畸形波动应急处理机制的概念内涵

农产品价格畸形波动应急处理机制，指的是当农产品价格发生畸形波动时，政府及其主管部门在对农产品价格畸形波动的性质、类型、影响进行分析的基础上，成立专门的应急小组，确定专门的联络方案，开设专门的热线电话，协调不同单位共同平抑农产品价格的畸形波动。很显然，农产品价格畸形波动应急机制的启动，是对农产品价格畸形波动所作出的事后反应。该机制虽然不是一种单纯的技术操作，而是需要根据当时的实际情况及时作出反应，但是，它确是政府及其主管部门面对突发事件反应能力增强的一种表现，政府及其主管部门处理突发事件的观念转变，是政府及其主管部门危机意识不断加强的体现。通过对农产品价格畸形波动应急处理机制概念的介绍不难看出，农产品价格畸形波动应急处理机制具有以下几个方面的特点：

第一，紧急性。虽然从理论上说，农产品价格波动具有一定的传染性，在全国范围内农产品价格不可能在某一时点集中暴涨，但是，如果对农产品价格波动处理不当的话，农产品价格则极有可能会席卷全国，在全国范围内暴涨。如何有效控制农产品价格的暴涨，特别是农产品价格在全国范围内的暴涨呢？在这方面，农产品价格畸形波动应急处理机制尤为重要。随着经济社会的发展，农产品价格不可能始终保持不变，当由于某些客观原因，某些地区农产品价格发生波动时，需要充分发挥监测预警机制的作用，同时，还需要高度重视应急处理机制作用的发挥。比如，在某些时候，甚至需要直接动用国家战略储备农产品来平抑市场上农产品价格的大幅度畸形波动，通过向市场投放战略储备农产品，调节市场上农产品的供求失衡状态，逐步稳定农产品价格，保障城乡居民的生活不受农产品价格大幅度畸形波动的影响。

第二，滞后性。在市场经济条件下，农产品价格瞬息万变，而且，农产品种类众多，要科学准确地判断农产品价格的大幅度畸形波动是非常困难的。换句话说，农产品相关价格主管部门对农产品价格信息的掌握是存在一定的滞后性的。当然，这并不等于说农产品价格畸形波动的应急处理机制就没有作用。事实上，越是农产品价格信息反馈存在滞后性，就越要高度重视农产品价格畸形波动的应急处理机制的构建。即便是对农产品价格信息的掌握并不能够做到绝对准确和及时，后天的应急处理机制也可以为农产品价格的基本稳定提供切实有效的保障。在现实生活中，当农产品价格出现畸形波动时，为了维护社会的稳定，保障人民群众的生活，政府部门会选择对农产品价格进行调控；在必要的时候，政府部门会对农产品价格进行直接干预。比如，各地政府所实施的"米袋子工程""菜篮子工程"等都是政府为应对农产品价格大幅度畸形波动所实施的民生工程，是政府从源头上强化与人民群众生活有密切关系的农产品供应的举措。

第三，全面性。当市场上农产品价格出现大幅度畸形波动时，农产品价格畸形波动应急处理机制将被启动。为平抑农产品价格的大幅度畸形波动，政府会对农产品产—供—销一体化各个环节进行干预，特别是对于农产品的供—销，政府会更为重视。也就是说，农产品价格畸形波动应急处理机制在具体操作方面，具有显著的全面性。从农产品产—供—销三个环节来看，为平抑农产品价格的大幅度畸形波动，政府部门必然会支持各级各类农业主体强化农产品的生产，重视从其他地区甚至是国外调运农产品以满足市场需求，也会重视对销售环节的管理，严厉打击哄抬物价、囤积居奇现象的发生。农产品价格的大幅度畸形波动，不仅会直接影响城乡居民的生活，而且对政府的宏观调控也会带来直接冲击。要有效抑制农产品价格的大幅度畸形波动，政府部门必须全方位、多角度出台相应的政策，卓有成效地调节市场上农产品的供求关系。

二　构建农产品价格畸形波动应急处理机制的原则

通过前文对农产品价格畸形波动应急处理机制概念的阐述不难看出，构建农产品价格畸形波动应急处理机制需要多方面力量的共同努力，单靠某些方面的努力，该机制是不会发生应有作用的。构建农产品价格畸形波动应急处理机制，需要遵循以下两个方面的原则。

第一，快速反应的原则。当产品价格出现大幅度畸形波动时，政府及其主管部门必须作出快速反应。一方面，农产品价格大幅度畸形波动的传染性强。当某种农产品价格出现大幅度畸形波动时，如果政府及其主管部门不能够及时出面引导、干预，农产品价格波动的幅度只可能越来越大；在某些特殊情况下，单一品种农产品价格的大幅度畸形波动，还会影响相关替代农产品的价格。受农产品价格传染性的影响，广大人民群众的生活将会受到严重的影响，国民经济的发展会受到冲击，社会稳定也会受到挑战。另一方面，农产品价格大幅度畸形波动的破坏性强。以猪肉的价格波动为例，基本上每一次猪肉价格的大幅度畸形波动，都会给生猪养殖户造成巨大的经济损失。猪肉价格的大幅度下跌，必然会给生猪养殖户带来明显的损失；而当猪肉价格上涨时，受眼前经济利益的刺激，往往会有大量个体农户加入生猪养殖的行业中，这必然会急剧增加市场上的猪肉供应量；随着猪肉供应量的增多，猪肉价格开始回落，生猪养殖户实际收益开始大幅度减少。也就是说，除了对市场猪肉价格把握较为准确且大规模标准化养殖的新型农业经营主体外，分散的个体农户很难从生猪养殖中获得相应收益。

第二，政府主导的原则。从现实来看，为确保社会的稳定，政府必须高度重视对农产品价格的调控。当农产品价格出现大幅度畸形波动时，为保障广大人民群众的切身利益，政府必须对农产品价格进行干预；同样，当农产品价格大幅度下跌时，政府也需要对农产品价格进行调节。更为重要的是，农产品价格的大幅度畸形波动，涉及农产品产—供—销一体化利益链条上各利益主体的切身利益；要对这些利益主体进行卓有成效的引导，任何私人部门都是无法办到的，政府及主管部门必须出面主导。实际上，在每一年的政府工作报告中，无论是中央政府，还是各地方政府，特别是中央政府都会明确来年相关物价水平的上涨幅度（多以居民消费价格指数形式表现出来），政府对农产品价格大幅度畸形波动的直接干预是政府确保自身宏观调控目标达成的重要手段。无论是从国外政府调控农产品价格大幅度畸形波动的实践来看，还是从新中国成立以来政府历次调控农产品价格大幅度畸形波动的实践来看，面对农产品价格大幅度畸形波动的现实，政府始终是农产品价格调控的最终主体，政府主导农产品价格的调控是时代发展的必然要求。

第三，多方协调的原则。针对农产品价格畸形波动的局面，为平抑农产品价格，维护社会稳定，政府及其主管部门需要出面做好相关的协调工作。一方面，政府需要强化与其他层级政府之间的沟通协调。当农产品价格大幅度上涨时，政府需要求助于上级层面政府和其他同级别政府，通过紧急调配农产品供应市场，扭转市场上农产品供求失衡的态势，逐步平抑物价；当农产品价格大幅度下跌时，政府也有义务出面组织农产品的对外销售，可以通过与其他政府之间的协调合作，将滞销的农产品销往外地。另一方面，政府需要强化与相关农产品产销公司之间的关系。无论是将外地农产品销往本地，还是将本地滞销的农产品销往外地，都离不开农产品产销公司的介入。当农产品价格出现大幅度畸形波动时，虽然政府会出面主导农产品的产销，但是，政府自身并不是企业，具体从事农产品产销工作的仍然是相关的公司；因此，当农产品价格出现大幅度畸形波动时，政府需要协调相关公司的介入。此外，政府还需要协调与农产品生产者和消费者之间的关系。在农产品出现大幅度畸形波动时，政府要通过舆论宣传，保证农产品生产者能够安心从事农业生产，避免农产品消费者可能出现的恐慌心理。

三 构建农产品价格畸形波动应急处理机制的路径

在前文分析的基础上，当农产品价格出现大幅度畸形波动时，要避免农产品价格大幅度畸形波动给经济社会所带来的冲击，就必须高度重视农产品价格畸形波动应急处理机制建设，必须弄清楚构建农产品价格大幅度畸形波动的路径选择问题。

第一，构建农产品价格畸形波动的多方协作联动机制。一方面，需要强化政府之间的协作机制。要调控农产品价格的大幅度畸形波动，需要不同地区不同层级政府之间的通力合作。不同地区政府间的合作，有利于通过各方的力量，及时调配农产品，卓有成效地调节市场上农产品供求关系，直接平抑农产品价格。不同层级政府间的合作，特别是上下级政府之间的合作，有利于在既定的区域范围内，实施统一的农产品价格政策，防止农产品价格的大幅度畸形波动。另一方面，需要构建科学合理的政府与大型农业企业之间的互动机制。政府及其主管部门并不直接生产农产品，更多的是发挥"看不见的手"的作用。因此，当农产品价格出现大幅度畸形波动时，需要强化与大型农业企业之间的合作，引导大型农业企业自觉主动地调节市场上农产品的供给，改变市场上农产品供求失衡的态势，确保农产品价格的基本稳定。此外，还需要通过引导行业协会，强化企业之间的互动机制。企业之间的相互协作，有利于农产品的有效流通，这对于平抑市场上农产品价格具有重要的作用。

第二，构建农产品价格畸形波动的价格违法查处机制。一方面，要整合农产品市场和农产品价格监管机构，确保政府及其主管部门能够对农产品市场和农产品价格进行全面有效的监督，对农产品价格畸形波动中的违法乱纪行为及时进行查处。从实际情况来看，农产品价格出现大幅度畸形波动，可能会涉及物价局、税务局、工商局等政府主管部门；单独依靠某一个政府部门往往难以有效确保农产品价格的基本稳定，需要不同主管部门从不同方面对其进行有效监督和及时查处。另一方面，从农产品产—供—销一体化角度来看，要强化对各个环节农产品价格大幅度畸形波动的违法查处力度。从现实来看，某一个环节的变动，都极有可能直接导致农产品价格的大幅度畸形波动，因此，对于农产品产—供—销一体化的每一个环节，政府及其主管部门都必须进行有效监管。当出现违法乱纪行为时，必须对此进行严肃查处。当然，对农产品价格大幅度畸形波动中的违法乱纪行为进行查处，只是手段，而不是目的，除来自政府的力量外，还需要高度重视发挥各级各类行业协会对其下属企业违法乱纪行为的监管和处理力度，以确保农产品价格的基本稳定。

第三，构建农产品价格畸形波动的群众价格维权机制。当农产品价格出现大幅度畸形波动时，广大人民群众的切身利益必然会受到侵害，对此，一方面，政府及其主管部门需要弄清楚农产品价格发生大幅度畸形波动的原因，严肃查处相关的违法乱纪行为；另一方面，政府需要高度重视群众价格维权机制的构建。通过群众价格维权机制的作用，将分散的消费者整合起来，切实维护好广大消费者的切身利益。从现实来看，面对农产品价格的大幅度畸形波动，分散的消费者力量薄弱，往往会成为受害者，自身的合法权益得不到保障；通过群众价格维权机制的作用，将分散的消费者团结起来，可以在与农产品产销者价格博弈过程中有效地维护自身的利益。以农产品的供给为例，农村地区的各级各类农民专业合作社能够切实有效地维护农民的利益；通过农民专业合作社，可以强化个体农户以前所不具有的谈判能力。虽然国内各大城市都有消费者协会，但是，与农民专业合作社相比，各地的消费者协会力量不够强大，特别是当农产品价格发生大幅度畸形波动时，消费者协会的力量较弱，并不能够卓有成效地维护好消费者的利益。通过构建并逐步强化农产品价格畸形波动的群众价格维权机制，进一步明确广大消费者的合法权益，有利于确保农产品价格的基本稳定。

第四节　农产品价格基本稳定的信息引导机制构建

在农产品"产—供—销"一体化过程中，信息的重要性不言而喻。在通常情况下，农产品产销各方面的信息流通顺畅的话，农产品生产者会依据以往农产品供求情况来有条不紊地安排农产品生产，农产品供求不会发生大的变化，农产品价格往往不会发生大幅度畸形波动；反之，受农产品产销方面信息不灵的直接影响，农产品的产销往往会脱节，农产品供求会发生大的波动，农产品价格自然不会保持相对稳定。基于此，要确保农产品价格的基本稳定，必须高度重视农产品价格基本稳定的信息引导机制构建。

一　农产品价格基本稳定信息引导机制的概念内涵

所谓农产品价格基本稳定的信息引导机制，指的是在农产品"产—供—销"一体化过程中，政府及其主管部门应该充分利用自身所掌握的资源优势，重点强化与农产品生产者与消费者之间的信息沟通，尽量避免农产品生产者无序安排农业生产，避免农产品消费者因不确定信息而发生恐慌性消费行为，确保农产品市场价格基本稳定的机制。在农产品价格基本稳定的信息引导机制构建过程中，政府及其主管部门应该扮演主导者的角色，竭力消除农产品供求市场上虚假消息所带来的各种负面影响。从概念中不难看出，农产品价格基本稳定的信息引导机制具有以下几个方面的特点：

第一，畅通性。农产品价格基本稳定信息引导机制的首要特点是畅通性。依据信息传递渠道的不同，畅通性可以从两个方面来理解：一方面，农产品价格大幅度畸形波动的信息应该在上下级政府之间能够畅通。从某种意义上来说，农产品价格大幅度畸形波动可能属于机密，但是，对不同层级的政府来说，应该保证农产品价格具体信息的畅通。不仅要让基层政府了解上一层级政府有关农产品价格调控的信息，以便及时根据当地农产品价格实际变动情况作出相应的反应；还需要让上一层级的政府对其下属区域农产品价格波动情况有清醒的认识，以便在必要的时候更好地满足下一层级政府的相关诉求。另一方面，农产品价格信息应该在政府间能够横向畅通。这不仅有利于政府各主管部门齐心协力共同应对农产品价格的大幅度畸形波动，还有利于其他省市政府根据自身的农产品供应情况，有力缓解当地政府应对农产品价格大幅度畸形波动的压力。此外，对不涉及国家机密的农产品价格信息，应该向社会公布，不仅要让农产品生产者知道市场行情，还需要让农产品消费者了解市场动态；这不仅有利于农产品生产者根据市场行情来组织农业生产，还有利于避免农产品消费者因为市场农产品价格的短期波动而出现恐慌情绪。

第二，及时性。除了畅通性外，农产品价格基本稳定信息引导机制还具有及时性的特点。市场上农产品价格大幅度畸形波动的实际情况到底如何，无论是作为农产品的生产者，还是作为农产品的消费者，他们并不能够仅仅依据农产品价格的相关信息就对其有准确的认识。因此，当农产品价格出现大幅度畸形波动时，政府及其相关主管部门有责任和义务及时将相关信息对社会披露出来。如果农产品价格大幅度畸形波动的信息提前披露的话，可能会导致社会上出现恐慌情绪，加剧农产品价格的波动；如果农产品价格大幅度畸形波动的信息延后披露的话，可能会导致农产品生产者和消费者因为未提前做准备而无法面对农产品价格大幅度畸形波动的局面，直接导致社会的不稳定。当农产品价格出现大幅度畸形波动时，政府及其主管部门应该与农产品产—供—销一体化利益链条上各利益主体分享相关的农产品价格波动的最新消息，通过彼此的共同努力，共渡难关。因为从实际来看，无论是政府及其主管部门，还是农产品产—供—销一体化利益链条上的各利益主体，都不希望看到农产品价格的不正常波动。

第三，准确性。除上述两个基本特性外，农产品价格基本稳定信息引导机制还需要具有准确性的特点。管理学中的相关理论知识表明：信息在传递的过程中可能会出现"过滤"的情况。也就是说，在信息传递的过程中，受多方面主客观因素的影响，信息往往很难从下层准确无误地传递到上层，农产品价格大幅度畸形波动的信息在传递过程中也会出现类似情况。考虑到农产品价格大幅度畸形波动所带来的实际后果，在信息传递过程中不允许出现信息传递偏差的情况。进一步讲，在农产品价格大幅度畸形波动信息传递过程中，必须千方百计地采取措施以确保信息传递的准确性。不仅上级政府部门对农产品价格大幅度畸形波动的态度要准确传递到下级政府，要以保障广大人民群众的实际利益和维护社会稳定为首要目标；还要努力将农产品价格大幅度畸形波动的实际情况准确地上传到上级政府及其主管部门，让上级政府及其主管部门及时准确地了解农产品价格大幅度畸形波动的最新动态。

二　构建农产品价格基本稳定信息引导机制的原则

农产品价格基本稳定的信息引导机制的构建，需要政府及其主管部门协调好农产品"产—供—销"一体化过程中多方利益主体的关系，在必要的时候，还需要强化各方利益主体多方面信息的沟通。要成功构建农产品价格基本稳定的信息引导机制，需要遵循以下几个方面的原则：

第一，及时沟通的原则。构建农产品价格基本稳定信息引导机制首先要坚持的是及时沟通的原则。一方面，政府及其主管部门之间要及时沟通农产品价格相关的信息。从实际情况来看，国家统计局各省社调大队、各地发改委、物价局、农委等都掌握着农产品价格的相关信息，特别是由于各地发改委、物价局、农委等不同部门之间缺少必要的沟通，在制定调控农产品价格大幅度畸形波动的政策时，难免会政出多门，影响政策执行的实际效率。另一方面，政府及其主管部门需要强化与农产品生产者和消费者之间的及时沟通。农产品生产者和消费者对于农产品价格的大幅度畸形波动往往是最敏感的，扩大还是缩小农产品生产经营规模，消费还是不消费相关农产品，这些都与农产品价格信息紧密相关。如果政府及其主管部门能够及时将农产品价格特别是农产品价格大幅度畸形波动的信息及时与农产品生产者和消费者沟通，从短期来看，这对于规避农产品消费者的恐慌情绪，以免农产品价格进一步大幅度畸形波动具有显著的积极意义；从长期来看，这对于农产品生产者有条不紊地安排农业生产，确保市场上农产品有效均衡供给具有重要的促进作用。

第二，快速反馈的原则。构建农产品价格基本稳定信息引导机制要坚持快速反馈的原则。当农产品价格出现大幅度畸形波动时，强化政府及其主管部门、农产品生产者和消费者之间的快速沟通，有利于迅速平抑市场上农产品价格的波动。当市场上农产品价格出现大幅度畸形波动时，农产品生产者最担心的是农产品在短期内的销路问题，农产品消费者最为担心的是农产品供应量是否充足的问题，如果政府及其主管部门不能够科学而客观地对待农产品生产者和消费者各自的知情权诉求，农产品价格波动只会进一步加剧。而如果政府能够将农产品产销的具体情况及时公布出来，将农产品实际消费需求的具体情况也及时公布出来，农产品生产者与农产品消费者之间信息沟通不存在障碍，则市场上哄抬物价、囤积居奇的现象将绝迹，市场上农产品价格的供求失衡状态将会缓解。在必要的时候，如果是农产品产销严重脱节，政府及其主管部门也应该将要采取的稳定农产品价格的具体措施反馈给公众，尽最大的努力规避市场上不断弥漫的恐慌情绪。很显然，快速有效地将农产品产销双方的信息公布出来，避免因信息不对称所导致的恐慌情绪出现，这对于稳定市场上农产品的价格具有重要的意义。

第三，多方协调的原则。构建农产品价格基本稳定信息引导机制还必须坚持多方协调的原则。在市场经济的条件下，理性经济人的假设是存在的；如果没有法律法规的制约，市场将彻底失去控制，农产品市场也是如此。在农产品产销过程中，特别是当农产品价格出现大幅度畸形波动时，如果政府及其主管部门不能够及时有效地协调好各方利益主体之间的关系，农产品生产者和消费者基于理性经济人假设不可能为农产品价格的平抑作出应有的贡献，相反，可能会在农产品大幅度畸形波动中获取短期收益；甚至在某些情况下，农产品生产者和消费者还会基于自身利益最大化考虑，无视法律法规的存在，可能会哄抬物价、囤积居奇，直接影响社会的稳定。相反，如果政府及其主管部门以维护广大人民群众的利益和社会稳定为目的，及时介入平抑农产品价格大幅度畸形波动过程中，重视法律法规的合理运用，协调好农产品产销各利益主体的利益关系，则农产品价格大幅度畸形波动的态势将会在短期内得到有效解决。

三　构建农产品价格基本稳定信息引导机制的路径

在弄清楚农产品价格基本稳定信息引导机制的基础上，前文明晰了构建农产品价格基本稳定信息引导机制的原则，要将农产品价格基本稳定落到实处，还必须研究构建农产品价格基本稳定信息引导机制的路径选择。在结合现实的基础上，本书认为，要构建农产品价格基本稳定的信息引导机制，还需从以下几个方面作出努力。

第一，构建农产品价格定时发布机制。从中国的实际来看，在各大城市，与城镇居民生活密切相关的农产品（主要是食品类和粮食类）价格信息基本上可以得到定时发布；但是，对其他种类农产品价格信息，政府及其主管部门发布得较少。要确保农产品价格的基本稳定，杜绝因恐慌情绪导致的农产品价格大幅度畸形波动，对所有的农产品价格信息，政府及其主管部门都应该定时发布，至少使消费者可以通过政府及其主管部门的网络查询到相关价格信息。与此同时，政府及其主管部门还应该强化在农产品产地定时发布相关农产品价格信息，增强农产品生产者生产的积极性，减少直至杜绝农产品生产者紧跟市场行情盲目安排农业生产行为的发生；不仅如此，通过定时发布农产品价格信息，在很大程度上也可以减少因信息不对称所导致的农产品销售者对农产品生产者的"剥削"，严厉打击农产品销售者在市场上对农产品价格的人为操纵。受农村各方面条件的制约，政府及其主管部门在定期发布农产品价格信息方面可能存在诸多限制，但是，作为连接分散的农产品生产者与市场的重要桥梁和纽带，家庭农场、农民专业合作社、农业龙头企业等应该较为准确地掌握与农产品价格相关的信息动态。

第二，构建农产品价格多方发布机制。一方面，政府及其主管部门应该定期发布农产品价格信息。特别是当农产品价格出现大幅度畸形波动时，政府及其主管部门更应该及时准确地发布农产品价格信息，避免市场上消费者恐慌情绪的出现，有效地保证市场上农产品价格的基本稳定。另一方面，在政府及其主管部门的有效监督下，各行业协会应该及时发布农产品价格波动的最新消息。与政府层面发布的信息相比，行业协会可以发布更为具体的农产品价格信息。因为行业协会自身更为了解农产品产销的实际成本，通过对农产品产—供—销各环节成本的列支，可以让农产品生产者更为直观地了解农产品的产销利润。此外，考虑到国内农产品价格在很大程度上受国际市场农产品价格波动的影响，政府及其主管部门也应该定时发布国际市场农产品价格波动的情况，有意识地引导行业协会重视对国际农产品价格波动的分析。

第三，构建农产品价格成本收益发布机制。农产品价格的成本收益往往具有隐蔽性，因为政府及其主管部门并不直接从事农产品的产—供—销一体化工作，对农产品的产—供—销一体化过程中的真实收益成本并不了解。要构建农产品价格成本收益发布机制，政府及其主管部门必须高度重视对农产品产—供—销一体化各环节的了解，弄清楚每一个环节所可能产生的真实成本，计算出符合实际的每一个环节的利润。从实际情况来看，往往直接由行业协会发布的农产品收益成本情况并不能够得到广泛的认可，基于政府公信力的影响，政府及其主管部门发布的信息认可度更高，政府及其主管部门需要在发布农产品价格成本收益时，强化农产品生产者和消费者之间的良性互动，确保农产品价格的基本稳定。

第五节　农产品价格基本稳定的行政约束机制构建

在市场经济条件下，不仅要高度重视价值规律作用的发挥，还需要高度重视政府的宏观调控作用。在市场经济发展的早期阶段，政府宏观调控的作用往往被忽视，过多强调的是发挥价值规律的作用，但后来的事实证明，单纯依靠市场价值规律发挥作用，单纯的市场竞争往往会带来一系列恶果，并不利于经济的健康、稳定、可持续发展。在农产品"产—供—销"一体化过程中，在高度重视市场价值规律作用发挥的同时，还必须高度重视农产品价格基本稳定的行政约束机制的构建，也就是要重视政府宏观调控的作用。

一　农产品价格基本稳定行政约束机制的概念内涵

所谓农产品价格基本稳定的行政约束机制，指的是为避免农产品价格出现大幅度畸形波动，政府及其主管部门会通过诸如行政告诫、农产品价格备案制度、约谈制度等方式，约束和规范农产品"产—供—销"一体化过程中各利益相关主体的行为，进而实现农产品价格基本稳定的机制。这一机制具有以下几个方面的显著特点：

第一，执行性。农产品价格基本稳定行政约束机制的首要特点是执行性。由于农产品产—供—销一体化利益链条上所涉及的利益主体众多，在理性经济人假设前提条件下，如果市场上法律法规不够健全的话，相关利益主体基于自身利益考虑都有违法的可能性；要通过行政约束机制卓有成效地规制相关利益主体，让不同的利益主体遵纪守法、诚实劳动、合法经营，这就对行政约束机制提出了更高的要求，最根本的要求就是行政约束机制本身要具有可执行性。换句话说，政府及其主管部门在启动行政约束机制时，要能够确保行政约束机制真正对相关利益主体具有约束作用，政府及其主管部门的行为要合规合法；一旦行政约束机制确定了，政府及其主管部门的自由裁量权应该尽可能缩减，尽量避免因人为因素而造成的农产品产—供—销一体化利益链条上各利益主体遭受不公正待遇。

第二，政治性。农产品价格基本稳定行政约束机制代表的是政府对农产品市场价格的干预，需要具有政治性的特点。虽然中国是社会主义国家，人民民主专政制度早已建立，但是，随着时代的发展，并不能排除社会中其他颠覆社会主义国家政权力量的存在。农产品价格稳定，不仅关系着农产品生产者的切身利益，也与农产品消费者的生活紧密相关，对国民经济健康、稳定、可持续发展和全社会的稳定具有重要的影响。当农产品价格出现大幅度畸形波动时，政府及其主管部门在通过农产品价格基本稳定行政约束机制平抑农产品价格的过程中，要严厉打击外来势力对农产品价格的人为操纵，严控外来势力散布的蛊惑人心的影响社会稳定的言论，切实以平抑物价、维护社会稳定为目的，卓有成效地调控农产品价格。当然，对市场经济发展中无法避免的农产品价格波动问题，政府要通过农产品价格基本稳定行政约束机制予以引导，而对于外来势力所操纵的农产品价格波动则要严厉打击，全方位、多角度地追查人为操纵农产品价格波动的幕后势力。

第三，权威性。从中国实际情况来看，政府及其主管部门都掌握着农产品价格的相关信息；基于信息来源渠道的不同，不同部门所发布的信息可能会存在或多或少的差异。当农产品价格发生大幅度畸形波动时，农产品价格基本稳定行政约束机制应该切实发挥作用，政府及其主管部门应该统一口径对外发布农产品价格相关信息，确保行政约束机制的权威性。一方面，有关农产品定价的信息应该由政府的某一个部门来集中进行发布，杜绝政出多门情况的发生，避免因不同部门政策的差异而影响行政约束机制作用的发挥。另一方面，对农产品价格人为操纵的企业单位和个人，也应该依据行政约束机制进行处理，逐步将农产品价格的波动范围约束在政府允许的范围。也就是说，政出多门的管理方式并不利于平抑农产品价格的大幅度畸形波动，应该通过强调行政约束机制的权威性来确保农产品价格波动非常时期相关信息的发布，约束从事农产品产—供—销一体化利益链条上各利益主体的行为，确保国民经济的健康、稳定、可持续发展和全社会的稳定。

二　构建农产品价格基本稳定行政约束机制的原则

充分考虑到农产品价格基本稳定行政约束机制的特殊性，本书认为，要构建农产品价格基本稳定的行政约束机制，并让这种机制在平抑农产品价格大幅度畸形波动过程中切实发挥作用，需要遵循以下几个方面的原则：

第一，一视同仁的原则。由于农产品价格基本稳定所涉及的利益主体众多，既与农产品生产者密切相关，又受农产品消费者消费偏好的影响，还在很大程度上受农产品运输和销售环节各利益主体的影响，也就是说，某些利益主体的行为可能会对农产品价格带来不利的影响。为避免"不患寡而患不均"情况的出现，行政约束机制必须一视同仁地对待所有的利益主体。一方面，要通过调查农产品产—供—销过程中的真实成本，切实维护农产品产—供—销一体化过程中各利益主体的合法权益，为市场上农产品的均衡、有效供给创造条件。另一方面，要对农产品消费者的真实收入情况有较为清晰的了解，特别是要高度关注城镇困难群体的真实收入情况，在农产品定价过程中，要充分考虑到农产品消费者的实际收入情况。特别是当农产品价格发生大幅度畸形波动时，政府及其主管部门特别需要重视行政约束机制作用的发挥，一视同仁地对待农产品产—供—销一体化利益链条上各利益主体，切实保障国民经济发展不受影响，维护社会的稳定。

第二，奖惩并行的原则。从现实来看，虽然农产品价格基本稳定的行政约束机制对农产品产—供—销一体化利益链条上各利益主体并不具有直接的奖励和惩罚作用，但是，行政约束机制可以通过行政告诫和行政约谈的方式对各利益主体的行为产生直接影响。事实上，行政约束机制也确实需要通过发布相关信息来影响各利益主体的行为。比如，当农产品价格出现大幅度畸形波动时，政府可以定期发布被行政告诫和被行政约谈的农产品供销商的名单，对诚实劳动、合法经营、遵规守纪的农产品供销商名单也进行定期公布，通过这种方式，在无形中对农产品经销商的行为进行约束。虽然通过上述方式对农产品产—供—销一体化利益链条上各利益主体并未作出直接的奖惩，但是，基于政府公信力的作用，这种方式必将会对各利益主体产生重大的冲击。从某种意义上讲，行政约束机制的"软作用力"可能会比直接的奖惩更起作用。

第三，高效可靠的原则。农产品价格基本稳定的行政约束机制还需要坚持高效可靠的原则。一方面，当农产品价格出现大幅度畸形波动时，政府及其主管部门平抑农产品价格的行政约束机制必须高效。在农产品价格出现大幅度畸形波动的特殊时期，政府及其主管部门要积极主动去面对，实施的诸如行政告诫、行政约谈要有目的性，找准具体约谈的对象，特别是要对刻意哄抬物价、囤积居奇的农产品经销商进行警告，制止人为因素造成农产品价格大幅度畸形波动现象的发生。另一方面，当农产品价格出现大幅度畸形波动时，政府及其主管部门平抑农产品价格波动的行政约束机制还必须可靠。要确保行政约束机制具有公信力，需要及时将告诫、约谈的农产品经销商公之于众，对严格执行政府及其主管部门相关政策法规的农产品经销商也进行公布。如果这些信息不能够及时公布于众的话，群众难免会对政府的公信力产生怀疑，农产品价格出现大幅度畸形波动的态势难以在政府预期范围内得到彻底有效的解决。

三　构建农产品价格基本稳定行政约束机制的路径

要确保农产品价格的基本稳定，必须高度重视农产品价格基本稳定行政约束机制的构建。在对农产品价格基本稳定的行政约束机制概念内涵进行研究的基础上，在遵循农产品价格基本稳定行政约束机制构建原则的前提下，要科学构建农产品价格基本稳定行政约束机制，还必须研究农产品价格基本稳定行政约束机制的路径选择问题。

第一，构建重要农产品和服务价格成本调查机制。从中国政府公开的农产品价格信息来看，相关农产品价格信息不仅不够全面，而且信息自身的质量也不高，自然以此为基础来调控农产品价格大幅度畸形波动往往会存在更多的困难。之所以如此，是因为中国的重要农产品和服务价格成本调查机制不够健全。要避免农产品价格大幅度畸形波动，政府及其主管部门必须对重要农产品和服务价格有准确的把握。一方面，需要强化国家统计局驻各地社会调查大队对重要农产品和服务价格成本的调查，为行政约束机制的启动夯实基础。另一方面，要注重各行业协会和广大消费者对农产品价格信息的反馈，通过各方反馈信息的甄别对比，为政府及其主管部门更有效地调控农产品价格提供方便。受多方面条件的限制，短期内要构建高质量的各级各类农产品生产成本信息查询系统显然是存在困难的，但是，对于重要的农产品和服务价格成本，政府及其主管部门必须有准确的把握，否则，农产品价格基本稳定的行政约束机制难以真正发挥作用。

第二，构建健全的农产品价格行为行政告诫机制。农产品价格的最终形成是极其复杂的，既与农产品自身的价值紧密相关，又会在很大程度上受到农产品运输和销售环节各方面的影响。因此，当农产品价格出现大幅度畸形波动时，政府及其主管部门需要弄清楚到底是哪一个环节的因素导致了农产品价格的大幅度畸形波动。如果是因为农产品生产成本的上涨导致的价格波动，政府及其主管部门应该加大对农产品生产者的补贴力度，竭力平抑农产品价格的大幅度畸形波动；如果是因为农产品生产行业协会的人为操纵，或者是农产品运输和销售环节的人为操纵，而导致农产品价格出现大幅度畸形波动的话，政府及其主管部门应该强化政府的权威，直接出面对相关的主体进行行政告诫。一方面，要将农产品价格大幅度畸形波动的种种弊端告知相关的主体，要求相关主体切实以维护国民经济健康发展和社会稳定为目的，诚实劳动、合法经营，自觉维护市场农产品价格的基本稳定。另一方面，要将农产品价格大幅度畸形波动的相关后果告知农产品产—供—销一体化链条上各利益主体，对人为操纵农产品价格的违法乱纪行为的处罚办法也要及时告知各相关利益主体。一般来说，通过行政告诫，理性的农产品产—供—销一体化利益主体，会自觉主动地调整自身的经营策略，维护农产品价格的基本稳定。

第三，构建重要农产品和服务价格行政约谈机制。与告诫机制不同的是，行政约谈机制往往目标更为明确具体。一方面，政府及其主管部门需要通过对农产品产—供—销一体化各环节的排查，弄清楚问题到底出现在哪里。如果是生产环节出现问题，就该对生产环节的相关主体进行约谈；如果是运输环节出现问题，就应该对运输环节的相关主体进行约谈；如果是销售环节出现问题，就应该对销售环节的主体进行约谈。在约谈的过程中，为避免相关主体否认事实的行为，政府及其主管部门需要公布所收集的真实证据，通过证据对相关主体进行威慑。另一方面，政府及其主管部门需要高度重视对行业协会的约谈效果。通过约谈行业协会，将相关政策信息及时与之沟通，要求他们自觉主动地退出导致农产品价格大幅度畸形波动的环节，自觉维护市场价格的基本稳定。此外，对于约谈的具体对象和具体内容，要及时公布，让农产品产—供—销一体化各环节相关利益主体相互监督；对于约谈拒不接受的主体，应该加大相关的处罚力度，以充分体现政府的权威性，切实维护农产品价格的基本稳定。

第六节 农产品价格基本稳定的经济调节机制构建

要确保农产品价格的基本稳定，避免因农产品价格大幅度畸形波动所带来的可能损失，必须高度重视农产品价格基本稳定经济调节机制的构建。当然，这也是农产品价格基本稳定长效机制的重要组成部分。在调节农产品价格波动过程中，除了政府的行政手段外，必须高度重视经济手段的作用。在市场经济条件下，经济调节手段所起的作用可能会更加直接，效果也可能会更加明显。在实际过程中，经济调节机制会涉及多方面主体利益关系的协调，往往构建这种机制也更为复杂。

一　农产品价格基本稳定经济调节机制的概念内涵

所谓农产品价格基本稳定的经济调节机制，指的是为确保农产品价格的基本稳定，政府及其主管部门应该有选择性地对农产品"产—供—销"一体化过程中不同利益主体采取不同的经济手段，甚至是法律手段、行政干预手段，从源头—中间环节—销售环节等方面避免农产品价格的大幅度畸形波动，实现农产品价格基本稳定的调节机制。很显然，农产品"产—供—销"一体化过程中不同利益主体较多，要对农产品价格进行有效调控，需要针对不同的利益主体采取不同的经济手段来进行调节。这一机制具有以下几个方面的特点：

第一，直接性。农产品价格基本稳定经济调节机制的首要特点是直接性。当农产品价格出现大幅度畸形波动时，政府及其主管部门可以对相关主体实施直接经济处罚。比如，如果农产品生产者从源头上垄断农产品供给，哄抬农产品价格的话，市场上农产品因供求关系而发生变化，价格必然会发生大幅度的波动，政府及其主管部门可以对农产品生产者进行直接的罚款；如果农产品运销主体对农产品的供给进行人为限制的话，也会对市场上农产品的供给带来极其严重的负面影响，导致市场上农产品价格的大幅度畸形波动，政府及其主管部门对此也可以进行直接的经济处罚。也就是说，以罚款为典型代表的经济调节机制，可以直接矫正市场上农产品产—供—销一体化利益链条上各利益主体的行为，平抑市场上农产品价格的大幅度畸形波动。

第二，综合性。除罚款外，政府及其主管部门对农产品市场的供求调节，还有其他的经济手段。也就是说，农产品价格基本稳定的经济调节机制还具有综合性的特点。比如，为鼓励市场上农产品的供给，政府可以通过财政补贴的方式，刺激农产品生产者不断扩大生产经营规模，确保市场上农产品的有效均衡供给；为鼓励物流企业从事农产品的运输，政府可以通过减免税收的方式来提高物流企业的生产积极性，引导农产品在不同地区和不同市场之间的流通；为鼓励农产品的销售，政府可以对农贸市场、大型超市和居民区便利店加大补贴力度，引导它们强化农产品的销售。此外，政府还可以通过利率政策来对农产品产—供—销一体化利益链上各利益主体提供信贷支持，鼓励他们为平抑农产品价格的大幅度畸形波动作出自己的努力。

第三，层次性。在农产品产—供—销一体化过程中，不同参与主体在影响农产品价格方面所起的作用是不一样的。当农产品价格出现大幅度畸形波动时，政府要启动相应的经济调节机制来平抑农产品价格。应充分考虑到不同主体在农产品价格波动中所起的作用是存在显著差异的，因此，调节机制还必须具有层次性。对大型农产品产销主体，应充分考虑它们对市场农产品价格影响大的特点，政府在启动经济调节机制时，需要与它们进行积极沟通协调，争取它们自觉投身到平抑农产品价格波动过程中；对中小型农产品产销主体，政府要强化它们的社会责任意识，特别是当农产品价格出现大幅度畸形波动时，政府要通过经济调节机制引导它们，让它们积极主动宣传政府关于平抑农产品价格的政策。当然，在此过程中，对不同层次的农产品产销主体，基于它们在平抑农产品价格波动中的实际作用不同，无论是财政补贴、税收减免还是信贷支持，都应该体现出层次性，体现出差别。

二　构建农产品价格基本稳定经济调节机制的原则

在现实生活中，要构建农产品价格基本稳定的经济调节机制，需要有目的性地选择不同的经济手段来对待不同的农产品产销环节中的利益主体，需要遵循相应的原则。

第一，全过程原则。农产品从生产到最终销售，中间所经历的环节非常多，某一个环节出现问题都有可能导致农产品价格的大幅度畸形波动。因此，要确保农产品价格的基本稳定，经济调节机制必然要对农产品从生产到销售的每一个环节进行调控。也就是说，要确保农产品价格的基本稳定，经济调节机制在农产品产—供—销的每一个环节都应该发挥作用，经济调节是全过程的调节。在实际调节过程中，诸如财政补贴、税收优惠和信贷支持等手段都将被采用；在必要的时候，法律手段和相应的行政干预手段也将被采用。当农产品价格出现大幅度畸形波动时，要迅速平抑农产品的价格波动，切实维护广大人民群众的切身利益，确保国民经济健康、稳定、可持续发展和社会的稳定，经济手段和行政干预手段将被优先采用。因为经济手段和行政干预手段来得快，成效显著。但是，从长远来看，从法律上构建确保农产品价格基本稳定的保障机制，成效更持久。

第二，多样性原则。上文的分析已经表明，当农产品价格出现大幅度畸形波动时，经济调节机制必然会被启动。经济调节机制，主要以经济手段（财政补贴、税收优惠和信贷支持等）为主，在必要的时候，法律手段和政府行政直接干预也将被采用。也就是说，经济调节机制并不等于简单的经济调节手段，而是以经济手段为主的多种调节方式的综合使用。相应地，农产品价格基本稳定经济调节机制需要坚持多样性的原则。在现实生活中，每一种具体的调节手段都有其使用的优点和缺陷，扬长避短地使用相应的调节手段是确保农产品价格基本稳定的关键所在。当然，当农产品价格出现大幅度畸形波动时，为在短期内迅速平抑物价，多管齐下又非常有必要。比如，在加大经济处罚的同时，通过法律手段和政府的直接干预，为整个市场上农产品价格的扭转夯实基础。

第三，差别对待原则。事实上，差别对待的原则在经济社会发展中随处可见，在农产品价格平抑中也将被采用。以经济手段中的罚款为例，对在政府平抑农产品价格波动过程中哄抬物价、囤积居奇的农产品产销主体，必然要给予相应的罚款；如果经过罚款后，部分农产品产销主体仍然不思悔改，在对其进行二次罚款时，必然要加大处罚的力度，要在社会上形成警示效应。在必要的时候，对故意哄抬农产品价格的农产品产销者，特别是对于屡教不改者，除了经济手段外，还要采用相应的法律手段进行查处。农产品价格的基本稳定，不能仅仅依靠政府，更要依靠农产品产—供—销一体化利益链条上各利益主体的共同努力，对凡是积极响应政府号召，自觉投身平抑农产品价格大幅度畸形波动过程中的主体，政府对其应该给予相应的奖励；而对于在农产品价格大幅度畸形波动平抑过程中违法乱纪的主体，特别是惯犯，则需要加重对其的处罚。也就是说，要有差别地对待农产品产—供—销一体化利益链条上各利益主体。

三　构建农产品价格基本稳定经济调节机制的路径

要确保农产品价格的基本稳定，构建农产品价格基本稳定的长效机制，必须高度重视作为农产品价格基本稳定长效机制重要组成部分的各机制构建。构建农产品价格基本稳定经济调节机制，本书认为，需要从以下几个方面作出努力。

第一，构建农产品价格波动补贴联动机制。对确因农产品生产成本大幅度畸形波动所导致的农产品价格大幅度畸形波动，为平抑农产品价格，政府及其主管部门应该加大对农产品生产者的补贴力度，对农产品生产资料生产企业也要进行适当的补贴，通过补贴，降低农产品的生产成本，逐步平抑农产品价格波动。对确因农产品运输和销售成本急剧增加所导致的农产品价格大幅度畸形波动，为平抑农产品价格，政府及其主管部门应该加大对物流运输企业和农产品销售企业的补贴力度，在确保物流运输企业和农产品销售企业有正常利润的前提条件下，逐步确保农产品价格的基本稳定。当然，作为农产品的直接消费者，如果农产品价格的大幅度畸形波动而影响到城乡居民的生活时，政府及其主管部门还需要考虑对城乡居民特别是低收入的城乡居民提供相应的物价补贴，避免因农产品价格大幅度畸形波动而影响城乡居民的正常生活。从现实来看，如果完全由政府对相关的主体进行直接补贴，可能会存在诸多方面的不便。在必要的时候，政府可以考虑由城镇居民所在的单位对其进行适当的补贴。

第二，构建农产品价格调节基金使用机制。从现实来看，政府每年提供宏观物价波动的大概范围，也就是宏观调控的范围，具体规定某一种农产品的具体价格既不可能也不现实。也就是说，农产品价格是否出现大幅度畸形波动，这是政府难以准确提前预知的。为此，政府为应付农产品价格出现大幅度畸形波动的情况，必须提前准备相应的价格调节基金；一旦农产品价格出现大幅度畸形波动，政府就可以直接通过使用相应的价格调节基金来平抑物价。设立农产品价格调节基金，政府可以在年初财政预算中列支；如果该年度农产品价格未出现大幅度畸形波动，将列支的财政资金纳入下一年政府预算；如果农产品价格出现大幅度畸形波动，则直接使用该基金。当然，为减轻政府在此方面的财政压力，当农产品价格出现大幅度畸形波动时，特别是农产品价格上涨的幅度远远高于城乡居民可支配收入的增长速度时，政府应该允许相关单位以职工基本工资为基础，适当发放农产品价格波动补贴。此外，考虑到农产品价格大幅度畸形波动可能是由于人为操纵因素导致的，政府也应该鼓励相关的行业协会设立相应的基金，用于对行业协会内部诚实劳动、合法经营、严格遵守国家法律规定的企业的补贴；当然，这是变相对人为操纵价格的企业的一种处罚。

第三，构建农产品价格应急资金调节使用机制。在某些极端情况下，如果市场上农产品价格绝大部分都出现大幅度畸形波动时，政府及其主管部门需要有应对之策，比如，政府需要有相应的应急资金用于平抑农产品价格。从中国的实际情况来看，财政资金的使用都是坚持专款专用的原则，如果没有提前做好准备的话，政府是不会有足够多的资金用来平抑物价的。前文的分析已经表明，农产品价格的大幅度畸形波动发生时，虽然非常突然，但是，只要政府掌握了相关的农产品各方面信息，对农产品价格大幅度畸形波动的发生仍然是可以预测的。也就是说，政府可以根据对农产品价格的预测，构建农产品价格应急资金调节使用机制。一方面，可以通过转移支付的方式，将国家层面平抑物价的资金用于部分地区平抑物价，确保地方事关城乡居民生活的农产品价格的稳定。另一方面，可以通过横向政府之间的协作，调剂农产品价格应急资金的使用。在必要的时候，经过中央政府的允许，可以尝试让地方政府发行食品券，确保农产品价格出现大幅度畸形波动时，切实有效地维护广大人民群众的生活，确保社会的稳定。当然，考虑到发行食品券的风险，政府在发行食品券时，需要高度重视对相关风险的控制，严禁食品券在发行区之外的流通和使用。

第七节　农产品价格基本稳定的社会约束与自律机制构建

要确保农产品价格的基本稳定，不仅要强化农产品价格基本稳定的行政约束机制构建，还需要强化农产品价格基本稳定的经济调节机制构建，对农产品价格基本稳定的社会约束与自律机制构建也应该予以高度重视。毕竟，农产品价格波动涉及多方面的因素，社会约束可以弥补现有政府职能机关监管不足的缺陷，行业自律可以促进从事农产品"产—供—销"一体化业务的企业为农产品价格基本稳定更好地发挥作用。在市场经济条件下，要高度重视农产品价格基本稳定的社会约束与自律机制构建。

一　农产品价格基本稳定的社会约束与自律机制概念内涵

所谓农产品价格基本稳定的社会约束与自律机制，指的是为确保农产品价格的基本稳定，应该通过建立农产品价格社会监督与行业协会价格自律的方式，避免直至杜绝农产品"产—供—销"一体化过程中可能发生的人为因素所导致的农产品价格大幅度畸形波动的机制。这种机制具有以下几个方面的显著特点。

第一，监督性。农产品价格的基本稳定，离不开社会约束与自律机制的构建。前者是外在的监督，而后者是自我的监督。也就是说，农产品价格基本稳定的社会约束与自律机制的首要特点是监督性。农产品从生产到最终销售，中间要经过的环节非常多，某一个环节出现问题，都有可能直接导致农产品价格的大幅度畸形波动。为此，强化对农产品产—供—销一体化过程中的监督尤为重要。政府及其主管部门主要是对销售环节的农产品进行监督，而对于生产环节、运输环节以及部分销售环节的监督，必须发动社会的力量来进行。虽然与政府及其主管部门的监督相比，社会监督并不具有严格意义上的法律效力，但是，社会监督因为人数众多，对整个农产品产—供—销环节的监督相对来说比较彻底。同时，通过社会监督所反映出来的问题，可以及时反馈到政府及其主管部门，这有利于政府及其主管部门更好地强化对农产品产—供—销环节的监督。除这些外，行业自律也尤为关键，某些农产品真实的生产成本很难监测，需要行业自律来发挥作用。

第二，自觉性。如何引导农产品产—供—销一体化利益链条上各利益主体严格按照《中华人民共和国价格法》的要求，诚实劳动，合法经营，不从事哄抬物价、囤积居奇的违法行为，确实是非常困难的。虽然对于农产品价格监测，国家高度重视，政府及其主管部门也积极介入，社会力量也高度关注，但是，要真正让农产品价格保持基本稳定，还必须强调农产品产—供—销一体化利益链条上各利益主体的自觉性；监督不是目的，让所有的利益主体都将自觉维护农产品价格稳定作为一种习惯才是根本，也只有如此，农产品价格才能够在多方监督下处于基本的稳定状态。当农产品滞销时，各利益主体应该理性地面对，充分调动各方力量，及时将滞销的农产品销往外地；当农产品歉收时，相关利益主体应该未雨绸缪，提前从其他地区甚至是国外调剂农产品，以确保市场上农产品供求的稳定，避免农产品价格因为供求失衡而出现大幅度畸形波动。此外，对市场上农产品的价格波动情况，特别是某些农产品出现价格大幅度波动时，社会大众也应该自觉向政府及其主管部门汇报，自觉为农产品价格的稳定创造条件。

第三，补充性。不同于政府及其主管部门对农产品价格的监测，农产品价格基本稳定的社会约束与自律机制即便启动了，其作出的反应并不具有法律效力。但是，为了更好地监控农产品价格波动，避免农产品价格大幅度畸形波动情况的出现，农产品价格基本稳定的社会约束与自律机制不可缺少。从某种意义上说，农产品价格基本稳定的社会约束与自律机制具有补充性的作用。当前文所介绍的诸多机制发生作用的时候，为了更好地确保农产品价格的基本稳定，切实维护广大人民群众的切身利益，避免农产品出现大幅度畸形波动对国民经济发展和社会稳定可能造成的冲击，必须高度重视社会约束与自律机制作为补充作用的发挥。

二　构建农产品价格基本稳定的社会约束与自律机制原则

充分考虑到农产品价格基本稳定的社会约束与自律机制的构建，既涉及社会力量的参与，又涉及行业自律作用的发挥，还会涉及政府及其主管部门在此过程中的参与。也就是说，构建农产品价格基本稳定的社会约束与自律机制是极其复杂的，需要充分发挥多方力量的作用，需要遵循相应的原则。

第一，广泛动员的原则。实施农产品价格基本稳定的社会约束与自律机制，必须坚持广泛动员的原则。无论是社会监督机制，还是自律机制自身,要避免农产品价格出现大幅度畸形波动,就需要充分发挥农产品产—供—销一体化利益链条上所有利益主体的主观能动性,让他们都投入对农产品价格的监督中。基于这样或者那样的原因,部分主体可能会以"事不关己,高高挂起"的心态来对待监督,从短期来看,这部分主体的利益不会受到损害,但是,从长期来看,一旦农产品价格出现大幅度畸形波动,所有主体都会成为农产品价格不正常波动的受害者。通过政府及其主管部门广泛的动员,社会大众自觉投身对农产品价格的监督中,各行业协会也自觉投入对农产品价格的监督中,通过农产品产销者之间信息的畅通,可以为农产品价格的合理波动创造条件,可以在很大程度上直接平抑农产品价格的大幅度畸形波动。

第二,科学引导的原则。实施农产品价格基本稳定的社会约束与自律机制,必须坚持科学引导的原则。让社会约束与行业自律机制发挥作用,离不开政府及其主管部门的科学引导。对社会大众的监督来说,监督的目的是更好地约束农产品产—供—销一体化利益链条上各利益主体的行为,而不是激化农产品生产者和消费者之间的矛盾,这需要政府及其主管部门的正确引导;对行业来说,行业自律要求农产品产—供—销一体化利益链条上各利益主体诚实劳动,合法经营,遵规守纪,而不是让行业内部各企业之间恶性竞争,要让行业内部各企业充分认识到这一点,也离不开政府及其主管部门的合理引导。当然,在实际过程中,政府及其主管部门的科学引导,需要公开、公平、公正,要让所有的监督者和被监督者都充分认识到农产品价格基本稳定是利国利民的大事;也只有通过维持农产品价格的基本稳定,农产品产—供—销一体化利益链条上各利益主体才能够获得源源不断的利益。

第三,全程互动的原则。实施农产品价格基本稳定的社会约束与自律机制,必须坚持全程互动的原则。在社会约束机制下,要充分发挥社会大众参与监督,对由社会大众反馈回来的有关农产品价格不正常波动的信息,需要由政府及其主管部门进行及时准确的研判,及时给予相应的反馈。在自律机制下,要充分发挥行业协会内部企业之间的互相监督,对由行业协会和行业协会内部企业反馈的价格信息,政府及其主管部门需要高度重视,并及时给予反馈。通过对农产品产—供—销一体化各环节价格信息的监督互动,力求让政府及其主管部门全方位、多角度地掌握农产品价格波动的最新消息，将农产品价格可能出现的大幅度畸形波动扼杀在萌芽状态，以切实维护广大人民群众的切身利益，保证国民经济的发展和社会的稳定。

三　构建农产品价格基本稳定的社会约束与自律机制路径

与前文中构建农产品价格基本稳定的其他长效保障机制一样，要构建农产品价格基本稳定的社会约束与自律机制，还必须坚持正确的路径选择。在充分考虑到中国经济社会发展实际情况的基础上，本课题认为，要构建农产品价格基本稳定的社会约束与自律机制，需要从以下几个方面作出努力。

第一，构建农产品价格社会监督机制。农产品所包含的种类是极其丰富的，政府及其主管部门不可能对每一种农产品的价格都及时准确地进行监管，为此，需要构建农产品价格社会监督机制。一方面，可以充分发挥非政府组织在农产品价格监督中的作用。随着时代的发展，各级各类非政府组织种类众多，可以选择精干高效的非政府组织介入农产品价格社会监督中。虽然非政府组织不同于政府及其主管部门，但是，相当部分非政府组织自身专业水平高，综合素质强，且对农产品价格的监督不像政府及其主管部门一样时间固定，在一定程度上，能够科学有效地监督农产品价格。另一方面，可以充分发挥城乡居民对农产品价格的监督作用。作为农产品的直接消费者，农产品具体如何、是否存在价格波动，城乡居民对其的反应是较为敏感的。通过城乡居民的监督反馈，政府及其主管部门可以及时洞察农产品价格波动的情况。在某些时候，对于人为操纵农产品价格波动的具体情况，城乡居民往往会更先感觉到。作为社会约束与自律机制的重要组成部分，农产品价格社会监督机制在很大程度上还可以弥补政府及其主管部门定点定时监督的缺陷，具有更为灵活的显著特点。进一步讲，农产品价格社会监督是政府及其主管部门监督农产品价格的重要补充。

第二，构建农产品价格行业自律机制。从中国的实际情况来看，各级各类行业协会种类繁多，行业协会通过抱团取暖的方式可以更好地维护行业内部相关利益主体的切身利益，这是值得肯定的。同时，由于行业协会内部涉及的企业数量众多，在市场上议价能力较强，这对于不具有议价能力或者说议价能力较弱的普通消费者来说，显然是不公平的。要避免农产品价格出现大幅度畸形波动，必须强化农产品价格行业自律机制的构建。一方面，要确保农产品行业协会在维护相关利益主体方面的优点。准确地讲，行业协会各企业要生存和发展，必然会追求利润，这是不可避免的，也是要支持和鼓励的。需要重点关注的是，行业协会不能够操纵农产品的市场价格，不能够以集体的力量在农产品供求态势不明朗的情况下，恶意助推农产品价格的暴涨。另一方面，对在行业协会内部严格遵守国家法律法规，积极发挥模范带头作用，真正起到自律示范作用的企业，政府及其主管部门需要对其进行奖励。通过奖励，更好地发挥示范效应，让更多的企业自觉抵制恶意操纵农产品价格的违规违纪行为的发生。也就是说，为有效规避农产品价格出现大幅度畸形波动，确保市场上农产品价格的基本稳定，政府应该强化对农产品产—供—销一体化过程中每一类行业协会的引导，真正让行业协会服务于国民经济发展和社会稳定。

第三，构建农产品经营者诚信评价机制。要确保农产品价格的基本稳定，规避农产品价格大幅度畸形波动情况的出现，还必须特别重视构建农产品经营者诚信评价机制。一方面，可以由政府及其主管部门出面，定期对农产品经营者进行诚信评价。对被评为诚信等级的农产品经营者，政府及其主管部门需要在公开场合张榜公示，并颁发相应的证书。对被评为不诚信等级的农产品经营者，需要责令整改，整改不过的，吊销营业执照。另一方面，政府还需要出台相应的综合配套政策，强化农产品经营者诚信评价机制。比如，对凡是被评为诚信等级的农产品经营者，在财政补贴、税收返还和信贷支持方面要予以适当倾斜，让诚实经营、合法劳动的农产品经营者得到实实在在的好处。此外，结合前文的分析，为更好地营造自觉维护农产品价格基本稳定的良好氛围，让更大多数人参与到农产品诚信评价中，还需要充分发挥社会力量，让公众和非政府组织参与到政府及其主管部门组织的农产品诚信评价体系中来；通过多方力量的共同参与、共同努力，切实提高农产品经营者诚信评价机制的含金量。

第七章　农产品价格基本稳定的调控模式创新

由于农产品价格波动是多方面因素共同作用的结果，从某一个方面着手是无法确保农产品价格基本稳定的。基于此，本书认为，要确保农产品价格的基本稳定，不仅需要构建农产品价格基本稳定的长效机制，还需要创新农产品价格基本稳定的调控模式。依据农产品产—供—销一体化的流程不同，本章拟从农产品的稳定生产模式创新、快速流通模式创新、有效销售模式创新、激励补偿模式创新和法律保障模式创新等方面来分析农产品价格基本稳定的调控模式创新问题。对每一种调控模式创新问题，本章拟先从概念内涵着手，然后剖析每一种模式创新的具体要求、具体做法，力求创新模式的可操作性。当然，充分考虑到中国不同地区农业经济发展水平的显著差异，在分析每一种具体的调控模式创新时，不同地区应该会有所差异，可能在农业经济发达地区的某种调控模式已经过时，而在农业经济发展滞后地区则不过时。

第一节　农产品价格基本稳定的稳定生产模式

要确保农产品价格的基本稳定，重中之重是要确保农产品的均衡稳定供给，而这又在很大程度上直接取决于农产品的生产模式。有效的生产模式，能够保证市场上农产品的供求均衡，农产品价格能够保持基本稳定；反之，生产模式出现问题的话，市场上农产品会产生供求失衡，农产品价格必然会出现大幅度畸形波动。要创新农产品价格基本稳定的调控模式，需要考虑的就是农产品生产模式的创新问题。只有有效解决了农产品生产模式的创新问题，农产品价格基本稳定才有较为坚实的前期基础。

一　农产品价格基本稳定的稳定生产模式概念内涵

所谓农产品价格基本稳定的稳定生产模式，指的是为确保市场上农产品的有效、均衡、稳定供给，规避农产品价格大幅度畸形波动现象的出现，农产品的生产应该在政府及其主管部门的引导下，遵循市场经济的发展规律，有条不紊地进行，而不是简单地紧跟市场上农产品价格的波动而盲目安排农业生产经营活动的生产模式。很显然，这种模式具有以下几个方面的特点：

第一，政府及其主管部门在农产品生产中具有引导的责任。在市场经济条件下，虽然政府及其主管部门不应该对经济发展横加干涉，但是，充分考虑到农产品在国民经济社会发展中的战略性地位，为确保农产品的有效、均衡、稳定供给，保证农产品价格的基本稳定，政府及其主管部门应该在农产品生产中发挥"看不见的手"的作用，引导农产品的安全生产。

第二，农产品的生产需要遵循市场规律。在市场经济条件下，农产品的生产既要重视"看不见的手"的作用，也要高度重视"看得见的手"的作用的发挥。如果某种具体的农产品供大于求，市场上根本不需要这么多的农产品时，在确保农产品战略安全的前提条件下，农产品生产者应该适当调整自己的生产经营策略，调整农产品的种养殖结构，减少农产品的市场供给。

第三，从国家的层面来看，农产品的生产要以确保国民经济健康、稳定、可持续发展和社会稳定为首要的目标。农产品价格的大幅度畸形波动，不仅直接影响农民收入的增长和城镇居民的生活，还会对国民经济健康、稳定、可持续发展带来冲击，也会在很大程度上直接影响社会的稳定。因此，农产品的稳定生产模式，还必须从国家战略层面出发，以农产品价格基本稳定促进国民经济健康、稳定、可持续发展和社会稳定为首要目标。

二　农产品价格基本稳定的稳定生产模式基本要求

要确保农产品价格的基本稳定，在弄清楚农产品价格基本稳定的稳定生产模式基础上，还需要弄清楚农产品价格基本稳定的稳定生产模式的基本要求。也就是说，要达成农产品价格基本稳定的目标，从农产品价格基本稳定的稳定生产模式方面来讲，还必须做好以下几个方面的工作。

第一，高度重视对农村农业资源"非农化"的监管。作为农产品价格基本稳定的坚实基础，农村农业资源需要得到保障。因为充足的农业资源供给，可以从源头上直接保证农产品的有效、均衡、稳定生产。从目前的实际情况来看，中国农村农业资源"非农化"的现象较为常见，这直接影响着农产品的生产，在某种程度上导致了农产品价格的大幅度畸形波动。要真正坚持农产品价格基本稳定的稳定生产模式，一是要严格坚守国家对农村农业资源的保护政策。比如，18 亿亩耕地红线政策需要坚守，不能够在城镇化进程中无规划、无节制地浪费耕地资源，破坏正常的农业生产活动，影响农产品的供给，从而导致农产品价格的大幅度畸形波动。二是要科学引导农产品产—供—销一体化过程中相关利益主体对农产品生产供给的高度重视。当农产品价格出现大幅度畸形波动时，部分农产品生产者会盲目跟风，大规模改变农业资源的用途，迅速减少市场上农产品的供给，导致农产品价格出现大幅度畸形波动。三是要高度重视农村农业资源的污染问题。农产品的品质在很大程度上直接受农业资源自身质量的影响，大量农业资源的污染必然会影响农产品的品质，这对于市场上农产品的供求也会产生显著影响。理由很简单，理性的农产品消费者都希望消费高品质的农产品，对影响身体健康的农产品不会有过多的消费需求。

第二，高度重视农村基础设施建设。滞后的农村基础设施建设，直接影响着农产品的生产。以粮食生产为例，受农村基础设施建设滞后的影响，良种、农药、化肥和农膜等重要的农业生产资料无法达到农户手中，绝大多数农户仍然沿袭着几千年来的传统农业生产模式，不仅粮食产量低，粮食品质也得不到保证，这对于市场上粮食产量的有效、均衡、稳定供给显然会产生负面影响。要真正坚持农产品价格基本稳定的稳定生产模式，一是要继续加大对农村基础设施建设的投入力度。需要高度重视对以路、水、电为代表的基础设施建设的投入力度，卓有成效地解决好影响农产品生产的路、水、电等问题。需要高度重视对农田水利设施建设的投入力度，确保农村农产品生产能够旱涝保收。需要高度重视对农村其他基础设施建设的投入力度，为农产品的产—供—销一体化夯实基础。二是要高度重视对农村基础设施建设的维修保养力度。随着城镇化进程的加快，农村基础设施维修保养问题日益凸显。一方面是农村基础设施建设滞后，制约着农业生产的发展，影响农产品的供给，对农产品价格的稳定带来冲击；另一方面是农村现有的基础设施建设年久失修，日益破败，严重地制约着农业生产，要高度重视对农村基础设施的修葺工作。

第三，高度重视支农惠农政策实际成效的发挥。改革开放以来，随着中国经济的持续高速增长，中国整体经济实力显著增强，国家对农业也越来越重视。特别是在经济新常态下，工业反哺农业、城市支持农村的发展战略，对于开拓农村市场、挖掘新的消费增长点无疑具有重要意义。从目前的实际情况来看，国家先后出台了大量的支农惠农政策；从理论上说，这些政策对于确保农产品的有效、均衡、稳定供给具有重要影响；但是，从实际效果来看，随着国家城镇化进程的加快，大量富余农村劳动力流入城市，以摞荒地为代表的新现象值得高度关注。要真正坚持农产品价格基本稳定的稳定生产模式，一是需要国家层面加大支农惠农政策的出台力度。农业是国民经济的基础，农产品的供给直接关系着农民增收和城镇居民生活，对国民经济健康、稳定、可持续发展和社会稳定都会产生重要影响。因此，国家要从战略的层面出发，强化对农业、农村和农民发展的支持力度，出台更多有利于激发农产品生产者生产积极性的政策。二是地方政府层面要狠抓落实，确保国家支农惠农政策真正发挥实际成效。国家层面支农惠农政策能否真正发挥作用，在很大程度上直接受地方政府贯彻落实政策力度的影响。如果地方政府能够不折不扣地贯彻执行中央的政策，农产品生产者的积极性能够被全面激发，那么，市场上农村农产品的供给不会存在问题，农产品价格也会相对稳定；反之，农产品的价格则可能会出现大幅度畸形波动。

三　农产品价格基本稳定的稳定生产模式具体路径

要将农产品价格基本稳定的稳定生产模式付诸实践，还必须探究落实这种模式的具体路径。在结合实际的基础上，本课题认为，需要从大力培育新型农业经营主体和大力推广现代农业技术方面着手。

第一，大力培育新型农业经营主体，夯实农产品稳定生产的组织基础。从国内的实际情况来看，随着城镇化进程的加快，新型农业经营主体已经成为农产品供给的最重要主体。因此，要规避农产品价格的大幅度畸形波动，确保市场上农产品价格的基本稳定，从源头上保证农产品的有效、均衡、稳定供给，必然要大力培育新型农业经营主体。具体来说，就是要强化对具有发展潜质的种养殖业个体农户的支持力度，逐步将符合条件的个体农户发展成为农村种养殖业专业大户，提供种养殖业的生产规模，增强种养殖业专业大户抵御市场风险的能力；进一步加大对各级各类家庭农场的支持力度，通过家庭农场带动更多个体农户自觉主动地加入稳定供给农产品的队伍中，增强家庭农场发展的整体实力；引导农民专业合作社的发展，通过农民专业合作社来带动更多的农户从事有计划的农业生产，切实增强农民专业合作社的发展实力；加大对农业龙头企业的支持力度，通过农业龙头企业带动区域农业生产的发展，确保市场上农产品的有效、均衡、稳定供给，规避市场上农产品价格的大幅度畸形波动。

第二，大力推广现代农业科学技术，夯实农产品稳定生产的科技基础。现代农业科学技术的推广，对于提高农产品单产产量、提升农产品的品质，具有重要的影响，是规避农产品价格出现大幅度畸形波动的重要举措。具体来说，需要进一步加强农村基层农业科学技术推广体系的建设，将现代农业科学技术的推广与农产品的生产紧密结合起来，为农产品的生产保驾护航。需要建立专门的现代农业科学技术创新投入保障机制，需要各地区随 GDP 的增长逐年加大对现代农业科学技术的投入，保证现代农业科学技术能够得到大力推广。需要大力培植科技型农业企业，通过科技型农业企业自身的发展，增加农产品的附加值；同时，带动周边农产品生产者不断创业创新。需要逐步建立农业科技创新团队，可以探索"一个团队 + 一套技术 + 一片基地"的模式来带动一群示范户、一个产业，造福一方农民。当然，在此过程中，现代农业科学技术将得到全面的推广。以"五业"（特色产业、农村服务业、农产品加工业、转移就业、自主创业）培训为重点，大力开展新型农民培训工作，努力提高农民科技素质，全面推广现代农业科学技术。此外，为了全面推广现代农业科学技术，还需要加快现代农业科技示范园区建设，搭建农业科技创新投融资平台，全方位多角度为现代农业科学技术的推广夯实基础，为农业生产的健康、稳定、可持续发展添砖加瓦，确保农产品的有效、均衡、稳定供给，切实维护农产品价格的基本稳定。

第二节　农产品价格基本稳定的快速流通模式

要确保农产品价格的基本稳定，不仅要从源头上保证农产品的生产与供给问题，还需要高度重视农产品的快速流通问题。从国内的实际情况来看，尽管部分地区基于资源优势具备大规模生产农产品的能力，但是受流通模式的限制，农产品即便是可以大量生产出来也无法销售出去。只有彻底畅通农产品产地与销售地之间的所有环节，农产品产—供—销才能真正做到一体化，农产品价格大幅度畸形波动问题才能够得到有效缓解。因此，创新农产品价格基本稳定的调控模式，必须高度重视对农产品价格基本稳定快速流通模式的创新。

一　农产品价格基本稳定的快速流通模式概念内涵

所谓农产品价格基本稳定的快速流通模式，指的是为规避农产品价格的大幅度畸形波动，减少直至杜绝人为因素对农产品产销的垄断，农产品产—供—销一体化各环节应该通畅，农产品从产地到消费者手中必须具有能够得到保障的流通渠道；也就是说，农产品从产地生产出来再送到消费者手中，需要有快速便捷的物流体系做保障，农产品流通是快速有效的。很显然，这种模式具有以下几个方面的特点：第一，对基础设施建设的要求高。要确保农产品快速流通，以道路网络为代表的基础设施建设必须非常完善。从中国的实际情况来看，农产品流通的"最后一公里问题"并没有得到有效解决，一方面是城镇居民对农产品的需求旺盛，另一方面是农产品并不能够及时从农产品产地运输出来，两者之间的矛盾表现得尤为明显，这直接影响着农产品的快速流通。第二，对软件服务的要求高。有高度畅通的基础设施建设，并不能够确保农产品快速从产地流入消费地，因为软件服务对农产品流通业具有重要的制约作用。从中国的实际来看，即便是市场上快递公司种类繁多，但是，这些快递公司极少有专门针对偏远地区的服务网络体系；换句话说，偏远地区的农产品并不能够借助快递公司销售出来。第三，对配套服务的要求高。除上述两点外，农产品快速流通对配套服务的要求也较高。没有高效安全的支付手段做保障的话，农产品的快速流通也会在很大程度上直接受到影响。

二　农产品价格基本稳定的快速流通模式基本要求

在弄清楚农产品价格基本稳定的快速流通模式概念内涵的基础上，要创新这种模式并将其落到实处，还必须研究这种模式的基本要求，也就是要研究将这种模式落到实处的条件问题。在结合实际的基础上，本课题认为，要将农产品价格基本稳定的快速流通模式落到实处，需要从重视硬件环境建设和软件环境建设着手。

第一，高度重视农产品快速流通的硬件环境建设。发达国家和地区农产品价格调控的历史已经表明，硬件环境建设对于农产品的快速流通具有重要的影响；如果硬件环境建设好，农产品流通速度快，农产品价格出现大幅度畸形波动的可能性会减小；反之，农产品流通速度慢，农产品价格被人为操纵的可能性大，农产品价格波动的可能性会相应增大。要构建农产品价格基本稳定的快速流通模式，一是要竭力解决农村地区农产品供给的"最后一公里问题"。二是要科学规划城镇地区的各级各类农贸市场和大型超市。三是要解决好农贸市场与物流集散中心的道路建设问题。

第二，高度重视农产品快速流通的软件环境建设。与农产品快速流通硬件环境建设一样，农产品快速流通的软件环境建设也是非常重要的。甚至在某些时候，农产品快速流通的软件环境建设对农产品产销的影响更大，相应地，农产品快速流通的软件环境建设也会对农产品价格波动产生直接的影响，在极端情况下，将会直接导致市场上农产品价格的大幅度畸形波动。要构建农产品价格基本稳定的快速流通模式，一是要科学引导各级各类农产品加工、运输和配送企业的发展。农产品从产地到消费者手中，往往要经过多个不同的环节，最主要的环节有农产品加工环节、农产品运输环节和农产品配送环节；从现实来看，每一个环节又会涉及不同的企业。因此，要确保农产品能够快速流通，需要政府及其主管部门出面，科学引导各级各类农产品加工、运输和配送企业的发展。在某些经济欠发达地区，政府及其主管部门更应该加大对这类企业的扶持力度。二是要从工商管理、税务服务、金融支持等角度出发，卓有成效地做好农产品快速流通的配套工作。从现实来看，不经过正规的手续，农产品从产地到消费者手中往往会面临诸多现实困难，因为农产品快速流通涉及工商管理部门、税务部门以及金融机构，某一个机构出现问题，都会直接影响到农产品的快速流通。因此，要确保农产品的快速流通，就需要工商管理部门、税务部门和金融机构的通力合作。

三　农产品价格基本稳定的快速流通模式具体路径

要确保农产品价格的基本稳定，需要创新农产品价格基本稳定的快速流通模式，而要将这一模式真正落到实处，还必须高度重视对落实这一模式的具体路径的研究。在结合现实的基础上，本书认为，要将这一模式落到实处，就需要支持农村农产品加工业的发展和农村物流业的发展。

第一，支持农村农产品加工业的发展。从现实来看，消费者很少直接消费未经过任何加工的农产品，更多的是消费经过初加工甚至是深加工的农产品。如果农产品在销售的过程中，已经完成了初加工或者是深加工，那么，只要农产品收购企业到来，农产品就很容易被销售出去；反之，即便是农产品收购企业前来收购农产品，农产品也未必能够在短期内快速有效地售卖出去。也就是说，农产品加工业的发展对于农产品的快速流通具有重要影响。为此，要坚持农产品价格基本稳定的快速流通模式，一是要加大力度支持农村农产品加工业的逐步发展壮大。作为农村工业化的基础，农村农产品加工业的发展离不开政府的科学引导和大力支持。需要利用当前新型农业经营主体培育的契机，引导具备一定基础的农村农产品加工业的发展，逐步将符合条件的个体户和小微型企业发展成为农业龙头企业。对凡是符合培育条件的主体，政府需要从财政补贴、税收减免和贴息贷款等角度提供支持。二是要加大力度支持农村农产品包装业的逐步发展壮大。充分考虑到农村农产品包装业发展的重要性，政府可以通过招商引资工作，引导城镇相关大中型企业在农产品产地设立分支机构，积极主动投身到农业产业发展过程中，有条不紊地促进农村农产品包装业的发展。

第二，支持农村物流业的快速发展。农村物流业的发展，对于农产品的快速流通具有极端重要性。如果没有快速高效的物流业，农产品将无法及时销售出去，其对于平抑市场上农产品价格的作用也将无法发挥；反之，借助快速高效的物流业，农产品能够快速流通，其对于及时缓解市场上农产品供求失衡状态将会产生立竿见影的效果，对于平抑农产品价格波动的作用也会非常明显。为此，要坚持农产品价格基本稳定的快速流通模式，一是要支持、鼓励和引导以"四通一达"为代表的快递业在农村地区的发展。从国内的实际情况看，除邮政快递外，以"四通一达"为代表的快递业虽然在城镇发展迅速，但在部分偏远的农产品产地并未开展相关业务，农产品产地销售的"最后一公里问题"仍然存在，这严重制约着农产品的快速流通。与此同时，邮政快递不仅发货速度慢，而且快递成本相对也更高。要坚持农产品价格基本稳定的快速流通模式，就必须大力引导以"四通一达"为代表的快递业在农村地区的发展。二是要加大力度支持从事农村农产品短途运输的相关个体户和企业的发展力度。与城镇不同的是，农村运输车辆相对较少，从事农产品短途运输的相关个体户和企业数量也不多，这直接制约着农产品的快速流通。因此，政府及其主管部门必须采取政策引导相关个体户和企业投入农产品短途运输业务中，逐步培育符合中国农村特色的新型物流运输模式。

第三节　农产品价格基本稳定的有效销售模式

要确保农产品价格的基本稳定，不仅要确保农产品的生产，还要高度重视农产品的快速流通，更要重视农产品的有效销售。要在农产品销售过程中，切实有效地保障从事农产品产—供—销一体化各流通环节利益主体的利益，必须高度重视构建农产品的有效销售模式。换句话说，要确保农产品价格的基本稳定，避免农产品价格大幅度畸形波动所带来的损失，就需要创新农产品价格基本稳定的调控模式，要高度重视作为调控模式重要组成部分的农产品的有效销售模式。

一　农产品价格基本稳定的有效销售模式概念内涵

所谓农产品价格基本稳定的有效销售模式，指的是为确保农产品价格的基本稳定，农产品在销售环节是完全畅通的，农产品销售环节的"最后一公里问题"得到了彻底有效的解决。换句话说，农产品从产地运输到了销售地，农产品的销售在销售地并不存在其他任何人为因素的影响和制约。这种模式具有以下两个方面的显著特点：第一，销售地没有专门针对外来农产品的歧视性规定。农产品与工业产品存在着显著差异，不同地区的农产品具有自身的特色；即便是同一种农产品，产地不同，农产品外观等方面的特点也会不一样。要确保农产品能够有效销售，就要保证农产品在销售地能够享受公正的待遇。以"毒生姜"事件为例，媒体全面曝光"毒生姜"事件后，为了保障广大人民群众的切身利益，部分地区对生产过"毒生姜"的产地农产品采取抵制的态度，甚至部分地区工商管理部门专门出台相关的细则，严禁"毒生姜"产地农产品的流通。很显然，这种做法欠妥当。为保证农产品的安全，这是有必要的，但是，出台专门的歧视性规章制度限制农产品的流通，这显然也是违规的做法。从短期来看，出台歧视性条款可以禁止农产品的流通；从长期来看，歧视性条款势必会直接影响广大人民群众的切身利益。第二，销售地农产品市场体系健全发达。随着各地城镇化进程的加快，部分地区城市规划并不科学，与城镇居民生活相配套的大型超市、农贸市场布点不均，因此，即便是城镇居民对某种农产品有相应的需求，也会因为购买不方便而无法购买，这势必会直接影响农产品的销售。在某些特殊情况下，因为农产品销售的困难，也会导致农产品价格在短期内的大幅度畸形波动。如果农产品销售地市场体系健全发达，农产品能够及时销售，农产品价格将会保持相对稳定。

二　农产品价格基本稳定的有效销售模式基本要求

要确保农产品价格基本稳定，必须创新农产品价格基本稳定的有效销售模式，这不仅要求弄清楚农产品价格基本稳定的有效销售模式的概念内涵，还必须弄清楚其基本要求。在结合实际的基础上，本课题认为，要创新农产品价格基本稳定的有效销售模式，必须重视运用现代农业科学技术，重视农产品的品牌培育，重视对农产品售后反馈意见的处理。

第一，将市场经济发展理念贯穿到农产品销售过程中。在市场经济的发展过程中，竞争是不可避免的，但是，比竞争更重要的是"公平"，能否保证市场主体具有平等参与竞争的机会至关重要。如果有人为因素的阻碍，市场竞争将是不完全、不充分的，市场商品的价格也往往不能够科学地反映其自身的价值及相应的市场供求关系。农产品价格基本稳定的有效销售模式，要求政府及其主管部门公正地对待来自不同地域的农产品，要求提供客观公正的市场竞争环境。进一步讲，就是要求来自不同省市的农产品能够在全国市场范围内自由流通，公平竞争。虽然对于农产品的价格，政府及其主管部门有宏观调控的权力，但是，只要是在宏观调控的范围内，只要在法律法规允许的范围内，来自不同省市的农产品市场价格就应该由市场上供求双方来决定。比如，同样都是苹果，可能有新疆的，有陕西的，有山东的，也可能有甘肃的，哪种苹果的具体价格如何，应该由市场自行决定；即便是在某些特殊的情况下，如某些产地的苹果出现质量问题，对于出现质量问题的苹果的价格，只要不违反国家的法律法规，也应该由市场供求双方共同决定。在市场上，任何地域性、歧视性的地方相关规则的出台，都是不合理不合法的，应该坚决予以取缔，市场上的游戏规则应该是在遵循国家法律法规的前提下由市场供求双方共同决定商品的价格。

第二，进一步健全城镇农产品市场销售网络体系。健全城镇农产品市场销售网络体系，就是要破除农产品销售的"最后一公里问题"，确保农产品消费者能够及时购买到物美价廉的农产品，尽可能地规避农产品销售环节人为因素对相关价格的操纵，维持农产品价格的基本稳定。具体来说，一是要逐步完善城镇居民小区附近便民店、利民店的建设。作为农产品有效销售的毛细血管，城镇居民小区附近便民店、利民店的建设对于农产品的直接销售具有重要的意义。特别是对于与城镇居民生活密切相关的蔬菜、水果等农产品，通过便民店、利民店，城镇居民可以在方便自己生活的同时，扩大对相关农产品的实际消费。二是要科学规划城镇新建小区附近大型超市的建设。作为现代化城镇小区的重要配套设施，大型超市也是农产品销售的重要渠道。通过科学合理的规划，可以引导农产品的合理流通，促进农产品的有效销售。三是要科学布局与城镇居民生活密切相关的大型农贸市场的建设。作为城镇居民生活实际需要的农产品的重要流通基地，科学合理的大型农贸市场建设，可以卓有成效地调节市场上农产品的供求状态，对于平抑农产品价格大幅度畸形波动具有非常显著的积极意义。

第三，高度重视农产品价格反馈意见，重视农产品销售品牌的培育。对于农产品的有效销售来说，必须高度重视农产品的价格反馈意见，注重农产品品牌的培育。从短期来看，这有利于促进农产品的稳定销售，减少人为因素对农产品销售的影响；从长期来看，这有利于营造良好的市场环境，有利于农民的增产增收和城镇居民的生活，确保市场上农产品价格的基本稳定。具体来说，一是所有的农产品销售点都应该高度重视消费者对农产品价格的反馈。在农产品销售市场，相同品种不同品质的农产品价格相差可能较大，当消费者对价格有相应的反馈时，农产品销售点应该高度重视。作为农产品的最直接使用者，消费者对农产品价格的反馈可能暗含着与市场行情相关的信息，甚至可能是农产品价格大幅度畸形波动的前兆。二是要高度重视农产品销售品牌的培育。在农产品实际销售过程中，难免会有以好充次、鱼龙混杂情况的出现，通过培育农产品销售品牌，有利于对农产品价格进行更为准确的判断。当然，这对于促进农产品的有效销售也是具有显著的促进作用的，因为消费者一旦认可某种品牌，必然会较为持续地购买该品牌产品。

三 农产品价格基本稳定的有效销售模式的具体路径

创新农产品价格基本稳定的调控模式，需要创新农产品价格基本稳定的有效销售模式；在前文对农产品价格基本稳定的概念内涵及其基本要求进行研究的基础上，本课题认为，必须研究农产品价格基本稳定的有效销售模式的具体路径，也就是要积极尝试新型农超对接模式，探索新型城乡物流配送方式，探索高附加值农产品的外销模式。

第一，积极尝试新型农超对接合作模式。从中国的实际情况来看，农超对接更多的是大型农业企业与大型超市之间的对接，甚至有些大型超市都有自己的农产品供应基地。虽然这样做有利于从品质上对农产品进行监管，但是，中小企业、个体农户更多地被排斥在农产品供应链范畴之外，或者是在整个农产品产—供—销一体化过程中，中小企业、个体农户始终处于不利的地位，并不能够得到理想的利润，甚至在绝大多数时候，往往成为农产品价格大幅度畸形波动的最直接受害者。新型农超对接模式，应该考虑中小企业、个体农户在农产品产销供应链中的地位及其利润。比如，在农村地区，可以引导各级各类农民专业合作社的进一步发展，通过农民专业合作社将个体农户甚至是中小企业纳入农产品供应链中，强化农产品的市场供给与销售。再比如，在有条件的地区，可以尝试采取由农民专业合作社为相应的城镇居民小区的便利店、利民店配送农产品的方式，直接拓展城镇居民消费农产品的进货渠道，积极探索新型农超对接模式。

第二，积极探索新型城乡物流配送方式。要做到农产品的有效销售，必须积极探索新型城乡物流配送方式。具体来说，一是要将"工业品下乡"与"农产品进城"的渠道结合起来。从目前的实际情况来看，经过多年的发展，"工业品下乡"的渠道较为畅通，但是，"农产品进城"则存在诸多现实障碍。政府及其主管部门应该有意识地引导工农企业之间的合作，将"工业品下乡"与"农产品进城"的渠道结合起来，将农产品运往城镇。二是要竭力拓展农民专业合作社在城镇的生存和发展空间，依托各级各类农民专业合作社来强化农产品进城的渠道。虽然在农村地区农民专业合作社发展得较快，但在城镇地区，农民专业合作社的影响力较弱。作为桥梁和纽带，政府及其主管部门应该支持、鼓励和引导符合条件的农民专业合作社在城镇开设门市，强化农产品在城镇的销售。三是要大力发展农产品电商，依托各级各类快递公司来强化农产品的配送。作为新鲜事物，农产品电商的发展历史较短，但是，农产品电商的发展速度极为迅速，可以尝试依托农产品电商的发展来强化快递公司在农村业务的开展，加快农产品在城镇的销售。

第三，探索高附加值农产品的外销模式。与国外的农产品相比，中国相当部分农产品在价格方面并不具有优势，甚至相当部分农产品因为无法满足国外严格的检测标准而无法外销，但是，对于中国具有显著地方特色的农产品应该竭力拓展国际市场，探索高附加值农产品的外销模式。这对于有效缓解农产品因为供求失衡而导致的大幅度价格波动具有积极的意义。比如，可以通过国际农产品电商，将具有中国特色的农产品销往海外，也可以将相关的农产品纳入国家农产品销售巨头的采购体系中，将农产品销往海外。

第四节　农产品价格基本稳定的激励补偿模式

要确保农产品价格基本稳定，需要高度重视对农产品产—供—销一体化产业链条中各利益主体的激励与补偿；既要高度重视对农产品生产者的激励与补偿，也要高度重视对从事农产品运输环节各利益主体的激励与补偿，还需要高度重视对农产品销售及售后环节作出贡献的利益主体的激励与补偿。虽然惩罚性的措施在一定程度上可以有效地震慑农产品产—供—销一体化过程中违法乱纪行为的发生；但是，单纯的惩罚性措施难以确保农产品价格的基本稳定；在强化惩罚措施作用的同时，还必须高度重视激励与补偿措施的作用；只有将两者有机地结合起来，农产品价格的基本稳定才会有保障。

一　农产品价格基本稳定的激励补偿模式概念内涵

所谓的农产品价格基本稳定的激励补偿模式，指的是在农产品价格出现大幅度畸形波动时，政府及其主管部门对遵纪守法、严格执行相关政策规定的农产品产—供—销一体化利益链条上各利益主体给予激励补偿的模式。很显然，这种模式具有以下几个方面的特点：第一，激励补偿对象数量众多。当农产品价格出现大幅度畸形波动时，农产品产—供—销一体化利益链条上各利益主体不可能都不折不扣地遵守国家的法律法规，自觉维护农产品价格的基本稳定，部分利益主体难免会直接介入操纵农产品价格大幅度畸形波动的过程中。为此，需要对符合要求的利益主体进行激励补偿。当然，对在政府及其主管部门平抑农产品价格的过程中，发挥积极作用的各级各类农产品产销协会，也应该对其进行激励补偿。第二，激励补偿手段综合性强。从中国的现实来看，对诚实劳动、合法经营，严格遵守国家法律法规的农产品产—供—销一体化利益链条上各利益主体进行激励，常采取的手段既有物质层面的，也有精神层面的；既有财政、税收方面的，也有信贷支持方面的。也就是说，激励补偿的手段是多种多样的，具体采取哪种手段，需要根据当时的实际情况来做决定。第三，激励补偿效果往往更明显。在市场经济条件下，虽然政府及其主管部门尤为强调企业的社会责任，企业毕竟是理性的经济人，企业需要追求利润。对农产品产—供—销一体化利益链条上各利益主体来说，绝大多数利益主体都是企业，即便有些是个体户，他们理性经济人的本质也不会改变，从事农产品的产销主要是为了追求经济利润。当农产品价格出现大幅度畸形波动时，他们极有可能采取哄抬物价、囤积居奇的方式来获得高额利润。政府及其主管部门对遵纪守法的相关利益主体进行奖励补偿，从某种意义上说，就是对其"损失"的弥补。

二　农产品价格基本稳定的激励补偿模式基本要求

农产品价格基本稳定的激励补偿模式，不仅要科学筛选激励补偿的对象，还需要科学确定激励补偿的具体标准。前者可以确保激励补偿模式的公平性，后者可以确保激励补偿模式切实发挥作用；在实际过程中，需要充分发挥两者各自的作用，通过彼此的配合来共同确保农产品价格的基本稳定。

第一，科学筛选需要激励补偿的对象。激励补偿并不等于"撒胡椒面式"的无偿援助，要切实发挥激励补偿的实际成效，就必须科学筛选需要激励补偿的对象。从现实来看，农产品产—供—销一体化利益链条上所涉及的相关利益主体众多，即便是在农产品价格出现大幅度畸形波动时，真正哄抬物价、囤积居奇的非法经营者的数量也是相对较少的，绝大多数都是诚实劳动、合法经营的，到底该对哪些进行激励补偿呢？科学筛选需要激励补偿的对象尤为重要。具体来说，一是要对农产品产—供—销一体化过程中相关行业协会进行甄别，在严厉打击涉嫌人为操纵农产品价格的行业协会的同时，加大对自觉维护农产品价格稳定的行业协会的奖励补偿力度。在农产品价格出现大幅度畸形波动过程中，仅仅依靠政府及其主管部门的努力来平抑农产品价格往往会存在困难，需要充分发挥相关行业协会的力量，甚至是在某些时候，相关行业协会对相关企业的软约束作用更为明显，为此，对相关行业协会应该给予奖励补偿。二是要对在农产品价格出现大幅度畸形波动时，因为严格执行政府及其主管部门的相关政策，而确实遭受了相应损失的农产品供—销一体化过程中的利益主体给予奖励补偿。比如，当农产品价格出现大幅度畸形波动时，为平抑农产品价格的波动，确保市场上农产品的有效稳定供给，部分农产品产销企业可能会始终坚持农产品价格不动摇，严格执行政府及其主管部门的政策，这会给部分企业带来直接的经济损失，对此，政府及其主管部门应该对其进行奖励补偿。三是要将在政府及其主管部门平抑农产品价格波动过程中作出突出贡献的个人也纳入奖励补偿的范围内。

第二，科学确定激励补偿的具体标准。在科学筛选了需要激励补偿的对象后，还必须科学确定激励补偿的具体标准，明晰具体采用的激励补偿方式。具体来说，一是要确定科学合理的奖励补偿比例。激励补偿的比例过高的话，实际成效会大打折扣；激励补偿的比例过低的话，实际成效也不会明显；如何根据实际情况，在不增加政府及其主管部门压力的前提下加大对农产品产销主体的补偿力度尤为重要。二是要确定科学合理的奖励补偿数量。奖励补偿的数量应该体现出差异性，对确实在政府及其主管部门平抑农产品价格出现大幅度畸形波动过程中作出突出贡献的，可以加大补偿力度，而对于作出贡献相对较小的，奖励补偿力度可以适当减小。三是要确定科学合理的奖励补偿公示范围。奖励补偿对象需要在农产品价格出现大幅度畸形波动地区及时公开，私底下不公开的奖励补偿往往取不到实际成效。

三　农产品价格基本稳定的激励补偿模式具体路径

要创新农产品价格基本稳定的调控模式，确保农产品价格的基本稳定，需要研究农产品价格基本稳定的激励补偿模式，更要研究落实农产品价格基本稳定的激励补偿模式的具体路径，也就是要创新激励补偿的评选办法，创新激励补偿的具体方式。

第一，创新激励补偿的评选办法。到底哪些对象符合激励的标准，哪些对象符合补偿的标准，哪些对象既符合激励的标准又符合补偿的标准，这需要采取科学的评选办法来进行确定。从目前国内外政府在平抑农产品价格大幅度畸形波动方面所采取的措施来看，评选办法主要有如下几种：一是自荐。农产品产—供—销一体化利益链条上所有的利益主体，包括个人和企业，凡是在政府及其主管部门平抑农产品价格大幅度畸形波动中作出贡献的，都有资格自荐来享受相应的奖励补偿政策，成为激励补偿的对象。当然，凡是在农产品价格大幅度畸形波动中有违法乱纪行为的个人和企业，政府及其主管部门需要在审查具体自荐对象时将其直接排除掉。二是公推。比如，可以由农民专业合作社公推在农产品价格大幅度畸形波动过程中诚实守信、遵规守纪的农产品采购商，也可以反过来由农产品采购商公推在农产品价格大幅度畸形波动过程中诚实守信、遵规守纪的农民专业合作社，还可以尝试由辖区范围内居民公推在农产品价格大幅度畸形波动过程中诚实守信、遵规守纪的商场、超市以及商铺等。通过公推，扩大奖励补偿制度的社会影响，为农产品价格的基本稳定夯实基础。三是指定。在农产品价格大幅度畸形波动的过程中，对政府及其主管部门指定的农产品产—供—销主体，且为平抑农产品价格大幅度畸形波动作出贡献的相关个人和企业，也应该纳入奖励补偿的范围内。也就是说，创新确定激励补偿对象的评选办法，需要尽量让评选办法多样化。

第二，创新激励补偿的具体方式。从现实来看，奖励补偿的具体方式是多种多样的，可以是物质的，可以是精神的，还可以是物质与精神相结合的。从物质的角度来看，可以对严格遵守国家法律法规的农产品产—供—销一体化过程中的利益主体给予现金奖励，也可以采用其他具有纪念意义的商品来对其进行直接的物质奖励。从精神的角度来看，可以通过张榜公示的方式，也可以通过广播、电视、网络等方式，对获得激励补偿的个人和企业进行大力宣传。比如，可以在年度评优活动中，给予相关的个人荣誉称号，给予相关的企业荣誉称号，扩大对获得奖励补偿的个人和企业的宣传力度，传递正能量。从物质和精神相结合的角度，对确实作出贡献的个人和企业，既要给予物质方面的奖励补偿，还要给予精神层面的奖励补偿。当然，在农产品价格基本稳定的奖励补偿模式中，应该根据实际情况决定到底采取激励模式、补偿模式还是"激励＋补偿"的模式，采取恰当的模式有利于更好地取得激励补偿的实际成效。

第五节　农产品价格基本稳定的法律保障模式

要确保农产品价格的基本稳定，除了需要创新农产品价格基本稳定的稳定生产模式、快速流通模式、有效销售模式和激励补偿模式外，还需要高度重视农产品价格基本稳定的法律保障模式。要在经济社会快速发展的过程中，确保农产品价格的基本稳定，需要高度重视法律的作用，通过法律来科学有效地规范农产品产—供—销一体化链条中不同利益主体的行为，减少直至杜绝因人为因素而导致的农产品价格的大幅度畸形波动，维护城乡居民的切身利益和社会秩序的稳定。创新农产品价格基本稳定的法律保障模式，追求的目标是"有法可依、有法必依、执法必严、违法必究"。

一　农产品价格基本稳定的法律保障模式概念内涵

所谓农产品价格基本稳定的法律保障模式，指的是在农产品产—供—销过程中，为规避农产品价格的大幅度畸形波动，确保农产品价格的基本稳定，政府及其主管部门需要制定科学、合理的法律法规来有效规范农产品产销各环节相关参与主体的行为。很显然，这种模式具有以下两个方面的特点：第一，强调法律的权威性。为规避农产品价格出现大幅度畸形波动，政府及其主管部门颁发的有关约束农产品产销主体行为的法律和法规，必须具有权威性。进一步讲，这些法律和法规要成为农产品产销主体的日常行为规范，必须得到无条件的遵守和执行。特别是要对违法乱纪行为进行严厉打击，确保农产品价格的基本稳定。第二，强调法律的概括性、普遍性和严谨性。从现实来看，农产品产销环节中相关利益主体数量多，能够影响农产品价格波动的因素也多；虽然政府及其主管部门不可能颁布所有的法律和法规来对各相关利益主体的行为进行——约束，但是，颁布的法律法规要具有概括性、普遍性和严谨性的特点，能够对各相关利益主体的行为产生约束作用。同时，需要特别注意的是，一旦颁布相关的法律法规，就必须严格执行，公开、公平和公正地对待所有的利益主体。

二　农产品价格基本稳定的法律保障模式基本要求

要创新农产品价格基本稳定的调控模式，确保农产品价格的基本稳定，不仅需要研究农产品价格基本稳定的法律保障模式，还需要落实这种模式的基本要求。在结合时代发展特征的基础上，本书认为，落实这种模式的基本要求就是"科学立法、严格执法、公正司法、全面守法"。

第一，科学立法。从法律的角度来说，科学立法要求在法律法规的制定过程中，需要以符合法律所调整的事态的客观规律作为价值判断，要求具体的法律法规与其所规制的事项保持最大限度的和谐。当然，法律法规的具体制定，还必须充分考虑其在现实生活中所存在的诸多条件。要确保农产品价格的基本稳定，就需要坚持相应的法律保障模式，关键在于科学立法。如果政府及其主管部门所制定、颁布的法律法规，并不能够有效体现农产品产—供—销一体化过程中的规律，或者说，相关法律法规的价值判断是错误的，那么，法律法规必然会失效，也不可能确保农产品价格的基本稳定；反之，如果相关的法律法规是科学合理的，这些法律法规能够充分体现农产品的产—供—销的流通规律，那么，农产品价格基本稳定就有了相应的法律保障。在实际立法的过程中，要杜绝闭门造车行为的发生，要坚决反对直接照搬国外法律法规的做法，应该充分吸收和采纳农产品产—供—销一体化利益链条上各利益主体的真实法律诉求，让法律法规充分体现出中国特色。

第二，严格执法。从法律的角度来说，严格执法要求在具体执行法律法规的过程中，要确保法律法规不放松、不走样，做到法律法规能够被客观公正地得到有效执行。农产品产—供—销一体化涉及的环节多，某一个细微的环节发生变化，都有可能导致农产品价格的大幅度畸形波动。要通过相关法律法规的约束，确保农产品产—供—销一体化过程中所有的环节都能够严格遵守相关的法律法规，且政府及其主管部门自身也能够严格按照法律法规的要求来一视同仁地对待农产品产—供—销一体化过程中所有的参与者。只有如此，农产品价格的基本稳定才有保障，农产品价格大幅度畸形波动才能够得以有效规避。

第三，公正司法。从法律的角度来说，公正司法，也可以理解为司法公正，就是要在司法活动的过程和结果中坚持和体现出公平和正义的原则。从现实来看，公正司法更多地体现在法院的审判活动中。农产品产—供—销一体化过程中所涉及的环节众多，每一个环节都存在违法的可能性；因此，如果法院在判决的过程中，因为内在和外在多方面的因素不能够作出客观公正的判决的话，则极有可能直接影响农产品的价格，直接导致农产品价格的大幅度畸形波动。比如，对于哄抬物价、囤积居奇等违法行为，法院在判决过程中不能够作出公正判决的话，极有可能导致全社会大面积出现这种行为，这必然会加剧市场上农产品供求的失衡，从而导致市场上农产品价格的大幅度畸形波动。

第四，全民守法。从法律的角度来说，全民守法指的是正式颁发的法律法规应该成为全体社会公民的行为规范、行为准则，不能以任何理由和借口践踏法律，违背法规，任何违纪违法的行为必然会受到严厉的处罚。要确保农产品价格的基本稳定，就必须在全社会树立全民守法的理念。在农产品的生产环节，要求各利益主体遵纪守法，不能够为了追求眼前的短期利益，刻意发布有关农产品产销方面的不负责任的消息，从而导致农产品价格的大幅度畸形波动；在农产品的运输环节，要求各利益主体以法律法规为准绳，自觉遵守国家的法律法规，严禁运输环节相关公司与销售环节相关公司之间通过串谋来非法获得利润行为的发生，以避免农产品价格的大幅度畸形波动；在农产品的销售环节，要求各商场、超市、农贸市场和销售网点，自觉遵守国家的法律法规，严厉打击哄抬物价等违法行为，切实保证市场上农产品价格的基本稳定。

三　农产品价格基本稳定的法律保障模式具体路径

在明晰农产品价格基本稳定的法律保障模式的概念内涵及其基本要求的基础上，本书认为，要创新农产品价格基本稳定的调控模式，确保农产品价格的基本稳定，还必须进一步研究农产品价格基本稳定的法律保障模式的具体路径，也就是要创新农业执法机构的管理模式，提高农业执法人员的综合素质，创新农业执法的多元监督机制。

第一，创新农业执法机构的管理模式。由于农产品所包含的种类非常多，不同种类的农产品又分属不同的机构管理，因此，要确保市场上农产品价格的基本稳定，必须创新农业执法机构的管理模式。一是要继续加大当前各政府主管部门对农产品价格市场的监管力度。从目前的实际情况来看，政府及其主管部门对与城乡居民生活密切相关的农产品价格监管严格，而对于其他农产品价格的监管则相对松懈。考虑到农产品价格的传递性，对某些农产品价格的监管一旦出现问题，必然会在某种程度上导致其他农产品价格的大幅度畸形波动。因此，所有的政府主管部门都应该对农产品价格进行严格监督管理。二是不同政府部门之间要加强合作。从实际情况来看，虽然对农产品价格监管的部门较多，但是，并不是每个政府部门都有相应的执法权，为此，必须强化不同政府部门之间的合作，共同管控农产品价格的大幅度畸形波动。

第二，提高农业执法人员的综合素质。与农产品价格基本稳定相关的法律法规种类繁多，没有专业的知识背景，执法人员很难对农产品价格进行调控。所以，必须提高农业执法人员的综合素质。一方面，要加大人才引进的力度。比如，可以通过直接的公务员考试、遴选考试等方式来加大农业执法人员的选拔力度，将年富力强的专业技术人才引入农业执法队伍中来；精干高效的人才保障，是农产品价格基本稳定的重要基石。另一方面，要定期对农业执法人员进行法律法规方面的培训。考虑到与农产品价格相关的法律法规变动的实际情况，如果不对农业执法人员进行定期培训的话，他们难以掌握最新的法律法规动态，在农业执法过程中，可能会出现或多或少的问题。此外，在强化队伍建设和法律法规培训的同时，一定要贯彻农产品价格基本稳定事关国民经济发展和社会稳定的理念，要让所有的农业执法人员高度重视农产品价格监管的职责。

第三，创新农业执法的多元监督机制。一方面，在继续强化政府及其主管部门执法的同时，要对政府及其主管部门自身进行有效的监督，规避因为贪污受贿行为的发生而导致的农产品价格大幅度畸形波动现象的出现。另一方面，要强化社会力量对农业执法队伍的监督力度。比如，鼓励个人可以通过网络举报的方式来强化对农业执法队伍的监督，可以通过相关消费者权益协会的力量来强化对农业执法队伍的监督。此外，还需要通过非监管部门提供的农产品价格信息来对农业执法队伍实际工作成效进行监督，对相关违法乱纪工作人员要加大查处的力度。

第八章　研究结论、政策运用与研究展望

本书是关于农产品价格基本稳定的长效机制构建及调控模式创新的研究。在构建农产品价格基本稳定概念框架的基础上，本书对秦汉时期以来的农产品价格进行了梳理，对现代的农产品价格进行了分析，并归纳了农产品价格变动的相关启示。将定性和定量分析结合起来，剖析了农产品价格波动的原因。从农民收入增长、城镇居民消费和农村产业结构调整维度出发，研究了农产品价格波动的影响效应。以此为基础，构建了农产品价格基本稳定的长效机制和调控模式。通过对前面内容的归纳、总结，本章将展示本课题的研究结论、政策运用和研究展望。

第一节　研究结论

通过上述分析，可以将本书的研究结论从以下几个方面进行归纳和总结。

第一，农产品价格波动的历史与现实考察。中国农产品价格波动具有以下几个方面的特点：（1）农产品价格波动具有季节性和区域性特点。无论是古代，还是近代、现代，农产品价格波动的季节性与区域性特征明显。在风调雨顺的年份，农产品供应充足，农产品价格波动往往并不明显；而在歉收年份，特别是在青黄不接的季节，农产品特别是诸如大米、小麦等粮食价格就会受到影响，越是歉收年份，粮食等主要农产品的价格波动越大。同时，尽管中国"南粮北运""北粮南运""内粮外运（粮食出口）""外粮内运（粮食进口）"早就形成气候，但是，农产品价格波动的区域性问题依然存在，农产品价格的波动并没有因为

农产品在区际的互通有无而得到彻底解决。（2）农产品价格波动不仅会受到国内因素的影响，还会受到国外因素的影响。从国内因素来看，自然灾害、币制改革、人为因素（如投机倒把）的影响均会导致农产品价格的大幅度波动，特别是中国作为典型的多自然灾害国家，自然灾害的发生会直接导致农产品的供求失衡，进而导致农产品价格的大幅度波动。此外，国外因素的影响也会直接冲击国内农产品市场，如国外农产品的进口会导致国内市场农产品价格的波动。（3）农产品价格改革的最终取向是市场化，同时，政府宏观调控对农产品价格调控来说仍然是极其重要的。从古代、近代到现代农产品价格改革来看，农产品价格改革的最终取向是市场化，农产品价格的形成不能完全由政府来制定，应该遵循市场经济的规律，由市场供求来决定。只有在市场经济条件下，充分发挥市场供求机制的作用，让市场决定农产品的价格，农产品的价格才能够最终体现农产品自身的价值。充分考虑到农产品自身的特性，农产品的价格离不开政府的宏观调整。

第二，农产品价格波动的原因分析。农产品价格波动是一项复杂的系统工程，农产品价格波动不仅会受到自身因素的影响，还会受到外来因素的制约。本书的定性分析表明，农产品供求系统的变革是自组织和他组织共同作用的结果，农产品价格的波动是多方面因素共同作用造成的。若以自组织理论的特点为起点，结合农产品供求系统的自组织机制，可以认为，农产品价格波动是农产品供求系统发挥作用的结果，当然，作为他组织的政府在此过程中也扮演着十分重要的角色。具体来说，信息服务的滞后、生产成本的上涨、运输成本的上涨、自然灾害的频发以及政府服务的滞后都会导致农产品价格的变动。以种植业产品、畜牧业产品、林业产品和渔业产品为例的实证研究进一步表明：农产品价格波动是一项复杂的系统工程，当期农产品价格波动不仅会受到前一期农产品价格的影响，还会受到农产品产—销相关环节多方面因素的影响。

第三，农产品价格波动的影响效应分析。农产品价格波动会直接影响农民收入增长、城乡居民消费和农村产业结构调整。从农民收入增长的角度来看，农产品价格波动与农民收入增长显著负相关。同时，农村固定资产投资与农民收入增长显著负相关，而农民收入增长的滞后项与农民收入增长、农村金融发展水平、农村产业结构状况、农村人力资本水平、财政支农支出水平以及城镇化水平显著正相关。从城乡居民消费的角度来看，农产品价格波动与城镇居民消费显著负相关；同时，城镇居民消费滞后项、区域经济发展水平、区域金融发展水平以及城乡人口负担比例与城镇居民消费正相关，而城乡居民人均医疗支出、城乡居民人均教育支出与城镇居民消费负相关。从农村产业结构调整的角度来看，农产品价格波动与农村产业结构调整负相关。同时，农村产业结构调整滞后项、农村金融发展水平、农村固定资产投资、农村人力资本水平、财政支农支出水平以及区域对外开放水平与农村产业结构调整正相关。

第四，农产品价格基本稳定的调控机制构建。要确保农产品价格的基本稳定，需要构建相应的预期目标机制、监测预警机制、应急处理机制、信息引导机制、行政约束机制、经济调节机制、社会监督与自律机制等。在构建每一种机制的过程中，需要弄清楚每一种机制的概念内涵、构建原则以及相应的具体路径。要构建农产品价格基本稳定的预期目标机制，需要构建农产品价格历史的追溯机制、农产品产销信息的共享机制和农产品价格增长的联动机制。要构建农产品价格基本稳定的监测预警机制，需要构建农产品价格信息的有效收集机制、农产品价格信息的综合分析机制和农产品价格信息的及时反馈机制。要构建农产品价格基本稳定的应急处理机制，需要构建农产品价格畸形波动的多方协作联动机制、农产品价格畸形波动的价格违法查处机制和农产品价格畸形波动的群众价格维权机制。要构建农产品价格基本稳定的信息引导机制，需要构建农产品价格定时发布机制、农产品价格多方发布机制和农产品价格成本收益发布机制。要构建农产品价格基本稳定的行政约束机制，需要构建重要农产品和服务价格成本调查机制、健全的农产品价格行为行政告诫机制以及重要农产品和服务价格行政约谈机制。要构建农产品价格基本稳定的经济调节机制，需要构建农产品价格波动补贴联动机制、农产品价格调节基金使用机制和农产品价格应急资金调节使用机制。要构建农产品价格基本稳定的社会监督与自律机制，需要构建农产品价格社会监督机制、农产品价格行业自律机制和农产品经营者诚信评价机制。

第五，农产品价格基本稳定的调控模式创新。要确保农产品价格的基本稳定，需要创新农产品价格基本稳定的调控模式。具体来说，就是要坚持农产品价格基本稳定的稳定生产模式、快速流通模式、有效销售模式、奖励补偿模式和法律保障模式。对每一种模式而言，都需要弄清楚其相应的概念内涵、基本要求以及相应的具体路径。对稳定生产模式而言，其具体路径表现为：大力培育新型农业经营主体，夯实农产品稳定生产的组织基础；大力推广现代农业科学技术，夯实农产品稳定生产的科技基础。对快速流通模式而言，其具体路径表现为：支持农村农产品加工业的发展；支持农村物流业的快速发展。对有效销售模式而言，其具体路径表现为：积极尝试新型农超对接合作模式；积极探索新型城乡物流配送方式；探索高附加值农产品的外销模式。对奖励补偿模式而言，其具体路径表现为：创新激励补偿的评选办法；创新激励补偿的具体方式。对法律保障模式而言，其具体路径表现为：创新农业执法机构的管理模式；提高农业执法人员的综合素质；创新农业执法的多元监督机制。

第二节　政策运用

基于上述研究结论，本书认为，要规避农产品价格大幅度畸形波动现象的发生，确保农产品价格的基本稳定，需要从以下几个方面作出相应的努力。

第一，强化农产品产—供—销一体化过程中的信息服务建设，夯实农产品价格基本稳定的基础。（1）在农产品的生产环节，需要高度重视对农产品生产者的信息引导，减少直至杜绝农产品生产者完全依赖市场上农产品价格的涨幅来盲目组织农产品生产情况的发生。对个体农户而言，可以尝试依托现有的农村居民委员会的力量，强化农产品生产信息的传播，科学引导个体农户在生产什么、生产多少以及生产什么品质的农产品方面作出科学决策。对种养殖专业大户而言，可以依托政府及其主管部门对口帮扶种养殖业大户的各级各类政府机构，强化农产品产销信息的及时传播，引导种养殖业专业大户有条不紊地组织安排农产品生产。对家庭农场、农民专业合作社和农业龙头企业而言，可以在强化传统新闻媒体传播功能的同时，积极发挥新型媒体的作用，及时准确地将相关信息传播出来，让家庭农场、农民专业合作社和农业龙头企业科学有效地组织农产品生产，确保市场上农产品的有效、均衡、稳定供给，切实保证市场上农产品价格的基本稳定。（2）在农产品的运输环节，需要高度重视农产品产销精准信息的发布，引导农产品在全国范围的合理流通。从中国农产品价格大幅度畸形波动的实际情况来看，绝大多数时候都是部分地区农产品滞销，而部分地区农产品供不应求，农产品价格就在无形中不断暴涨。很显然，精准的农产品产销信息的发布，可以有效引导农产品的合理流通，对平抑农产品价格的大幅度畸形波动具有重要意义。一方面，需要高度重视对农产品物流运输公司的信息传递，引导相关公司积极投身到农产品运输过程中。比如，哪些地区农产品产量多，运输存在困难，需要外地农产品物流运输公司的介入，对这些信息应该及时公开；在必要的时候，政府为引导农产品在全国范围内的合理流通，抑制农产品价格的大幅度畸形波动，还需要及时公布对参与农产品运输物流公司的相关优惠政策。另一方面，需要建立有关农产品产销具体情况信息的发布，支持、鼓励和引导符合条件的物流企业投身到农产品运输行业中。在农产品运输的过程中，既需要大型的农产品物流公司，也离不开中小型农产品物流公司。通过及时准确地发布农产品产销信息，有助于吸引农产品中小物流公司介入农产品物流运输，可以为市场上农产品价格的基本稳定夯实基础。（3）在农产品的销售环节，要准确有效地发布农产品的产销情况信息与具体价格信息，科学合理地引导城镇居民合理消费。恐慌情绪是直接加速农产品价格急剧上涨的重要原因，因此，为避免市场上恐慌情绪的产生，确保农产品价格的基本稳定，政府及其主管部门需要引导城乡居民合理消费，要通过准确有效地发布农产品产销信息和具体价格信息，消除城乡居民对农产品短缺的恐慌，确保市场上农产品价格的基本稳定。

第二，正确面对农产品生产过程中生产成本快速上涨问题，为农产品价格的基本稳定创造条件。无论是对种植业产品、畜牧业产品，还是对林业产品、渔业产品来说，农产品生产成本的快速上涨是无可辩驳的现实问题。要卓有成效地保证农产品价格的基本稳定，需要准确面对这些现实问题。具体来说：（1）加大对农业生产资料企业的定价调控力度，从源头上抑制农产品价格的大幅度畸形波动。在市场经济条件下，农业生产资料的价格必然会随着经济社会的发展进步而不断上涨，但是，为了从源头上调控农产品价格的大幅度畸形波动，需要对农业生产资料企业的定价进行调控。一方面，对生产农药、化肥、农膜等基础农业生产资料的企业，政府及其主管部门需要从财政补贴、税收优惠和信贷支持方面对其进行支持。同时，对其定价行为，政府及其主管部门要进行适当的调控，避免因为定价过高而导致农产品生产者生产成本的高涨，从而直接影响市场上农产品的价格。另一方面，政府及其主管部门要高度重视农业生产资料企业的科技创新，通过科技创新来不断提高农业生产资料的品质，降低农业生产资料的价格，为市场上农产品价格的基本稳定夯实基础。比如，对于农膜生产企业来说，通过农业科技创新，可以在稳步提高农膜品质的同时，降低农膜的市场价格，这对于从事大棚种植的农产品生产者来说无疑具有显著的积极意义。（2）加大对农产品产—供—销一体化各利益主体的财政补贴力度，减轻农产品消费者在消费时的实际压力。在市场经济条件下，农产品产—供—销一体化过程中各相关的利益主体都有相应的利益诉求，要减轻农产品消费者在消费时的实际压力，需要加大对农产品产—供—销一体化各利益主体的财政补贴力度。比如，可以全面推广种粮直补政策，将其推广到其他农产品生产方面，实实在在地加大对农产品生产者的补贴力度；可以对从事农产品运输的企业和个人加大财政补贴力度，为平抑市场上农产品价格的大幅度畸形波动创造条件；可以对从事农产品销售的个人和企业提供财政补贴，尽可能地减低农产品的市场价格，避免市场上农产品价格的大幅度畸形波动。从国外来看，美国等发达国家整体经济实力强，人均 GDP 远远超过中国，人均可支配收入也远远超过中国，但是，与广大人民生活密切相关的农产品的价格并不高，相当部分农产品价格与中国相差无几，这并不是说国外生产农产品的成本就低，实际上，农产品产—供—销一体化过程中政府财政补贴较多，政府的财政补贴直接降低了农产品的市场价格，确保了市场上农产品价格的基本稳定。

第三，科学认识农产品运输过程中成本不断上涨的问题，为农产品价格的基本稳定提供保障。（1）科学引导农村农产品物流运输企业的规范发展，健全农产品流通的物流服务网络体系，竭力降低农产品运输成本。从总体上看，农村农产品物流运输企业数量少，质量普遍不高，甚至在很多时候难以满足实际需要。要强化农产品的运输流通，需要规范农村农产品物流企业的发展，支持、鼓励和引导各级各类农民专业合作社介入农产品运输行业。换句话说，通过规模化的发展，提高农村物流企业的发展水平，降低农产品运输的成本。与此同时，要进一步健全农产品流通的物流服务网络体系，破解农产品流通的"最后一公里问题"，在农产品快速有效的流通过程中，直接规避哄抬物价、囤积居奇现象的发生，确保市场上农产品价格的基本稳定。（2）强化交通基础设施的科学规划力度，加大对农村特别是农产品产地基础设施建设的投入，卓有成效地降低农产品运输成本。在农村交通基础设施建设过程中，需要科学规划，凡是连接农产品产地的交通路线都应该优先投入，确保农产品在生产出来后能够及时被运出销售。同时，对农产品的仓储基地建设也需要高度重视，要保证仓储基地建设能够满足需要，要确保仓储基地与周边主干道路能够有效连通。在交通基础设施规划过程中，要杜绝规划建设面子工程，优先考虑、优先规划、优先投入与农产品产地、仓储基地紧密相连的道路交通基础设施。在有条件的地区，可以在相应的区域范围内，规划建设大中型农产品仓储基地，科学有效地引导农产品的流通。同时，尽可能地降低农产品运输成本，确保市场上农产品价格的基本稳定。

第四，准确预测农产品生产过程中自然灾害频发问题，为农产品价格的基本稳定提供支撑。（1）强化政府及其主管部门在农业自然灾害方面的预测能力，减轻自然灾害的发生对农产品价格的冲击。自然灾害虽然不能够完全准确地预测，但是，通过对以往自然气候条件的分析和对当前自然气候条件变化的监测，仍然可以对自然灾害进行一定程度的预测。比如，持续的大旱可能会直接导致农作物的减产甚至是绝收，当大旱天气刚刚开始时，政府及其主管部门就要做好相应的预测工作，初步研判大旱可能持续的时间；在必要的时候，政府及其主管部门需要根据旱情的发展，制定挽救农业生产损失的相应方案，如可以改种其他的农产品等。（2）强化农村基础设施建设（如水利基础设施建设）的水平，增强农产品生产者抵御自然灾害的实际能力。在改革开放以前，农村水利基础设施建设整体水平较高，且每一年相关的水利基础设施都得到了修葺，农村水利基础设施建设在制约农产品生产方面的作用并不明显，或者说，农村水利基础设施建设在保障农产品生产方面的成效是显著的。改革开放以后，特别是近些年来，随着城镇化进程的加快，大量农村青壮年劳动力离开农村，涌入城市，这在加快城市经济社会快速发展的同时，也直接导致了农村人口的锐减，以水利基础设施建设为代表的农村基础设施建设在很大程度上直接受到了影响，这对农产品生产的影响巨大；从某种意义上说，这对农产品价格的冲击也很明显，高度重视农村水利基础设施建设迫在眉睫。一方面，从政府的角度来看，需要加大对农村水利设施建设的投入力度。与其他的市政工程建设不同，对农村水利设施建设的投入在短期内难以看到实际成效，但从长远来看，对农村水利设施建设的投入直接关系着国家粮食等农产品的战略安全，需要国家在 GDP 增长的过程中，按照一定的增长比例来定期对农村水利基础设施建设进行投入，确保农村水利基础设施建设能够满足实际需要。另一方面，从社会的角度来看，各级各类种养殖专业大户、家庭农场、农民专业合作社和农业龙头企业自身应该高度重视农村水利基础设施建设。在农村人口大量流入城镇的背景下，依靠过去的方式，无法完成对农村水利基础设施建设的投入。因此，基于自身受益的角度考虑，相应的农产品生产主体应该自觉加大投入，增强农产品生产基地抵御自然灾害的能力。

第五，稳步提升政府及其主管部门的服务水平，为农产品价格的基本稳定创造条件。前文的分析也已经表明，农产品价格的基本稳定与政府及其主管部门的服务水平密切相关。要确保农产品价格的基本稳定，必须稳步提升政府及其主管部门的服务水平。具体来说，（1）强化对农产品价格的监测，科学合理地引导农产品的生产。前文的分析也已经表明，虽然在市场经济条件下，农产品的产销是市场行为，但是，基于农产品自身特性的考虑，政府及其主管部门必须强化对农产品产销的引导。当农产品价格处于平稳状态时，政府及其主管部门只要引导农产品生产者按部就班地生产即可；当农产品价格处于大幅度畸形波动时，政府及其主管部门就需要发挥引导作用，无论是按照既定生产规模生产，还是调整生产规模，都应该有序进行，不能够紧跟市场暂时的涨幅来无序、随意地调整农产品的生产。（2）科学引导城乡居民的消费，重点监控与城乡居民日常生活密切相关的农产品价格。从实际来看，"米袋子""菜篮子"直接与城乡居民的生活密切相关，"米袋子""菜篮子"价格的大幅度畸形波动将会直接影响国民经济的健康、稳定、可持续发展和整个社会的稳定。因此，政府及其主管部门必须高度重视对这类农产品价格的监测。一方面，政府及其主管部门需要强化对"米袋子""菜篮子"农产品价格的监测。除国家统计局驻各省市社会调查大队外，各地的工商局、物价局、发改委等部门应该深度介入"米袋子""菜篮子"农产品的生产，卓有成效地保证农产品价格的基本稳定。另一方面，需要充分发挥各地非政府组织对市场上农产品价格的监督。与政府及其主管部门相比，非政府组织具有自身特殊的优势，可以更好地协助政府及其主管部门对"米袋子""菜篮子"农产品价格的监测。（3）做好相关配套服务工作，为农产品价格的基本稳定提供保障。比如，政府及其主管部门应该及时公布有关与农产品价格信息相关的数据资料，既要对过去的历史资料进行公布，也要对当前的数据资料进行公布，通过无障碍的信息交流，增强广大人民群众对政府稳定物价政策的信心，杜绝市场上恐慌情绪的出现，确保市场上农产品价格的基本稳定；政府及其主管部门应该在农产品价格出现大幅度畸形波动时，出面澄清相关的谣言，切实负起责任。不仅如此，还需要对在平抑农产品价格大幅度畸形波动过程中作出贡献的个人和企业予以表彰。

第三节　研究展望

本书虽然就农产品价格基本稳定的长效机制构建及调控模式创新进行了多方面的研究，比如，在构建农产品价格基本稳定概念框架的基础上，对中国农产品价格波动的历史进行了梳理，综合运用定性分析方法和定量分析方法研究了中国农产品价格大幅度畸形波动的原因，从农民收入增长、城乡居民消费和农村产业结构调整等维度研究了农产品价格出现大幅度畸形波动的影响作用，并提出了农产品价格基本稳定的调控机制与模式，也对农产品价格基本稳定的对策建议进行了研究。尽管如此，从总体上看，本书研究还有部分地方有待进一步完善。

第一，从史学的角度对中国农产品价格波动的研究仍然有广阔的空间。本书已经对中国不同历史时期的农产品价格波动情况进行了梳理，但是，本书毕竟不是史学领域的研究，因此，对中国不同历史时期农产品价格的研究还略显粗糙。一方面，农产品的种类繁多，如果细分的话，对每一类农产品的研究都可以成为一项专门的课题，这方面还值得进一步深入研究。另一方面，中国不同历史时期的版图是存在差异的，不同地域之间农产品的价格差异也表现得非常明显，如果能够严格按照版图的变化来对农产品价格波动进行研究，充分凸显农产品价格波动的地域性，也是非常有意义的。未来在此两个方面都可以展开相应的研究。

第二，对农产品价格波动的原因和影响的研究，若以特定的农产品为例来进行分析，也具有广阔的研究空间。农产品所包含的种类繁多，每一类农产品价格的波动都有其深刻的原因，对经济社会发展也具有多方面的影响；在本书研究中，受实际数据资料来源的制约，无论是对农产品价格波动原因的分析还是影响效应的分析，都是选择较为中观的层面来展开的。在今后的研究中，能够就某一种农产品价格波动的原因、影响进行微观层面的深入研究，也具有重要意义。今后，如果能够获取某一种农产品完整的数据资料的话，将对其开展多方面的研究。

第三，从学科融合的角度来看，若能更广泛地吸收不同学科的研究成员，将有利于本研究的进一步拓展。在本书中，虽然已经吸收了农业技术经济学、制度经济学和农业经济学领域的高学历、多成果研究人员，这对于本书研究的开展大有裨益；但是，受多方面条件的制约，本书对史学领域尤其是古代史领域人员的吸纳还不够。所以，第三章也就是"农产品价格波动的历史与现实考察"花费了课题组大量的时间和心血，比如，在探究中国农产品价格波动历史的过程中，不仅会涉及大量引用古籍的问题，还会涉及同一朝代同一农产品不同时期货币的换算问题。由于同一种古籍有不同的版本，如刻本、石印本和影印本等的区别，因此，在具体引用古籍的过程中，发现不同学者对相同古籍的断句、引用存在不同程度的差别，为一一比对、核实这些古籍，课题组成员耗费了大量的心力。在对各朝代农产品价格波动进行考察的过程中，课题组也进行了大量的货币换算工作，反反复复咨询了相关的专家学者，深感多学科融合对本书研究的重要性。

参考文献

需要特别说明的是，在本书的第三章也就是"农产品价格波动的历史与现实考察"部分，引用了大量的古籍，有刻本，有石印本，也有影印本，这些古籍的格式与现代专著、期刊差别较大，且同一种古籍又有不同的版本，往往有刻本、石印本和影印本等的区别。因此，在实际研究过程中，本书对古籍采取脚注的方式进行处理，未在参考文献中一一列出，特此说明。

（一）英文文献

Aart, K. , Jaume, V. "Comparative Advantage and the Cross-section of Business Cycles," *Journal of the European Economic Association*, 2007, 5 (6): 1300 – 1333.

Abbott, P. C. , Battsiti, A. B. "Recent Global Food Price Shocks: Causes, Consequences and Lessons for African Governments and Donor Confronting Food Price Inflation. " *Journal of African Economics*, 2009, (1): 112 – 162.

Banse, M. "Will EU Biofuel Policies Affect Global Agricultural Markets?" *European Review of Agricultural Economics*, 2008, 35 (2): 117 – 141.

Benavides, G. , Price Volatility Forecasts for Agricultural Commodities: An Application of Historical Volatility Models, Option Implied and Composite Approaches for Futures Prices of Corn and Wheat. Central Bank of Mexico, 2004.

Bessembinder, H. , Seguin, P. J. "Futures Trading Activity and Stock Price Volatility. " *Journal of Finance*, 1992, 47 (5): 2015 – 2034.

Coyle, W. *The Future of Biofuels*: *A Global Perspective*. Washington, DC: US-DA-ERS, 2008.

David Dawe. Have Recent Increases in International Cereal Prices Been Transmitted to Domestic Economies? The Experience in Seven Large Asian countries. ESA Working Paper, No. 08 – 03, April 2008.

David, S. J., Kevin, H. O. R., Jeffrey, G. W. *Commodity Price Volatility and World Market Integration since 1700*. Cambridge: National Bureau of Economic Research, Inc., 2009.

Dawe, D. "Lost in Transmission." *Rice Today*, 2008, 7 (3): 13 – 15.

Deaton, A., Laroque, G. "On the Behaviour of Commodity Prices." *Review of Economics Studies*, 1992, 59 (1): 1 – 23.

Deressa, T., Hassan, R. M., "Economic Impact of Climate Change on Crop Production in Ethiopia: Evidence from Cross-section Measures." *Journal of African Economics*, 2009, (4): 529 – 554.

Frederick, C. M. *The Behavior of Prices*. Cambridge: National Bureau of Economic Research, Inc., 1927.

Giliola Frey & Matteo Manera. "Econometric Models of Asymmetric Price Transmission." *Journal of Economic Surveys*, 2007, 21 (2): 349 – 415.

Gohin, A. "Impacts of the European Biofuel Policy on the Farm Sector: A General Equilibrium Assessment." *Review of Agricultural Economics*, 2008, (4): 623 – 641.

Gohin, A., Treguer, D. "On the Stabilization Effects of Biofuels: Relatives Contribution of Policy Instruments and Market Forces." *Journal of Agricultural and Resource Economics*, 2010, 35 (1): 72 – 86.

Hertel, T. W., Tyner, W. E., Birur, D. K. "The Global Impacts of Biofuel Mandates." *The Energy Journal*, 2010, 31 (1): 75 – 100.

Jochen Meyer & Stephan Cramon-Taubadel. "Asymmetric Price Transmission: A Survey." *Journal of Agricultural Economics*, 2004, 55 (3): 581 – 611.

Karpoff, J. M. "The Relation between Price Changes and Trading Volume:

A Survey. " *The Journal of Financial and Quantitative Analysis*, 1987, 22 (1): 109 – 126.

Keidel, Albert. China's Looming Crisis-Inflation Returns. Carnegie Endowment for International Peace Policy Brief 54 (September), 2007.

Kelbore, Z. G. , Climate Change, Crop Yield Variability and Food Price Volatility in Sub-Saharan African: the Ethiopian Case. Trento and Rovereto: Cifrem, University of Trento, 2011.

Maros Ivanic & Will Martin. "Implications of Higher Global Food Prices for Poverty in Low-income Countries-super – 1. " *Agricultural Economics*, International Association of Agricultural Economists, 2007, 39 (s1): 405 – 416.

Martin, W. *Outgrowing Resource Dependence: Theory and Developments*. Washington DC: Stanford University Press, 2007.

Meyer, S. , Thompson W. *Demand Behavior and Commodity Price Volatility under Evolving Biofuel Markets and Policies*, *Handbook of Bioenergy Economics and Policy*. New York : Springer New York, 2010.

Mitra, S. "A Nonlinear Cobweb Model of Agricultural Commodity Price Fluctuations. " Department of Economics, 2008, (11): 321 – 331.

OECD-FAO. *OECD-FAO Agricultural Outlook 2010 – 2019*. Paris: OECD & FAO, 2010.

Organization for Economic Co-operation and Development, Food and Agriculture Organization of the United Nations. *OECD-FAO Agricultural Outlook 2007*. OECD Publishing, 2007.

Panzner, N. J. *Financial Armageddon: Protecting Your Future from Four Impending Catastrophes*. New South Wales: Kaplan Business, 2007.

Persson, K. G. *Grain Markets in Europe, 1500 – 1900 : Integration and Deregulation*. Cambridge: Cambridge University Press, 1999.

Robles, M. , Torero, M. , Braun, J. V. *When Speculation Matters, International Food Policy Research Institute*. Washington DC: International Food Policy Research Institute, 2009.

Sanders, D. R. , Irwin, S. H. "A Speculative Bubble in Commodity Futures

Prices? —Cross-sectional Evidence. ” *Agricultural Economics*, 2010, 41 (1): 25 – 32.

Serra, T. , Zilerman, D. , Gil, J. *Price Transmission in the US Ethanol Market*, *Handbook of Bioenergy Economics and Policy*. New York: Springer New York, 2010.

Serra, T. , Zilerman, D. , Gil, J. “Price Volatility in Ethanol Markets. ” *European Review of Agricultural Economics*, 2011, 38 (2): 259 – 280.

Thompson, W. S. , Meyer, Westhoff P. “How Does Petroleum Price and Corn Yield Volatility Affect Ethanil Markets with and without An Ethanol Use Mandate?” *Energy Policy*, 2009, (37): 745 – 749.

Tokgoz, S. The Impact of Energy Markets on the EU Agricultural Sector, Center for Agricultural and Rural Development, Iowa State University, 2009.

Trostle, R. , Global Agricultural Supply and Demand: Factors Contributing to the Recent Increase in Food Commodity Prices. USDA, 2008.

Wallace, E. T. “The Integration of Energy and Agricultural Markets. ” *Agricultural Economics*, 2010, 41 (s1): 193 – 201.

（二）中文文献

陈东、王为民：《经济指数计算方法的探讨》，《经济与管理研究》1984年第 1 期。

陈寿：《三国志》，中华书局 1959 年版。

陈涛：《农村职业教育：意义与对策》，《继续教育研究》2012 年第 3 期。

陈婉贞：《关于经济指数的同度量因素和权数问题》，《统计研究》1986年第 6 期。

陈锡文：《我国农业农村的 60 年沧桑巨变》，《求是》2009 年第 19 期。

陈晓坤、何可、张俊飚：《居民对农产品价格波动的心理压力感知实证分析：基于 31 个城市 1203 户家庭问卷调研》，《中南财经政法大学学报》2013 年第 5 期。

陈晓坤、张俊飚、李鹏：《我国农产品价格波动与通货膨胀问题研究历史回顾及文献综述：基于国内 1978—2012 年的文献》，《中国农业大学学报》2013 年第 18 卷第 4 期。

陈振东：《抗日战争时期国统区的物价管理》，《四川大学学报》（哲学社会科学版）1988 年第 4 期。

程国强、胡冰川、徐雪高：《新一轮农产品价格上涨的影响分析》，《管理世界》2008 年第 1 期。

程民生：《宋代物价研究》，人民出版社 2008 年版。

程瑞芳：《我国农产品价格形成机制及波动效应分析》，《中国流通经济》2007 年第 3 期。

程秀生：《经济指数的系统偏差：拉斯佩雷斯指数与帕舍指数评析》，《数量经济技术经济研究》1989 年第 10 期。

戴根有：《1994 年通货膨胀特点及原因分析》，《财贸经济》1995 年第 6 期。

丁邦友：《汉代物价新探》，中国社会科学出版社 2009 年版。

董金玲：《江苏区域金融作用机制及发展差异研究》，中国矿业大学 2009 年博士学位论文。

杜两省、周彬、段鹏飞：《农产品价格上涨和通货膨胀的互动机制及共同原因》，《经济理论与经济管理》2012 年第 6 期。

樊琦：《农产品价格波动与农户收入分配结构关系研究：基于我国不同收入水平分组农户的调查数据》，《农业技术经济》2012 年第 6 期。

伏中林：《论经济指数的指标体系》，《统计研究》1985 年第 4 期。

傅晓、牛宝俊：《国际农产品价格波动的特点、规律与趋势》，《中国农村经济》2009 年第 9 期。

耿玉春、房淑贤：《新形势下农产品"卖难"问题的深层思考》，《经济纵横》2011 年第 7 期。

顾国达、方晨靓：《农产品价格波动的国内传导路径及其非对称性研究》，《农业技术经济》2011 年第 3 期。

郭广春、马晓琼：《东晋时期自然灾害与社会经济互动关系》，《安徽理工大学学报》（社会科学版）2009 年第 11 卷第 4 期。

韩俊、秦中春：《我国农产品供求形势与政策取向》，《发展研究》2008

年第 7 期。

韩志荣：《农产品价格变动对物价总指数的影响》，《经济研究》1995
　　年第 3 期。

杭斌、申春兰：《经济转型中消费与收入的长期均衡关系和短期动态关
　　系：中国城镇居民消费行为的实证分析》，《管理世界》2004 年第
　　5 期。

洪涛：《中国流通产业改革 30 年》，经济管理出版社 2009 年版。

胡永刚、郭长林：《股票财富、信号传递与中国城镇居民消费》，《经济
　　研究》2012 年第 3 期。

胡友、祁春节：《基于 HP 滤波模型的农产品价格波动分析：以水果为
　　例》，《华中农业大学学报》（社会科学版）2014 年第 3 期。

黄季焜、王晓兵、智华勇、黄珠容、Scott Rozelle：《粮食直补和农资综
　　合补贴对农业生产的影响》，《农业技术经济》2011 年第 1 期。

黄冕堂：《中国历代物价问题考述》，齐鲁书社 2008 年版。

江洪、梁和祥：《经济指数及其测度方法》，《商业研究》1981 年第
　　2 期。

姜长云：《我国农产品价格变化趋势与对策》，《宏观经济管理》2011
　　年第 7 期。

晋文、崔浩：《简论魏晋南北朝时期重农政策的继承与发展》，《南京晓
　　庄学院学报》2010 年第 2 期。

柯炳生：《提高农产品竞争力：理论、现状与政策建议》，《农业经济问
　　题》2003 年第 2 期。

李国祥：《我国农产品价格波动分析及其调控思路》，《农村金融研究》
　　2011 年第 8 期。

李建平、安乔治：《价格学原理》，中国人民大学出版社 2015 年版。

李敬辉、范志勇：《利率调整和通货膨胀预期对大宗商品价格波动的影
　　响：基于中国市场粮价和通货膨胀关系的经验研究》，《经济研究》
　　2005 年第 6 期。

李万超、苏存、马晓宇：《农村金融发展影响农村产业结构优化的实证
　　研究》，《金融理论与实践》2013 年第 9 期。

李文、李兴平、汪三贵：《农产品价格变化对贫困地区农户收入的影

响》，《中国农村经济》2003 年第 12 期。

廖杉杉、鲁钊阳：《基于民生导向的农产品流通体系重构研究》，《农业考古》2013 年第 1 期。

廖杉杉、鲁钊阳：《农产品价格风险的成因及规避机制研究》，《农村经济》2013 年第 3 期。

廖杉杉：《促进农产品价格基本稳定的长效机制构建研究》，《企业经济》2014 年第 2 期。

廖杉杉：《农产品价格波动的金融成因及对策研究》，《管理现代化》2013 年第 4 期。

廖杉杉：《农村职业教育对农产品流通企业发展的影响》，《管理现代化》2012 年第 5 期。

刘冠宏、张清正：《国内外农产品价格波动态势、成因及对策》，《社会科学战线》2012 年第 8 期。

刘慧、李宁辉：《我国小宗农产品价格波动趋势及其预测：以绿豆为例的分析》，《价格理论与实践》2012 年第 6 期。

刘振亚、陈宇：《国际农产品价格上涨对中国宏观经济的影响》，《财经科学》2013 年第 7 期。

卢锋、彭凯翔：《中国粮价与通货膨胀关系（1987—1999）》，《经济学》2002 年第 1 卷第 4 期。

卢凌霄，周应恒：《农产品流通效率衡量的研究：一个文献综述》，《财贸研究》2008 年第 6 期。

鲁钊阳、廖杉杉：《农产品流通企业发展的增收脱贫效应研究》，《求实》2013 年第 3 期。

鲁钊阳、邱新国、廖杉杉：《农产品价格稳定的民生效应分析与对策》，《江西行政学院学报》2013 年第 1 期。

鲁钊阳：《中国城乡金融非均衡发展的理论与实证研究》，人民出版社2015 年版。

罗畅：《两套清代粮价数据资料的比较与使用》，《近代史研究》2012年第 5 期。

罗楚亮：《经济转轨、不确定性与城镇居民消费行为》，《经济研究》2004 年第 4 期。

罗锋、牛宝俊：《国际农产品价格波动对国内农产品价格的传递效应：基于 VAR 模型的实证研究》，《国际贸易问题》2009 年第 6 期。

罗光强、谢卫卫：《农产品价格波动的季节性特征研究：基于对我国猪肉市场价格波动的分析》，《价格理论与实践》2012 年第 6 期。

罗永泰、李津：《我国农产品价格波动对通货膨胀的影响分析》，《上海金融》2010 年第 7 期。

罗知、郭熙保：《进口商品价格波动对城镇居民消费支出的影响》，《经济研究》2010 年第 12 期。

马述忠、冯晗：《国内外市场农产品价格及其波动关联性研究：基于不同开放程度的比较》，《云南社会科学》2013 年第 1 期。

马晓河、黄汉权、王为农、蓝海涛、方松海：《我国粮食形势及政策建议》，《宏观经济管理》2011 年第 6 期。

冒佩华、徐骥：《农地制度、土地经营权流转与农民收入增长》，《管理世界》2015 年第 5 期。

牛凯：《我国农村产业结构偏离对农村经济增长影响的实证分析》，《中国农业大学学报》2012 年第 1 期。

农业部农村经济研究中心课题组：《农产品价格波动、机理分析与市场调控》，《农业技术经济》2012 年第 10 期。

农业部市场与经济信息司课题组：《2013 年主要农产品市场走势预测》，《农民日报》2013 年 1 月 15 日。

庞贞燕、刘磊：《期货市场能够稳定农产品价格波动吗？——基于离散小波变换和 GARCH 模型的实证研究》，《金融研究》2013 年第 11 期。

［日］岸本美绪：《清代中国的物价与经济变动》，刘迪瑞译，社会科学文献出版社 2010 年版。

祁春节、王伟新、魏金义：《我国农产品产销价格的联动性实证分析》，《华中农业大学学报》（社会科学版）2013 年第 1 期。

任吉东：《近代太原地区的粮价动向与粮食市场》，《中国农史》2003 年第 4 期。

任劼、孔荣：《国际原油价格变动对我国农产品价格波动的影响：基于 VAR 模型的实证研究》，《西北农林科技大学学报》（社会科学版）

2014 年第 3 期。

商兆奎：《唐代农产品价格问题研究》，西北农林科技大学 2008 年学位论文。

申春生：《山东抗日根据地保持币值和物价稳定的措施》，《山东社会科学》1995 年第 3 期。

沈坤荣、张璟：《中国农村公共支出及其绩效分析：基于农民收入增长和城乡收入差距的经验研究》，《管理世界》2007 年第 1 期。

宋元梁、肖卫东：《中国城镇化发展与农民收入增长关系的动态计量经济分析》，《数量经济技术经济研究》2005 年第 9 期。

孙百亮、孙静琴：《清代山东地区的人口、耕地与粮价变迁》，《南京农业大学学报》（社会科学版）2006 年第 4 期。

汪祥春：《关于经济指数的权数问题》，《经济研究》1956 年第 6 期。

王保乾、李勇：《农产品价格与通货膨胀互动机制研究》，《农村经济》2013 年第 12 期。

王冲、陈旭：《农产品价格上涨的原因与流通改革的思路探讨》，《中国软科学》2012 年第 4 期。

王焕炜、栾剑洪：《粮食价格学》，江苏科学技术出版社 1990 年版。

王涛：《经济指数方法论系统的构建》，《统计研究》1996 年第 2 期。

王文涛：《东汉洛阳自然灾害与政府赈灾年表》，《河南科技大学学报》（社会科学版）2006 年第 24 卷第 1 期。

王孝松、谢申祥：《国际农产品价格如何影响了中国农产品价格？》，《经济研究》2012 年第 3 期。

王秀清、钱小平：《1981—2000 年中国农产品价格上涨的波及效应》，《中国农村经济》2004 年第 2 期。

王砚峰：《清代道光至宣统间粮价资料概述：以中国社会科学院经济所图书馆馆藏为中心》，《中国经济史研究》2007 年第 2 期。

王玉茹、罗畅：《清代粮价数据质量研究：以长江流域为中心》，《清史研究》2013 年第 2 期。

王仲荦：《金泥玉屑丛考》，中华书局 2007 年版。

温桂芳：《农业、农价与治理通货膨胀》，《管理世界》1995 年第 2 期。

温乐平：《秦汉时期粮价波动与国家调控措施》，《湖北师范学院学报》

（哲学社会科学版）2008 年第 28 卷第 2 期。

温涛、冉光和、熊德平：《中国金融发展与农民收入增长》，《经济研究》2005 年第 9 期。

温燕：《农产品价格对农业保险投保及道德风险的影响：一个理论框架及政策建议》，《保险研究》2013 年第 9 期。

武强：《民国时期上海市场的对外联系：以 1921—1937 年贸易和物价指数为中心的分析》，《史学月刊》2010 年第 9 期。

徐雪高：《新一轮农产品价格波动周期：特征、机理及影响》，《财经研究》2008 年第 8 期。

徐毅：《清代道光到宣统间粮价表的现代意义》，《中国图书评论》2010 年第 5 期。

许经勇：《中国农村经济制度变迁 60 年研究》，厦门大学出版社 2009 年版。

杨灿：《经济指数理论问题研究》，《中国经济问题》2001 年第 4 期。

杨菁：《国外的农产品贸易与市场流通》，中国社会出版社 2008 年版。

杨军、黄季焜、仇焕广、尚强：《国外农产品价格变化对国内价格的影响》，《中国金融》2011 年第 22 期。

杨军、黄季焜、李明、尚强：《我国货币供应量对农产品价格影响分析及政策建议》，《农村金融研究》2011 年第 12 期。

姚升、周应恒：《中国农产品价格波动的影响分析：基于考虑时滞的投入产出价格影响模型》，《经济经纬》2013 年第 3 期。

叶世昌：《建国前中国经济思想史研究述评》，《世界经济文汇》2002 年第 6 期。

游玲杰：《关于经济指数测算的两项改进》，《数量经济技术经济研究》2002 年第 2 期。

于松晶、薛薇：《抗日根据地的物价管理》，《历史档案》1999 年第 1 期。

余新平、熊皛白、熊德平：《中国农村金融发展与农民收入增长》，《中国农村经济》2010 年第 6 期。

喻平：《农民收入增长与经济发展之间关系的实证研究》，《中国软科学》2003 年第 8 期。

张利庠、陈秀兰：《新世纪中国农产品价格变动特征及原因分析》，《教学与研究》2012 年第 10 期。

张利庠、张喜才、陈姝彤：《游资对农产品价格波动有影响吗？——基于大蒜价格波动的案例研究》，《农业技术经济》2010 年第 12 期。

张明、谢家智：《制度干预与中国转型期结构性价格上涨》，《财经问题研究》2014 年第 2 期。

张仁忠：《中国古代史》，北京大学出版社 2006 年版。

张怡、孙颐：《经济波动对于我国农产品价格的影响》，《农业经济》2014 年第 4 期。

张毅：《经济指数的两种编制方法及应用》，《统计与决策》2012 年第 10 期。

赵姜、吴敬学、杨巍、王志丹：《我国鲜活农产品价格波动特征与调控政策建议》，《中国软科学》2013 年第 5 期。

赵晶晶、孙根年：《·中国人口流动与农村产业结构间互动关系实证分析》，《青海社会科学》2011 年第 2 期。

赵军华、刘丽佳、江月朋：《2014 年国际农产品价格走势分析》，《世界农业》2014 年第 5 期。

钟甫宁：《从发展中国家的角度看农产品自由贸易的主要问题》，《中国农村经济》2002 年第 6 期。

周海春：《粮食价格对零售物价总水平的影响分析》，《中国农村经济》1994 年第 9 期。

周金城、陈乐一：《我国生猪价格与玉米价格的动态传导关系研究》，《价格理论与实践》2014 年第 1 期。

周新德：《我国小宗农产品价格怪圈治理研究：基于对大蒜价格异常波动的分析与思考》，《价格理论与实践》2013 年第 10 期。

朱承亮、师萍、岳宏志、韩先锋：《人力资本、人力资本结构与区域经济增长效率》，《中国软科学》2011 年第 2 期。

朱琳：《回顾与思考：清代粮价问题研究综述》，《农业考古》2013 年第 4 期。